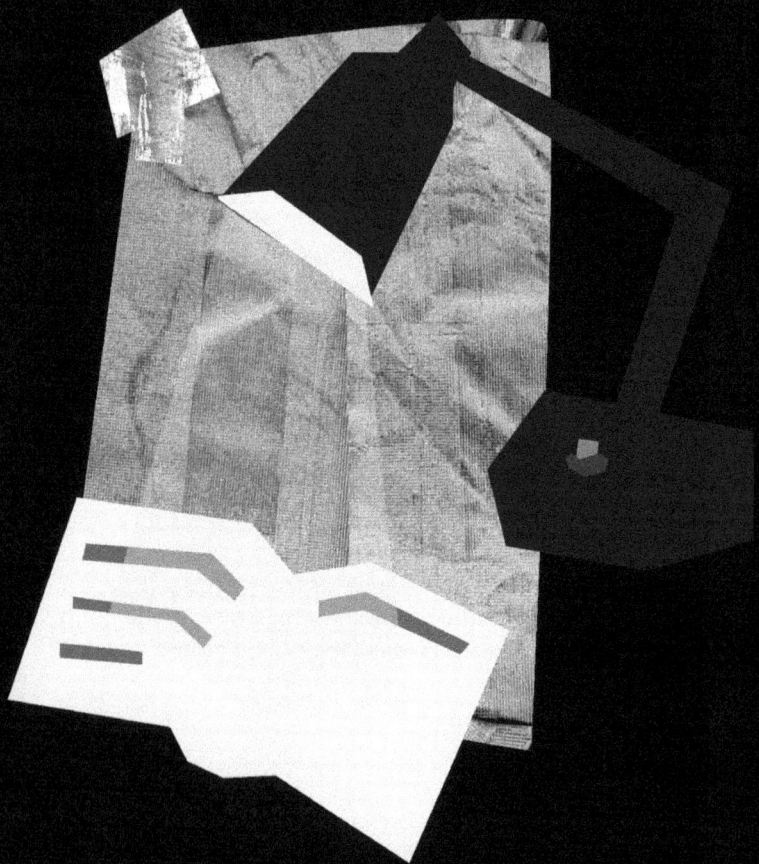

НЯСКОРАНАЕ ПАКАЛЕННЕ

ГАЛАСЫ БЕЛАРУСКАЙ МОЛАДЗІ
2020-га

Skaryna Press, 2025
London, UK

Укладальнікі
Алена Карасцялёва, Віктар Шадурскі

Ілюстратарка
лес

Карэктар *Васіль Несцяровіч*
Адказны за выпуск *Ігар Іваноў*

ISBN 978-1-915601-54-4 (бел. і рус.)
ISBN 978-1-915601-53-7 (англ.)

ЗМЕСТ

УСТУП

Алена Карасцялёва

Прафесарка палітыкі і глабальнага ўстойлівага развіцця
Уорыкскі ўніверсітэт, Вялікабрытанія

Гэтая кніга ўяўляе сабой зборнік эсэ, напісаных студэнтамі — удзельнікамі пратэстаў у Беларусі ў 2020 годзе. Многія з іх апынуліся ў турме, на сабе адчуўшы здзекі з боку лукашэнкаўскага рэжыму. У выніку ўсе яны былі вымушаны пакінуць радзіму. Аднак сёння маладыя галасы тых, каго ў гэтай кнізе мы называем „НЯСКОРАНАЕ ПАКАЛЕННЕ", гучаць мацней, чым калі-небудзь раней, даючы нам НАДЗЕЮ на будучыню і ВЕРУ ў сябе ў працэсе станаўлення як адзінага НАРОДА.

Для мяне вялікі гонар пісаць гэты ўступ і рэдагаваць кнігу разам з маім калегам і ментарам — прафесарам з Беларускага дзяржаўнага ўніверсітэта Віктарам Шадурскім, які таксама цяпер знаходзіцца ў выгнанні. Хоць я на працягу ўсяго жыцця была і застаюся настаўніцай і сама была змушана прайсці цяжкі шлях, калі пакінула Беларусь у 1990-х, я ўсё ж схіляю галаву перад мужнасцю і рашучасцю і, больш за тое, перад любоўю і верай, пра якую распавядае кожны аўтар гэтай кнігі, у тым ліку арганізатар праекта, чыё імя мы павінны захаваць у тайне дзеля яго бяспекі. Пасля ўсіх выпрабаванняў, праз якія прайшлі аўтары, уключаючы цяжкі шлях эмігранта, яны, на мой погляд, назаўжды застануцца пераможцамі ў супрацьстаянні з рэжымам, і я маю ўпэўненасць у іх будучыні.

Далей я зраблю кароткі агляд падзей 2020 года, асабліва для тых, хто ўпершыню знаёміцца з гэтай старонкай гісторыі маладой Беларусі. Гэты стаічны шлях супраціву, які апісваюць юнакі і дзяўчаты ў дадзенай манаграфіі, змяшчае іх пераход і трансфармацыю ад фактычна „адсутных" ці „зніклых людзей" (Sadiki and Saleh 2024) без права голасу да ўтварэння найбольш гучнага пакалення свайго часу. Яны смела паўсталі супраць аўтакратыі, узняўшы свой супраціў на новы ўзровень, — як НАРОД, як моцная палітычная сіла, якая не дасць спакою Лукашэнку, пакуль яго рэжым не будзе зменены ў забыццё і пакуль не адчыняцца дзверы перад новай эпохай Шчаслівай і Вольнай ад страху Беларусі — гэта адзінае бачанне, пра якое апавядаюць усе аўтары гэтага тома. Затым я коратка растлумачу структуру кнігі і ў завяршэнне згадаю пра траўму гэтага незламанага, хоць і вельмі далікатнага пакалення беларускай моладзі: нягледзячы на мужнасць і рашучасць, усе яны перажылі вельмі жорсткі і трывожны вопыт знаходжання ў лапах рэжыму, і ім неабходна знайсці шлях назад да шчаслівай і пазітыўнай будучыні. Іх аповеды — гэта адзін са спосабаў зрабіць гэта.

Беларусь у 2020 годзе: уздым Народа

Кожная кніга ўяўляе сабой падарожжа, не падобнае ні да якога іншага, і для мяне гэтае падарожжа вельмі адрозніваецца ад таго, што я пішу як навукоўца: у пэўным сэнсе гэта мае асабістыя разважанні пра падзеі 2020 года і іх наступствы.

Для беларусаў гэтае падарожжа пачалося ў пачатку 1990-х гадоў, калі пасля распаду Савецкага Саюза неахвотна ўзнікла новае палітычнае ўтварэнне пад назвай Беларусь. Не шмат людзей, уключаючы саміх лідараў, прадбачылі гэтую толькі што атрыманую незалежнасць, аднак усе яны, так ці інакш, віталі гэтую магчымасць. На практыцы гэта была амаль неверагодная справа: у эканамічным плане краіна не мела значных уласных рэсурсаў, бо была зборачным цэхам для СССР, і не мела валюты, каб падтрымаць сваю інфраструктуру, якая была ў заняпадзе, бо яе нішчылі гіперінфляцыя і жудасныя наступствы чарнобыльскай аварыі (Marples 1999; White et al. 2005). Нядаўна сфармаваныя прадстаўнічыя органы, якія не мелі папярэдняй культуры палітычных дэбатаў, больш дбалі пра свае ўласныя інтарэсы і не маглі прыйсці да згоды аб адзіным бачанні дэмакратычнай будучыні (Wilson 2012; Korosteleva et al. 2024). Гэта магло б стацца нармальным працэсам сталення юнай дэмакратыі, якая, праз спробы і памылкі, пазнавала свой шлях у свет суверэнных дзяржаў, каб яе не спыніла з'яўленне Лукашэнкі. Апартуніст і дэмагог, ён спачатку выказваў дагэтуль маргіналізаваныя і нячутныя галасы „зніклых людзей“, каб потым здрадзіць ім і выкарыстаць іх дзеля сваіх уласных амбіцый і багацця, забяспечыўшы найбольш трывалы тэрмін прэзідэнцтва да гэтага часу ў постсавецкай прасторы, з жорсткай паліцэйскай дзяржавай для сваёй падтрымкі — ці „Левіяфанам“, як трапна адзначыў Віктар Шадурскі ў сваёй апошняй кнізе (Shadurski 2024).

Вядома, што было шмат спроб адхіліць Лукашэнку ад улады праз электаральную барацьбу, масавыя пратэсты і рост грамадскай супольнасці, аднак ён заўсёды паспяхова зрываў планы апазіцыі, прымяняючы сілу і падман, выкарыстоўваючы дзяржаўную машыну прыгнёту для задушэння іншадумства. 2020 год і яго прэзідэнцкія (пера)выбары не павінны былі адрознівацца ад іншых: асноўным кандыдатам на пасаду прэзідэнта — Віктару Бабарыку, Сяргею Ціханоўскаму і Валерыю Цапкалу — сярод іншых было дазволена збіраць галасы — толькі для таго, каб потым іх у хуткім часе арыштаваць (ці вымусіць збегчы з краіны); а Лідзія Ярмошына, старшыня Цэнтральнай выбарчай камісіі, рыхтавалася зноў прысудзіць Лукашэнку перамогу, як яна рабіла безліч разоў раней. І тым не менш 2020 год аказаўся шмат у чым іншым, пераломным годам Беларусі цяперашняй і былой, калі „цяперашняя Беларусь“ больш не баялася паўстаць супраць дыктатара. 2020 год спарадзіў калоны людзей, аб'яднаных сваім абурэннем чарговым падманам і, больш за тое, беспрэцэдэнтным узроўнем жорсткасці і гвалту, праз якія рэжым Лукашэнкі спрабаваў пераканаць людзей у сваёй перамозе. Людзі выступілі супраць дыктатара сотнямі тысяч па ўсёй краіне, ад сталіцы да правінцыі, яны паходзілі з розных слаёў грамадства і аб'ядноўваліся вакол адзінага кандыдата — Святланы Ціханоўскай, якая замяніла свайго арыштаванага мужа Сяргея і стала выпадковым увасабленнем народнай улады ў Беларусі ў 2020 годзе.

Гэтыя людзі, якія дагэтуль „адсутнічалі", былі нябачнымі і нячутнымі, пратэставалі цягам амаль шасці месяцаў, амаль штодзённа, мірна прагнучы перамен, патрабуючы годнасці і павагі — або, кажучы словамі беларускага паэта Янкі Купалы, проста „людзьмі звацца":

А хто там ідзе, а хто там ідзе
У агромністай такой грамадзе?
— Беларусы.
<...>
А чаго ж, чаго захацелась ім,
Пагарджаным век, ім, сляпым, глухім?
— Людзьмі звацца.

Цана таго, каб мірна звацца людзьмі, аказалася вельмі высокай. Пасля выбараў 9 жніўня 2020 года было арыштавана амаль пяцьдзясят тысяч чалавек, каля дзвюх тысяч з іх сталі палітычнымі вязнямі, а некалькі чалавек былі забітыя ці зніклі праз дзеянні рэжыму. Амаль дзесяць адсоткаў насельніцтва было вымушана бегчы з краіны. Мінулі месяцы канфрантацыі, і надышлі гады турэмнага зняволення і жудасных катаванняў затрыманых пад вартай, дзе шмат каго, у тым ліку непаўналетніх, вымушалі гадзінамі стаяць на каленях, збівалі, пазбаўлялі вады і ежы, абражалі словамі і гвалцілі. Аўтары гэтай кнігі былі сярод іх.

Арышты, жорсткасць, фізічныя і маральныя катаванні працягваюцца па сягонняшні дзень — то-бок, на момант напісання, ужо чатыры гады няспынна.

Аднак, як разважае адзін з аўтараў, у гэтым пекле цемры і зверства, нарадзілася нешта цудоўнае: тыя, хто пратэставалі, і тыя, хто спачувалі ім, паступова зліліся ў нешта большае, чым натоўп людзей, якіх па розных прычынах збіваюць. Праз салідарнасць, узаемадапамогу, узаемны клопат і любоў яны раптоўна апынуліся на шляху да станаўлення годным НАРОДАМ, які прагне перамен і больш не хоча, каб да яго звярталіся „народзец", „быдла", „авечкі", „наркаманы і прастытуткі" — словамі, якімі рэжым Лукашэнкі часта іх называў (Korosteleva & Petrova 2021). Вострае пачуццё несправядлівасці раптоўна гальванізавала з'яўленне адзінства і моцную прагу годнасці. Гэты адзіны

момант азначаў нараджэнне новага фактару трансфармацыі —
народа — новай сілы, якая была ў дзесяць тысяч разоў большай
за моц арганізаванага натоўпу і якая пракладае шлях для гор-
дай і адзінай нацыі — беларусаў. Гэта менавіта тое, аб чым нам
распавядае гэты зборнік моцных маладых галасоў — пра ўздым
прыгнечаных, пра з'яўленне новай сілы, якая здольная да тран-
сфармацый, — творчых і маральна чыстых людзей, якіх ні ў якіх
абставінах, на радзіме ці ў ссылцы, нельга ўціхамірыць і загнаць
у мінулую кабалу альбо вымусіць маўчаць. Толькі паслухайце іх
галасы ў гэтым моцным тэксце, які амаль зачароўвае.

Структура кнігі

Кніга пачынаецца з раздзела, у якім распавядаецца пра тое, як
гэтая ініцыятыва стала праектам, што атрымаў падтрымку праз
еўрапейскае фінансаванне „Навукі ў рызыцы“. У ім растлумачва-
юцца складаныя ўмовы, у якіх юнакам і дзяўчатам даводзілася
выжываць у Беларусі — без дапамогі і пад прыгнётам нягнуткай
і нецярпімай да іншадумства сістэмы адукацыі. Гэтым маладым
людзям таксама перашкаджалі дзесяцігоддзі паднявольнага
стану, што выпалі на долю іх настаўнікаў, многія з якіх у выніку здаліся рэжыму, стаўшы на шлях здраднікаў, дабраахвотных
інфарматараў рэжыму. У той жа час аўтар выразна падкрэслівае
важнасць міжнароднага супрацоўніцтва і няспынную падтрымку грамадскай супольнасці, без якіх было б немагчыма ўзгада-
ваць гэтае новае НЯСКОРАНАЕ пакаленне моладзі ці выйсці на
ўзровень мабілізацыі грамадства, які меў месца ў 2020 годзе і
пасля яго. Гэта далей спраўджваецца той адноснай лёгкасцю, з
якой многія з іх адаптаваліся да жыцця за мяжой, прычым большасць здолелі знайсці працу ці працягнуць вучобу і імкнуцца
дапамагаць іншым, асабліва ўкраінскім уцекачам пасля расійскай агрэсіі. Гэтая падтрымка яшчэ больш неабходная сёння,
каб надаць гэтаму незламанаму пакаленню моцы вярнуцца на
радзіму, перабудаваць краіну і жыць шчасліва і пазітыўна пасля
Лукашэнкі.

Далей у кнізе ідуць асабістыя апавяданні дваццаці пяці юна-
коў і дзяўчат са шматлікіх універсітэтаў Мінска, што падняліся
ў абурэнні, патрабуючы перамен, і трапілі ў вязніцу. Усе яны
па-рознаму прыйшлі да пратэстаў: некаторыя — праз студэнцкія

рухі, іншыя як выпадковыя сведкі, што не пажадалі пагадзіцца з жорсткасцю і несправядлівасцю рэжыму; аднак усе яны мабілізаваліся спагадай і прагай да свабоды, і ўсе дасягнулі таго, каб звацца беларусамі, нават у ссылцы.

Іх гісторыі такія праніклівыя і... чуллівыя праз велізарнасць пакут, барацьбы, веры і сталення, якія выпалі на іх долю. Кожны распавядае пра свой шлях, аднак усе яны кіруюцца адзіным бачаннем вольнай Беларусі і момантамі азарэння, частку з якіх я прыводжу ніжэй.

Мірны доўгі складаны шлях да пераможнага канца і ёсць наша самаідэнтычнасць, візітная картка беларускага пратэсту, а ніяк не прычына паразы.

Большасць беларусаў хочуць жыць па-новаму, але не пагаджаюцца прымаць нормы развітога сацыяльнага грамадства... Людзі звыклі чакаць загаду зверху на тое, як сябе паводзіць, але асноўныя змены ў сваім светапоглядзе можна зрабіць менавіта на мікраўзроўні.

Не змагацца з ім было б як не змагацца з Гітлерам напярэдадні Другой сусветнай вайны... беларусы даказалі, што вартыя сваёй мары.

Працяг існавання рэжыму Лукашэнкі мне дае стымул для жыцця. Пасля ўсяго болю, праз які прайшлі столькі людзей, ты не можаш сабе дазволіць не пабачыць яго звяржэння.

Шмат было расчараванняў і яшчэ больш захаплення і любові да свайго народа. Я ніколі не бачыў столькі падтрымкі, салідарнасці, непрымання зла і гвалту, якое я ўбачыў у гэтыя дні... Я бачыў гэтыя тысячы годных людзей, патрыётаў сваёй краіны. І я ганарыўся быць сярод іх.

Я была акружана тым, што называецца сапраўднай прыгажосцю. Гэтую з'яву я бачыла толькі падчас жаночых пратэстаў; дзе яна яшчэ існуе — мне невядома. Белыя німфы, якія сышлі з палотнаў. Ці ведалі старажытныя грэкі, пра каго яны пісалі?

Я стаў больш міласэрным, больш добразычлівым да людзей, але самае галоўнае, што я адчуў сябе яшчэ больш беларусам.

Гэтыя гісторыі пакінуты незавершанымі, без рэзюмэ або вызначальнага заключэння ў гэтым томе, падобна да таго, як гэта адбываецца ў жыцці. Гэта зроблена наўмысна, каб падкрэсліць бесперапыннае і неадольнае падарожжа ўсіх нашых аўтараў да свабоды. На дадзены момант гэта падарожжа працягваецца ў выгнанні, але сярод іх ёсць адчуванне таго, што будзе момант адраджэння і вяртання на радзіму, пераможнага вяртання. Яны ўсе сцвердзілі сваю веру, калі іх папрасілі перагледзець свае эсэ праз два гады: іх перакананне і адданасць новай Беларусі здаюцца сёння мацнейшымі, яны працягваюць расці.

Траўма і шляхі да аздараўлення

Я хачу завяршыць гэты ўступ, згадаўшы пра боль і смутак, фізічны і псіхічны, сведкамі якіх сталі гэтыя юнакі і дзяўчаты падчас брутальных падзей 2020 года. Здаецца, што ўсім ім не даюць супакою ўспаміны пра душныя і брудныя камеры, рэзкія галасы і цені іх катаў у балаклавах, пачуццё бездапаможнасці перад поўнай беззаконнасцю рэжыму. Вядома, гэтаму супрацьстаяць цёплыя пачуцці салідарнасці і любові, якія яны адчулі, калі былі ў вязніцы, але цёмны бок дагэтуль часам пераважае.

У гэтым — ТРАЎМА гэтага пакалення: яна свежая і незагойная; яна закранула іх целы і розум, і ім нялёгка гэта забыць або дараваць... Як аднойчы пракаментаваў Славой Жыжэк, славенскі філосаф: „Сутнасць траўмы заключаецца менавіта ў тым, што яна занадта жудасная, каб яе памятаць, інтэграваць у наш сімвалічны сусвет. Усё, што мы павінны рабіць, гэта выяўляць траўму як яна ёсць" (1991: 272).

Выяўляць траўму можна рознымі спосабамі, асабліва калі жадаеш, каб яна забылася і загаілася. Аднак, пакуль не скончылася наша падарожжа да атрымання свабоды і справядлівасці і пакуль Лукашэнка да гэтага часу застаецца пры ўладзе там, на радзіме, перажытая траўма кліча да ўспамінаў, а не да забыцця.

Менавіта так уздзейнічае і гэтая кніга: у ёй для нас пераказваюцца гісторыі жаху і катаванняў, злачынстваў і гвалту, бо шлях гэтых маладых людзей — да аздараўлення і барацьбы; а ўсе мы павінны памятаць пра цану свабоды і неабходнасць працягваць барацьбу столькі, колькі спатрэбіцца. Я завяршу гэты допіс спасылкай на апублікаваны ў 2013 годзе дзённік Анатоля

Лябедзькі пад назвай „108 дзён і начэй у засценках КДБ“: „Добра, што кніга з'явілася менавіта сёння. Добра, што аўтар не пасадзіў праўду на лаву чакання, пакуль у Беларусь не прыйдуць дэмакратыя і перамены. Праўда патрэбная нам цяпер. Такая, якая яна ёсць. Згвалтаваная. Збітая. Аголеная“. Нам патрэбныя гэтая праўда, гэтыя апавяданні, непрыкрытыя і жудасныя, але НЯСКОРАНЫЯ і поўныя ўпэўненасці ў новай будучыні, аб чым гучна сведчаць нашы маладыя галасы.

Жыве Беларусь!

Жыве вечна!

Карасцялёва, А., Пятрова, І., Кудленка, Н. (2024) Беларусь у XXI стагоддзі: паміж дыктатурай і дэмакратыяй. Лондан: Skaryna Press. (Англійская версія: Routledge 2023.)

Лябедзька, А. (2013) *108 дзён і начэй у засьценках КДБ. Дзёньнік палітычнага закладніка.* Радыё Свабодная Эўропа / Радыё Свабода.

Шадурскі, В. (2024) *Нараджэнне беларускага Левіяфана. Беларусь: ад парламенскай рэспублікі да аўтарытарнага рэжыму (1990-1996).* Беласток.

Korosteleva, E & I. Petrova (2021) Societal Fragilities and Resilience: The emergence of peoplehood in Belarus, *Journal of Eurasian Studies,* https://journals.sagepub.com/doi/full/10.1177/18793665211037835.

Marples, D. (1999) *Belarus: a Denationalised Nation.* London: Tailor & Francies.

Sadiki, L. and L. Saleh (2024) *Revolution and Democracy in Tunisia: a Century of Protestscapes.* Oxford University Press. Žižek, S. (1991) *For They Know Not What They Do: Enjoyment as a Political Factor.* London: Verso.

White, S. et al (2005) *Postcommunist Belarus.* N.Y. & Oxford: Rowman and Littlefield.

Wilson, A. (2012) *Belarus: The Last European Dictatorship.* New Haven, CT: Yale University Press.

ПАДЗЯКІ

Публікацыя кнігі стала магчымай дзякуючы фінансавай пад-трымцы Warwick Ukraine-Belarus Hub (WUB-hub) пры садзеянні Research England Policy Support Fund пры Універсітэце Уорыка.

Эсэ студэнтаў былі створаны ў рамках праекта „Беларускія студэнты супраць аўтарытарнага рэжыму" пры падтрымцы фон-ду Science at Risk (дырэктар д-р Філіп Шмедэке). Фонд дазволіў апублікаваць эсэ студэнтаў і студэнтак у складзе манаграфіі на беларускай, рускай і англійскай мовах.

Усе імёны ананімныя, дзе гэтага пажадалі аўтары і аўтаркі, з меркаванняў бяспекі.

БЕЛАРУССКИЕ СТУДЕНТЫ ПРОТИВ АВТОРИТАРНОГО РЕЖИМА

Беларусский преподаватель,

который гордится своими студентами и верит в их замечательное будущее в демократической Беларуси

Республику Беларусь, являющуюся средним по площади и количеству населения европейским государством, многие политики и эксперты считают одной из наименее узнаваемых стран с невыразительными национальными особенностями. Утвердившаяся в ней в результате государственного переворота (ноябрь 1996 г.) авторитарная власть дала повод бывшему Государственному секретарю США Кондолизе Райс в апреле 2005 г. назвать Беларусь «последней диктатурой в Центральной Европе».

Следует признать, что ситуация в постсоветском государстве, находящемся в тесной политической и экономической зависимости от соседней России, мало интересовала даже ближайших демократических соседей. Однако летом 2020 г. Беларусь неожиданно оказалась в центре внимания мирового информационного пространства. Причиной всплеска интереса к стране стали массовые мирные протесты против авторитарного правителя, в очередной раз грубо сфальсифицировавшего президентские выборы. О беларусах стали говорить как о нации, которая бросила вызов промосковской диктатуре и желает строить демократическое государство.

Нелегитимному правителю, опирающемуся на многочисленный репрессивный аппарат при моральной и финансовой поддержке со стороны Москвы, удалось подавить массовое сопротивление. По мере сокращения протестов беларусский вопрос стал быстро исчезать из европейской политической повестки. С началом масштабной агрессии России в Украине (февраль 2022 г.), которую поддержал официальный Минск, отношение к Беларуси стало приобретать все более негативный характер.

На наш взгляд, необходимо четко различать диктатуру и беларусский народ, являющийся заложником агрессивного режима. По образному выражению лидера демократических сил страны Светланы Тихановской, в отличие от войны в Украине, в Беларуси идет своя тихая война. Однако цель Кремля в этой войне абсолютно та же — превратить суверенную страну с помощью минского диктатора в очередную подневольную колонию России. В своем выступлении в Европарламенте 13 сентября 2023 г. Тихановская призвала поддержать европейские стремления беларусов, «вывести отношения между демократической Беларусью и Европарламентом на новый уровень и институционализировать сотрудничество».

По нашему мнению, демократические страны должны держать Беларусь в своем фокусе, потому что противодействие существующему в ней авторитарному режиму — задача не только сторонников перемен, которые продолжают подвергаться жестоким репрессиям внутри страны, а также вынуждены массово выезжать за рубеж. Создание демократической Беларуси в географическом центре Европы — это важное условие мира и безопасности всего региона.

Одной из самых острых проблем современной Беларуси, требующей особой поддержки международного сообщества, являются политические заключенные диктаторского режима. По оценке бывшей политзаключенной Ольги Горбуновой, число людей, находящихся в Беларуси за решеткой по политическим мотивам, может достигать пяти тысяч. Около двух с половиной тысяч осужденных за эти три с небольшим года международными правозащитными организациями были признаны политзаключенными.

Открытый вызов агрессивному режиму летом — осенью 2020 г. бросили десятки тысяч беларусских студентов. Они, как и другие оппозиционно настроенные беларусы, подверглись преследованию со стороны диктатуры. Так, согласно анализу, проведенному Объединением беларусских студентов, по состоянию на 12 ноября 2021 г. в Беларуси имели место 492 политически мотивированных задержания студентов и студенток, 246 политически мотивированных отчислений и 52 заведенного уголовного дела. По меньшей мере 529 человек свидетельствовали о давлении за свою гражданскую позицию со стороны руководства вузов.

Студенты, томящиеся в тюрьмах и вынужденные покинуть свою страну, остро нуждаются в международной солидарности и поддержке. История их борьбы и страданий, мужества и стойкости должна служить противоядием против вируса авторитаризма и тирании, в каких бы формах и в каких бы государствах они ни проявлялись.

Методология проекта

Реализации проекта Фонда «Science at risk» «Беларусские студенты против авторитарного режима» началась в апреле 2023 г. В течение последующих месяцев двадцать пять авторов подготовили тексты, уделив внимание наиболее ярким событиям своего личностного становления, формирования гражданских взглядов. Размышления в основном получились эмоциональными, наполненными личными переживаниями. Юноши и девушки рассказали о причинах своего неприятия авторитарного режима, дали оценку различным формам и методам сопротивления нелегитимной власти. Во многих текстах рассказывается о репрессиях, которым подверглись студенты из-за своей гражданской активности. Молодые беларусы ставили вопросы и сами пытались дать на них ответы. Что произошло в Беларуси в 2020 году? Почему протесты приобрели такой массовой характер? Как авторитарной власти удалось подавить широкие народные выступления? Что ждет Беларусь в будущем?

К своему гражданскому выбору юноши и девушки, представлявшие различные социальные группы, большие города и сельскую местность, пришли различными путями. Некоторые авторы еще в школе под влиянием родителей или общения в неформальных группах приблизились к пониманию бесперспективности политики правящего режима и необходимости кардинальных перемен. Другим авторам глаза на ситуацию в Беларуси открыли события 2020 года: безответственная политика властей во время пандемии Covid-19, махинации и насилие диктатуры во время президентской избирательной кампании. Все авторы продемонстрировали, что обладают сильной эмпатией. Их, как и многих беларусов, не могло оставить равнодушными неспровоцированное насилие власти в 2020 г., в результате которого были убиты и покалечены «силовиками» многие участники протестов.

Все участники проекта во время учебы в вузе были активными участниками общественной жизни. Это давало им хороший жизненный опыт, помогало формировать лидерские качества. Активизм большей половины авторов был связан с альтернативным молодежным движением, которое не только не поддерживалось, но и преследовалось властями задолго до 2020 г.

Большая часть авторов не смогла завершить свое обучение в Беларуси и была вынуждена искать возможность продолжить учебу за пределами страны. Шесть участниц по ложным обвинениям были осуждены на длительные сроки заключения. Большинство участников один или более раз испытали на себе административный арест по известной в Беларуси статье 23.34 Административного кодекса «Нарушение порядка организации или проведения массовых мероприятий».

Все участники проекта проходили обучение на бакалаврском и магистерском уровне в Минске, но в разных вузах: Беларусский государственный университет (БГУ), Беларусский государственный педагогический университет (БГПУ), Беларусский государственный технический университет (БНТУ), Беларусский государственный университет культуры и искусств (БГУКИ), Беларусская государственная академия искусств (БГАИ). Большая часть авторов эссе учились на гуманитарных и общественно-научных специальностях.

Как уже отмечалось выше, в настоящее время все авторы эссе вынуждены находиться за пределами Беларуси. Во многих случаях авторы избегают конкретики из-за опасений преследования близких, оставшихся на родине. Молодые люди очень кратко пишут о своей учебе и работе за рубежом, неохотно рассказывают о трудностях адаптации к новым условиям. Будучи по своей натуре экстравертами и оптимистами, они не хотят концентрироваться на нынешних временных трудностях, предпочитают с оптимизмом смотреть в будущее, стараются поделиться своими планами. Примечательно, что все наши авторы продолжают активно участвовать в беларусском демократическом движении. О некоторых из них имеется обширная информация в независимой беларусской прессе.

Очевидно, что на примере представленных 25 сочинений нет возможности показать полную картину процессов, происходивших и происходящих внутри многочисленного беларусского студенчества. Однако полученные авторские тексты дают яркое представление об участии молодежи в протестах против авторитарного режима, свидетельствуют о настроениях, присутствующих в молодежной среде. На основе личных переживаний авторы демонстрируют присущие студенческим протестным лидерам романтические и очень часто идеалистические черты характера. Представленные эссе позволяют сделать вывод о том, что в университетах сохраняется большой протестный потенциал, который обязательно проявит себя в будущем.

Основные противоречия беларусского образования в условиях авторитарного режима. Движущие силы и формы демократических протестов

Изучение подготовленных студентами текстов в совокупности с аналитическими публикациями беларусских и зарубежных исследователей позволяет лучше понять негативные тенденции в развитии беларусской модели образования, в том числе в деятельности высшей школы, выявить основные противоречия существующей системы. Ее деградация становится все более заметной по мере усиления вмешательства диктаторской власти в содержание и формы образования. Активное участие студентов и преподавателей вузов в массовых протестах 2020 г.

против нелегитимной власти стало закономерным явлением, вызванным несогласием большей части белорусского общества с проводимой режимом архаичной внутренней и внешней политикой.

Беларусское высшее образование в условиях диктатуры — образец деградирующей тупиковой модели

Беларусское высшее образование, несмотря на значительный интеллектуальный и материально-технический потенциал, накопленный в предыдущие десятилетия, в нынешних авторитарных условиях отчетливо представляет собой тупиковую модель. В международном плане она может быть использована лишь в качестве отрицательного примера для стран, намеревающихся реформировать свои образовательные системы. Деградация системы беларусского высшего образования началась почти сразу после установления в стране персоналистской диктатуры в ноябре 1996 г.

В течение почти трех десятилетий авторитарный режим неуклонно наращивал усилия по ограничению академических свобод, жесткой централизации образовательной системы, идеологизации обучения и научной деятельности. Перспективы развития образования в Беларуси правящая группировка связывала в основном с возвращением к устаревшим советским практикам 1960–1970-х годов. В 1996 г. в университетах Беларуси была отменена выборность ректоров вузов, которых превратили в исполнителей воли так называемой президентской вертикали власти и назначали на должность лишь после личного согласования с правителем. Ректорам, в свою очередь, вменялось в обязанность назначать лояльных власти нижестоящих руководителей. Влияние академических сообществ на управление учебным, научным и воспитательным процессом с каждым годом заметно сокращалось. Усиливалось идеологическое давление сверху на содержание учебных курсов по гуманитарным и общественным предметам, особенно по истории и культуре Беларуси.

После 2020 г. процесс деградации беларусской системы высшего образования заметно ускорился. Вмешательство административно-командного и пропагандистского аппарата в университетскую деятельность приняло угрожающие масштабы.

**Средняя школа Беларуси — один из главных инструментов
режима по подавлению инакомыслия
среди молодых беларусов**

Многие авторы сочинений уделили внимание своей учебе в
школе. Их оценки среднего образования носят противоречивый
характер. Именно в школьный период у участников проекта
сформировался интерес к изучению отдельных предметов, в чем
проявилась роль конкретных учителей. Однако положительную
роль средней школы в становлении своих политических взглядов и ценностей практически никто из студентов не отметил.
Они подчеркивали, что процесс гражданского воспитания проходил в основном в семье и в неформальных молодежных группах. Наоборот, школа формировала конформизм и социальную
пассивность. Она за редкими исключениями не ставила задачу
формировать критическое мышление. По мнению одного из
авторов, труднее всего было понять «культуру молчания», которую настойчиво прививали школьникам с первых дней учебы: необходимость слушать и делать то, что говорят старшие и
учителя, не задавать лишних вопросов и т. д. Участник проекта
привел пример, когда на его вопрос о разгоне мирных демонстрантов, протестующих против фальсификаций на выборах в
декабре 2010 г., учительница истории ответила, что «на площади
собирались одни зеваки, которые получили по заслугам, потому что туда не надо было идти». Минского школьника удивила
не только реакция учительницы, которая после этого потеряла
его уважение, но и молчание одноклассников, которые в нефор-
мальной беседе рассказывали о том, что их родители голосовали
против Лукашенко, но на уроке не поддержали своего товарища. Приведенный пример не является единичным, на эту тему
высказывались и продолжают высказываться как ученики, так и
сами учителя. Даже за малейшие открытые критические выступления учеников власти наказывали не только их самих, но и их
учителей, и руководителей школ.

Серьезной критике со стороны участников проекта подвер-
гается преподавание в средней школе общественных и гуманитарных предметов, в особенности истории, обществоведения и
беларуской литературы. По свидетельствам бывших учеников
школы, большинство учителей не выходят за рамки материала,

который предлагается в учебниках. Упор в идеологическом воспитании часто делается на событиях Великой Отечественной войны (советской части Второй мировой войны). Нынешнее активное обращение авторитарных властей к теме войны с пропагандистскими задачами не представляется ни новым, ни оригинальным.

Идеологическая обработка в школе продолжалась также через принуждение издавать пропагандистские настенные газеты и проведение информационных часов, прославлявших деятельность диктатора.

Широко известно, что руководители и учителя беларусских школ составляли значительную часть участковых избирательных комиссий — первичного звена в системе фальсификации выборов. Это еще один аргумент в подтверждение тезиса о том, что беларусская школа не является местом формирования гражданской позиции в силу ее зависимого положения в административно-командной системе. Представление о школе как главном институте, где культивировалось беспрекословное подчинение авторитарному режиму, активно обсуждалось беларусами после событий 2020 г.

Некоторым исключением на широком пространстве среднего образования был Лицей БГУ, который закончили несколько авторов эссе. Они писали, что учителя и ученики в лицее любили свою страну и думали о ее будущем. Лицеисты открыто и откровенно обсуждали на занятиях актуальные политические новости: Майдан в Киеве, аннексию Крыма и Донбасса, недостатки президентской избирательной кампании и другие острые темы. Учащиеся лицея и их наставники устраивали дни беларусского языка и культуры, старались чаще использовать в общении национальный язык. Лицей был нетипичным для Беларуси учебным заведением, поэтому неслучайно после 2020 г. руководство и преподавательский коллектив лицея подверглись репрессиям.

Положительное влияние международного сотрудничества на развитие беларусских университетов

Однако даже в условиях диктатуры у беларусских преподавателей и студентов имелись возможности для свободного развития, творческого применения качественных знаний и навыков. Эти возможности сохранялись благодаря достижениям демократизации и интернационализации беларуской академии, которые были достигнуты на финальном этапе существования СССР и в годы парламентской республики. Некоторый прогресс в системе высшего образования после государственного переворота в 1996 г., как и в других отдельных сферах, достигался вопреки политике авторитарных властей. Этому способствовало внедрение современных технологий, прежде всего в информационно-коммуникационной сфере, открывавших почти неограниченные возможности свободного получения знаний и международной коммуникации.

Образованию молодых беларусов благоприятствовали широкие связи с зарубежными университетами, программы международных студенческих обменов. Позитивный вклад в интернационализацию университетов, в повышение эффективности их деятельности вносили программы Европейского союза ТЕМПУС, ИНТАС, «Коперникус», «Шестая рамочная программа», «Седьмая рамочная программа», «Эразмус Мундус», «Эразмус +», «Горизонт» и др. Неоценимую помощь академическому сообществу Беларуси оказывали немецкие программы и фонды (DAAD, Институт имени Гете, государственные, партийные и частные фонды). Перспективным решением стало присоединение Беларуси (май 2015 г.) к Европейскому пространству высшего образования (Болонский процесс). Известно, что в настоящее время участие беларуских и российских университетов в Болонском процесс приостановлено.

Присутствие критических настроений в университетских сообществах вызывало растущее недовольство правящей верхушки. Для укрепления своего контроля над академическим сообществом власти делали упор на отрицательную кадровую селекцию (назначение на руководящие позиции непопулярных, но лояльных режиму сотрудников), создавали препятствия для международных обменов и реализации совместных проектов со специалистами из демократических стран (длительная и сложная регистрация проектов, идеологический контроль над их содержанием, отсутствие беларуского финансирования и другие).

Ситуация кардинально изменилась к лету 2020 г., когда значительная часть общества, в том числе университетского сообщества, выразили свое недовольство существующей авторитарной системой. Согласно широкому кругу доказательств Лукашенко проиграл президентские выборы, состоявшиеся 9 августа 2020 г. Однако на законное требование перемен диктатура ответила насилием и жестокими репрессиями, которые не прекращаются до настоящего времени.

Роль альтернативного образования в формировании гражданского активизма

Многие студенты были активно вовлечены в различные формы неформального образования, которые организовывали неправительственные общественные объединения, финансируемые в основном из зарубежных грантов. В большей степени проекты касались защиты прав человека, расширения студенческого самоуправления, популяризации беларусской национальной культуры, благотворительности. В своем эссе одна из участниц отметила, как серьезно ее жизнь изменила летняя беларусская школа по правам человека, которую она закончила после второго года университетского обучения. Полученные знания и навыки стимулировали ее активную жизненную позицию. Еще одна из авторов эссе закончила специальную волонтерскую программу студенческого лидерства, после чего подготовила проект по раздельному сбору мусора в своем учебном корпусе. Такого рода примеры можно продолжать.

Демократически настроенные студенты стремились донести свои взгляды до своих коллег, иногда использовали при этом эзопов язык. Когда одной из авторов эссе поручили выступить на занятии с рефератом, она подготовила текст о своей ненависти к помидорам. В качестве причины своей нелюбви назвала «синьора Помидора», который издавал глупые законы. По мнению девушки, однокурсники и преподаватель высоко оценили выступление, потому что хорошо понимали, кого студентка имела в виду.

Нарастание критики диктатуры в условиях ее безответственного поведения в период пандемии Covid-19

По мнению многих экспертов, именно безответственное поведение правителя, его оскорбительная риторика в период пандемии убедили население в низком качестве беларусской власти. Неуклюжие действия в отношении Covid-19 (отрицание серьезности инфекционного заболевания, отказ от проведения необходимых профилактических мер, утаивание реальной статистики и т. д.) вызывали законное возмущение многих беларусов. Большая часть авторов эссе придерживается мнения о том, что недостойное поведение властей во время пандемии стало прологом к массовым протестам накануне и после выборов 2020 г.

Приход пандемии в Беларусь, заполненные больницы, увеличение смертности в условиях противоречивых действий правительства стимулировали быстрое развитие инициатив гражданского общества. Для многих студентов участие в волонтерских проектах по поддержке медиков во время пандемии Covid-19 стало первым опытом общественного активизма и одновременно стимулировало их интерес к политической ситуации в стране. Авторы эссе убедились на своем опыте, что в Беларуси проводится пагубная политика «умиротворения» по отношению к настроению общества. Сутью этой политики является сокрытие властями значимой информации критического характера, запрет на ее публикацию в медиа. Когда произошла авария на Чернобыльской АЭС, случались пандемии и иные катаклизмы, граждане узнавали об этом в неполном объеме в основном из неофициальных источников.

В случае с коронавирусом власти усердно фальсифицировали статистику. Люди не знали точного числа больных и умерших по стране, хотя масштабы бедствия скрывать не удавалось. В школах и университетах продолжались занятия, хотя болело много школьников и преподавателей. В это время, чтобы удовлетворить свое самолюбие, Лукашенко приказывал проводить массовые спортивные и пропагандистские мероприятия. Даже школьные учителя и преподаватели университетов, активно участвующие в идеологической работе, осуждали отношение президента к сложившейся ситуации.

Участие студентов в президентской избирательной кампании (май — август 2020 г.)

Для подавляющего числа авторов эссе участие в президентских выборах 2020 г. стало первым такого рода событием в жизни.

От своих родителей, старших знакомых и просто из медиа они знали о том, как фальсифицировались предыдущие выборы в Беларуси (2001, 2006, 2010, 2015 гг.), как подавлялись локальные протесты оппозиции в первые дни после их проведения. Большинство беларусов, в том числе участники проекта, ожидали, что в 2020 г. ситуация скорее всего будет развиваться по прежнему сценарию и не вызовет массового общественного возмущения. Однако последующие события поломали прежние представления многих беларусских граждан. Беларусское общество, уставшее от безответственной политики властей, неожиданно открыто и массово выразило свое возмущение действиями диктатуры. Это в полной мере коснулось и студентов, которые стали активными участниками всех этапов предвыборной кампании, а затем и массовых протестов.

Работа в инициативных группах оппозиционных политиков

Стартовым мероприятием избирательной кампании, официально начавшейся в мае 2020 г., была регистрация инициативных групп кандидатов в президенты. Первым сюрпризом начавшейся политической кампании стало очень быстрое создание большой инициативной группы оппозиционного кандидата Виктора Бабарико, которая насчитывала более 10 тысяч человек. В этой инициативной группе зарегистрировалось много студентов. О работе в инициативной группе и сборе подписей в поддержку кандидата рассказал один из участников проекта. Как известно, еще на этапе сбора подписей участники инициативных групп Виктора Бабарико, Светланы Тихановской, Валерия Цепкало, несмотря на законность своих действий, подверглись преследованиям со стороны властей. Впоследствии репрессии коснулись и тех беларусов, кто поставил свои подписи за выдвижение кандидатами в президенты оппозиционных кандидатов. Прежде всего это затронуло представителей государственных структур.

Независимое наблюдение за проведением голосования

Демократически настроенные студенты приняли непосредственное участие в наблюдении за выборами. Чувствуя свой низкий электоральный рейтинг, с целью сокрытия реальных итогов голосования власти предприняли беспрецедентные

меры по недопущению независимого наблюдения на избирательных участках.

Для того чтобы зарегистрироваться независимым наблюдателем на выборах, необходимо было иметь личное мужество.
Из-за реальной опасности преследований независимых наблюдателей не хватало для обеспечения их присутствия на всех
избирательных участках. Особенно остро эта проблема ощущалась в регионах. Так, в августе 2020 г. лишь менее половины
избирательных участков Вилейского района имели независимых наблюдателей. Участие в независимом от властей наблюдении за выборами стало распространенной причиной репрессий, в том числе уголовного преследования.

В день выборов одному из авторов эссе, который законно
зарегистрировался наблюдателем на избирательном участке
в сельской школе Вилейского района, запретили находиться
непосредственно в помещении для голосования. Затем его попросили покинуть здание школы под видом жалобы на якобы
проводимые им опросы избирателей. После настойчивых угроз
со стороны милиции наблюдателю пришлось подчиниться не-
законному приказу. По свидетельствам очевидцев угрозы милиционеров независимым наблюдателям, даже с демонстрацией
оружия, имели место на многих избирательных участках.

Своими впечатлениями об атмосфере на избирательном
участке поделился участник проекта, которого в принудитель-
ном порядке назначили официальным «наблюдателем» на выборах от школы, в которой он работал. Оказалось, что еще до завершения голосования в день выборов, как показали подсчеты
независимых наблюдателей, общая явка составила более 100 %.
Это убедительно доказывало фальсификацию результатов голосования.

Независимые наблюдатели фиксировали массовые фальсификации на избирательных участках, особенно на этапе досрочного голосования, начавшегося за шесть дней до основного дня
голосования. Так, по свидетельству одной из авторов эссе, которая зарегистрировалась в качестве независимого наблюдателя
в своей бывшей школе, в первый день досрочного голосования
она насчитала 28 человек, пришедших голосовать, в то время
как в протоколе было отмечено 97. На следующий день комиссия

на участке показала цифру в 400 человек, чего не могло быть в принципе. Девушка не получила ответ на вопрос, почему комиссия так сильно искажает информацию. 8 августа, накануне основного дня выборов, ей пришлось срочно покинуть избирательный участок из-за угрозы задержания.

Общественные акции в день выборов и последующие два дня

Атмосфера на избирательных участках в день голосования, большое количество беларусов, визуально демонстрировавших свое неприятие диктатора (белые браслеты на запястьях, сложенные в гармошку бюллетени в урне для голосования, одежда с сочетанием белого и красного цветов и т. д.), указывали на то, что авторитарная власть проиграла. Сразу после завершения голосования вечером 9 августа 2020 г. тысячи беларусов, в том числе участники нашего проекта, пришли к своим избирательным участкам, чтобы увидеть протоколы о распределении голосов между кандидатами. Согласно законодательству, протоколы должны были быть вывешены в доступном месте. Однако по приказу сверху подавляющая часть избирательных комиссий не обнародовала составленные с большими нарушениями протоколы. Известны итоговые протоколы лишь 1310 избирательных участков (22,7 %) из 5767 по всей Беларуси.

В ответ на законные требования людей увидеть результаты голосования к участкам прибыли усиленные наряды милиции, которые начали проводить задержания.

Поздним вечером и ночью на улицах беларусских городов начались столкновения граждан, несогласных с фальсификацией выборов, с так называемыми силовиками. Против безоружных демонстрантов были применены светошумовые гранаты, резиновые пули, дубинки и водометы. В Беларуси перестал работать интернет. Столкновения продолжались несколько дней и ночей. Были задержаны и избиты тысячи беларусов. По свидетельству одного из авторов эссе, его с приятелем задержали в первую ночь протестов с 9 на 10 августа, когда они возвращались домой. После задержания молодых людей избили, а затем отвезли в отделение милиции, где заставили стоять на коленях, держать руки за спиной и опустить голову на землю. В таком положении задержанные, в том числе и девушки, находились около двух часов.

В ночь с 10 на 11 августа задержали другого участника нашего проекта. Он был шокирован огромным количество задержанных и жестоко избитых людей, стоящих всю ночь на коленях лицом в пол в отделении милиции. Нельзя было поднимать голову, ходить в туалет и даже просить воды. В ту ночь арестованные серьезно опасались за свою жизнь. Уже потом независимые медиа напишут, что испугавшийся диктатор дал «силовикам» полный карт-бланш на насилие против протестующих беларусов.

Женские цепочки после известий о жестоком насилии против демонстрантов

Когда появился интернет, на жителей Беларуси обрушились тысячи сообщений, фото- и видеоматериалов об избитых и покалеченных участниках поствыборных протестов. От увиденного и услышанного даже у далекого от политики населения возник шок и гнев.

Авторитарный правитель был вынужден отпустить большую часть задержанных 9–10 августа. По мнению ряда экспертов, которого придерживаются и авторы эссе, на диктатора подействовала угроза забастовок. Власти знали о протестных настроениях на крупных заводах, которые могли бы привести к серьезным проблемам в экономике.

Первым ответом на бесчеловечное насилие в первые дни после фальсифицированных выборов стали женские цепочки солидарности. Женщины разных возрастов в белой одежде с цветами в руках собирались в центре Минска, Гродно и других городов страны. Эти смелые акции дали повод говорить о женском лице беларусских протестов. Многие авторы эссе также оставили свои воспоминания об этих акциях.

Самая крупная манифестация в истории Беларуси (16 августа 2020 г.)

Атмосфера праздничного настроения отчетливо ощущалась на самом массовом в истории Беларуси марше в Минске 16 августа, собравшем несколько сотен тысяч участников. Общее настроение выразила одна из участниц проекта: «В тот день мы увидели, как нас много и что мы стремимся к одной цели — добру, благополучию и счастливому будущему. В тот день во мне появилась уверенность, что у нас, беларусов, все получится».

Праздничная атмосфера сохранялась до конца августа 2020 г., то есть до того времени, когда диктатура, получив моральную и материальную поддержку из Кремля, снова начала массовые аресты участников протестов. События тех августовских недель, надежды на перемены, вера в силу беларуской нации нашли эмоциональное отражение во всех без исключения текстах участников проекта. Студенты писали, что массовые марши помогли объединиться сотням тысяч неравнодушных беларусов, понять свою силу и многочисленность, заявить о себе как о свободной и демократической нации. Несомненно, события лета — осени 2020 г. — важнейший этап в формировании беларуской нации, который высоко оценили как внутри страны, так и за ее пределами.

Солидарность участников мирных демонстраций, дворовых встреч и собраний, других акций взаимной поддержки сделали возможным рождение патриотического слогана: «Беларус беларусу беларус». Он означал, что беларусов, выступивших против авторитарного режима, характеризуют не только общие политические взгляды, но и уважение друг к другу, взаимная поддержка. Таким образом противникам диктатуры во время массовых протестов удалось показать свои лучшие человеческие и национальные качества. Протестующие настаивали на мирных способах решения острых противоречий, выступали за соблюдение свобод и прав человека. На массовых маршах, объединивших сотни тысяч минчан и гостей столицы, волонтеры расставляли на пути следования колонн упаковки питьевой воды, развешивали мешки для сбора мусора. О высокой культуре участников массовых манифестаций свидетельствовало то, что демонстранты снимали обувь, когда становились на скамейки.

Студенческие акции протеста после начала учебного года

С началом учебного года представители беларуской академии продолжали активно участвовать в воскресных маршах в общих колоннах, но начали проводить и собственные протестные акции (забастовки, пикеты, митинги и собрания, демонстрации, подготовка открытых протестных писем, деклараций и видеообращений и др.). В многочисленных протестных обращениях и петициях содержались в основном три главных требования: остановить насилие; освободить всех политических заключенных; провести новые демократические президентские выборы. Эти события нашли подробное освещение в эссе всех участников проекта.

Создание университетских протестных сообществ в социальных сетях и мессенджерах

В конце августа — сентябре 2020 г. во всех высших учебных заведениях стали возникать коллективные чаты. Почти сразу наметилась тенденция объединения чатов на региональном и национальном уровнях. Именно лидеры групп в социальных сетях и мессенджерах взяли на себя основную координирующую и организационную роль в противостоянии с диктаторским режимом, чем напугали его представителей. Начались аресты создателей независимых сообществ в социальных сетях, активных авторов и комментаторов.

Возрождение деятельности студенческих демократических объединений

В условиях расширения протестов получили свежее дыхание возникшие ранее демократические объединения, такие как «Задзіночанне беларускіх студэнтаў» (ЗБС) — коалиция университетских ассоциаций во главе с Национальным студенческим советом (создана в мае 1988 г.). Координацией студенческих демократических инициатив занимались также Беларуский национальный совет молодежи «РАДА» (БНСМ «РАДА») и Общественный Болонский комитет. БНСМ «РАДА» был создан в 1992 г. для консолидации деятельности молодежных организаций в сфере представительства, продвижения и защиты их интересов. Организация является ассоциированным членом Европейского молодежного форума. В результате репрессивной политики властей в отношении гражданского общества «РАДА» в 2006 г. была лишена официальной регистрации в Беларуси. В 2021 г. во время кампании массовой ликвидации организаций гражданского общества (ОГО) это произошло повторно. Признанием авторитета «РАДА» стало назначение ее руководителя Маргариты Вориховой советником Светланы Тихановской по молодежной политике и студенчеству.

Массовая студенческая демонстрация 1 сентября 2020 года

В студенческой акции протеста в Минске, состоявшейся в первый день нового учебного года, приняло участие несколько тысяч человек. Молодежь вышла на улицы, чтобы передать петиции с множеством студенческих подписей в Министерство образования. Из-за противодействия милиции демонстрация не достигла запланированного места назначения, была вынуждена несколько раз менять маршрут. По различным сведениям, 1 сентября около 70 участников мирной демонстрации были задержаны.

В этот день состоялись и другие студенческие акции. Так, студенты Академии искусств провели флэшмоб: в черных одеждах они встали в шеренгу возле своего учебного заведения с заклеенными скотчем ртами.

Еще накануне учебного года (27 августа 2020 г.), опасаясь студенческих протестов, диктатор потребовал, чтобы студентов, участвующих в демократических акциях, отправляли служить в армию. Этот незаконный приказ был незамедлительно принят к исполнению руководителями университетов и стал еще одним механизмом наказания демократически настроенных юношей.

Акция солидарности студентов 5 сентября 2020 г.

Очередное проявление коллективной студенческой солидарности было связано с грубым задержанием ОМОНом (отряд милиции особого назначения) студентов Минского государственного лингвистического университета (МГЛУ), которые в холле своего учебного заведения исполнили отрывок из мюзикла «Отверженные» на английском языке. На следующий день, 5 сентября, возле главного корпуса Лингвистического университета собрались несколько сотен студентов, которые держали в руках бело-красно-белые флаги и скандировали: «Позор! Не забудем, не простим!» К акции присоединились преподаватели и родители студентов, которых возмутили действия как милиции, так и руководства вуза, допустившего насилие против своих учащихся.

К Лингвистическому университету через кордоны «стражей порядка» пытались пробиться студенческие колонны из других минских университетов. В этот день были задержаны десятки студентов.

Участие студентов в национальной забастовке 26 октября 2020 г.

26 октября 2020 г. по инициативе лидера беларусской оппозиции Светланы Тихановской в Беларуси была объявлена общенациональная забастовка. В этот день студенческим активистам, несмотря на противодействие администраций вузов, удалось провести несколько акций протеста. Студенты двух столичных университетов прошли маршем по центральному проспекту города. У протестующих студентов МГЛУ, которых поддержали некоторые преподаватели, также получилось в этот день выйти к проспекту Независимости. Студенты из разных учебных заведений пытались объединиться возле главного корпуса БГУ, но эти планы были сорваны милицией. Акции протеста состоялись и в других университетах, в том числе в Бресте и Гродно. Молодые люди устроили сидячие акции протеста, провели пикеты у входа в свои университеты.

В этот день в пропагандистских целях Министерство образования Беларуси распространило заявление о том, что акции студентов носили точечный характер, а учебный процесс в стране не был нарушен. Хотя это заявление не соответствовало реальной ситуации, следует признать, что массовые открытые студенческие протесты после 26 октября 2020 г. заметно пошли на спад.

Нужно отметить, что в открытых протестах принимала участие лишь меньшая часть студенчества и преподавательского состава. Это объясняется многими причинами, и прежде всего выученным страхом беларусов перед репрессиями со стороны властей. Можно также говорить о позиции части молодых беларусов, которые брали пример с представителей старших поколений в их желании приспособиться к диктатуре и стремлении сделать карьеру в любых условиях.

Известно, что решительность и жестокость в подавлении инакомыслия диктатура демонстрировала на протяжении всех лет своего правления, особенно в периоды избирательных кампаний. Выход на протестные акции требовал личного мужества. Многие их участники, понимая опасность быть арестованными, старались подготовиться к худшему варианту: брали с собой на демонстрации сменную одежду, необходимые медикаменты, средства гигиены, заучивали нужные телефоны.

РЕПРЕССИВНЫЕ ДЕЙСТВИЯ ДИКТАТОРСКОГО РЕЖИМА ПРОТИВ СТУДЕНТОВ КАК СРЕДСТВО УДЕРЖАНИЯ ВЛАСТИ

«Черный четверг» в истории беларусского студенчества. Сфабрикованное «дело студентов»

В четверг 12 ноября 2020 г. КГБ задержал 10 активистов студенческих стачкомов и инициативных групп, а также одну преподавательницу, которые стали заложниками «студенческого дела». Еще одна студентка БГУ была арестована спустя две недели. В числе обвиняемых были студенты БГУ Ксения Сырамалот, Егор Канецкий, Татьяна Екельчик, Илья Трахтенберг, студентки БГПУ Яна Орбейко и Кася Будько, отчисленные из БНТУ Виктория Гранковская и Анастасия Булыбенко, студентка Академии искусств Мария Каленик, студент МГЛУ Глеб Фицнер, преподавательница БГУИР Ольга Филатченкова и выпускница БГМУ представительница по делам молодежи и студентов Штаба демократических сил Беларуси Алана Гебремариам.

Несмотря на то что многие студенты не были даже лично знакомы друг с другом до ареста, они проходили по групповому уголовному делу. По его материалам, арестованные «являлись координаторами на местах, администрировали тематические Телеграм-каналы, лично призывали к участию в акциях протеста, изготавливали и распространяли листовки с призывами, управляли участниками, занимались их подготовкой и материальным обеспечением, сообщали о перемещениях сотрудников органов внутренних дел». Все обвинения, манеры и приемы проведения судебных заседаний, связанные с так называемым делом студентов, напоминают политические процессы сталинской эпохи.

14 мая 2021 г. после шести месяцев «расследования» начался «суд» (судья Марина Федорова), в ходе которого юношам и девушкам было предъявлено обвинение по ст. 342 УК РБ «Организация или активное участие в групповых действиях, грубо нарушающих общественный порядок». Всем обвиняемым с самого начала было понятно, что по своей сути это незаконное судилище. Выступления прокуроров, опрос свидетелей, реплики судьи не имели ничего общего с реальным правосудием. Как

вспоминали участники «студенческого дела», в день оглашения приговора они договорились совершить свою последнюю студенческую протестную акцию — прийти на заседание суда с элементом огня в одежде. Это было обращением заключенных студентов к подвигу студента Карлова университета Яна Палаха, который совершил самосожжение в январе 1969 г. в центре Праги в знак протеста против агрессии СССР и его сателлитов.

16 июля 2021 г. по запросу прокуратуры (Анастасия Малико и Роман Чеботарев) 11 обвиняемых получили по 2,5 года лишения свободы, 1 обвиняемый — 2 года. Приговор студенческие активисты, находящиеся в «клетке», выслушали в наручниках, которые им не снимали даже в ходе заседания суда. Кроме одного студента, никто из фигурантов дела не признал своей вины. Молодые люди выступили с заключительным словом, в котором выразили не только уверенность в своей невиновности, но и подчеркнули решимость продолжать бороться за права и свободы человека, за демократическую Беларусь. Так, одна из незаконно осужденных студенток постаралась передать свои главные на тот момент чувства: «Я не могла и не буду мириться с необоснованным насилием в отношении мирных граждан, закрывать на это глаза и делать вид, что все в порядке. Я все так же верю в честь, достоинство и справедливость людей. Я не собираюсь признавать то, чего не делала».

Правозащитники признали арест и суд над студентами политически мотивированными. Одновременно он стал настоящим позором для представителей минских университетов и всей беларуской высшей школы. Проректоры, деканы, заместители деканов, преподаватели выступили свидетелями обвинения против своих учеников. Их вынудили открыто заявить о том, что студенты, которые собирались на переменах между занятиями в холлах учебных корпусов, пили чай и пели популярные у молодежи песни, якобы срывали учебный процесс. Так называемые свидетели не имели никаких аргументов, чтобы адекватно ответить на острые вопросы адвокатов. По нашему мнению, власти специально сделали так называемый суд открытым, построили обвинения на лжесвидетельстве академических работников для того, чтобы унизить университеты, указать им их незавидное место в авторитарной системе.

Административные аресты и уголовное преследование

Кроме девушек, которые проходили по так называемому студенческому делу, десять авторов эссе были подвергнуты административному задержанию (статья 23.34), а несколько даже дважды. Всего же в Беларуси с 2020 г. по административным статьям было задержано более 40 000 человек. Поводы для задержания были различными. Так, один из участников проекта был арестован после студенческой акции 5 сентября, второй — после футбольного матча в Минске, на который пришел с двумя флагами (национальным и государственным), пытаясь своим поступком призвать расколотую нацию к компромиссу.

Аресты продолжались и после завершения открытых протестов. В Беларуси властями сознательно поддерживалась атмосфера страха и отчаяния. Осенью 2022 г. была арестована и провела 15 суток в изоляторе временного содержания участница проекта, юрист по профессии. Ее возмутило, как проходило заседание суда. Спокойную по характеру девушку обвинили в том, что она устроила скандал у здания милиции в то время, когда она уже находилась на допросе. Поведение судьи, которая не обращала внимание ни на какие аргументы адвоката, а зачитала заранее заготовленный текст приговора, свидетельствовало о деградации не только конкретных «служителей Фемиды», но и всей правовой системы диктаторской Беларуси.

Пытки в местах заключения

В изоляторах временного содержания существовал изощренный набор пыток: задержанным не давали средства гигиены, в переполненных камерах не открывали окна и не включали вентиляцию, не выводили на прогулки или в душ, каждую ночь несколько раз будили. Свет в камере никогда не выключался, поэтому ночью арестованные закрывали лица одеждой.

Заключенных по политическим статьям заставили носить на тюремных робах желтые знаки, обозначавшие принадлежность к «экстремистам». Режим таких заключенных был более жестким, наполнен постоянными придирками, угрозами и беспричинными непрекращающимися наказаниями со стороны тюремной администрации. Как пишут девушки, прошедшие через колонии, указания администрации о создании невыносимых условий содержания политических заключенных шли с самого верха. Как свидетельствуют авторы, политических заключенных спасала солидарность и взаимная поддержка, письма от родных (другие письма в колонии не доходили), редкие новости о солидарности с репрессивными, уверенность в правоте своего выбора.

На наш взгляд, тема стойкости и достоинства молодых людей в условиях заключения, а также система целенаправленных пыток невиновных узников совести в местах заключения беларусского авторитарного режима получит глубокое осмысление как в научном, так и в художественном формате.

Усиление репрессий после начала вторжения российских войск в Украину

Политические репрессии в Беларуси не прекратились и после завершения открытых массовых протестов. Очередной всплеск протестной активности и связанных с ней арестов наступил после вторжения российских войск в Украину (24 февраля 2022 г.), которое было осуществлено в том числе с беларусской территории при поддержке режима Лукашенко. Первой беларусской политзаключенной, арестованной и осужденной за антивоенную позицию, стала двадцатилетняя студентка факультета романо-германской филологии Могилевского университета Данута Передня. Ее вина заключалась лишь в том, что 27 февраля 2022 г. она опубликовала в одном из могилевских независимых чатов сообщение, в котором осуждала преступные действия Владимира Путина и Александра Лукашенко и призывала к антивоенной акции. На следующий день девушку арестовали и обвинили по двум статьям Уголовного кодекса Беларуси — 361 (призывы к действиям, направленным на причинение вреда национальной безопасности) и 368 (оскорбление президента Республики Беларусь). Сразу же после ареста Дануту отчислили из университета, при этом солгав однокурсникам, будто она забрала документы по семейным обстоятельствам. Студентка была приговорена к шести с половиной годам заключения. КГБ включил ее в список террористов. Этот статус означал более изощренные репрессии и издевательства над политическими заключенными (ограничение свиданий, телефонных звонков, писем, передач и т. д.).

Продолжение деградации политики нелегитимного режима в сфере высшего образования

В своей деятельности авторитарный режим стал все интенсивнее использовать тоталитарные методы. Расширилась практика предъявления уголовных обвинений беларусам даже за хранение и чтение научных книг, объявленных властями экстремистскими. Широкое распространение получила внезапная выборочная проверка информации, содержащейся в мобильных телефонах. В университетах продолжилась активная «чистка кадров», усилились пропаганда и контроль за содержанием преподавания и научной работы. Западные страны в целом и их университеты в частности были объявлены враждебными Беларуси. Преподавателям и студентам фактически запрещались контакты со своими зарубежными коллегами, а также с беларусами, вынужденными покинуть свою страну.

Представление об «образе мышления» представителей диктаторской вертикали дает опубликованный в государственных СМИ отчет о совещании высокопоставленных чиновников Администрации президента (24 мая 2023 г.). Темой обсуждения стала «организация идеологической и воспитательной работы в высших учебных заведениях Беларуси». Главной линией прозвучавших выступлений было утверждение, что «недооценка важности идеологической и воспитательной работы чревата последствиями». Усиление идеологической работы, по мнению администрации Лукашенко, необходимо, чтобы было «не страшно передавать страну тем, кто завтра выйдет за порог школы, техникума или вуза».

Архаичность и бесперспективность подхода чиновников очевидны. По их мнению, на мировоззрение студентов оказывают негативное влияние интернет-технологии, социальные сети, телеграм-каналы. Информация, которую получают молодые люди, по мнению «государственных мужей», носит деструктивный, разрушающий характер, прививает молодежи чуждые ценности, порождает негативное отношение к обществу и государству, провоцирует конфликтное, а иногда даже и преступное поведение.

По мнению идеологов, осуществляющих надзор за университетами, «воспитать полноценного патриота мешает отсутствие единой идеологической вертикали в вузах и единого подхода к планированию и содержанию идеологической работы». Самой серьезной проблемой в университетах назван формализм в организации мероприятий идеологической направленности. Беларусские чиновники признались, что действующий под жестким контролем так называемый Союз молодежи не воспринимается как ведущая общественная организация ни руководством вузов, ни самими студентами. Приведенная выше информация позволяет представить, куда будут направлены в ближайшее время усилия пропагандистов и идеологов.

На упомянутом совещании приведены результаты социологических опросов студенческой молодежи, проведенные в октябре — ноябре 2022 года Институтом социологии НАН. Начальство выразило неудовольствие, что такие ценности, как совесть, честь и достоинство, в качестве приоритетных назвали лишь 18 % опрошенных, любовь к Родине — 15,6 %, человеколюбие и помощь людям — 14,3 %. В то же время 57,8 % респондентов назвали своими ценностями «достаток и деньги». Согласно опросу оказалось, что пятая часть опрошенных студентов не относит себя к «патриотам» и еще столько же не определились с этим «почетным статусом».

Особенно расстраивают власти сокращение процента молодых людей, желающих служить в армии, а также популярность у беларусов Хэллоуина и Дня святого Валентина. Возмутил представителей правящей группировки и тот факт, что «сохраняется стремление молодых людей выехать за границу для получения образования и в поисках работы». В качестве чуть ли не основной причины проблем в очередной раз названа «недоработка профессорско-преподавательского состава вузов». Ситуацию предлагалось исправить принудительным показом пропагандистских фильмов, дискредитирующих беларусские мирные протесты.

Даже самый поверхностный взгляд на действия властей показывает, что им нечего предложить молодежи, кроме угроз и устаревших советских догм, которые уже десятки лет назад продемонстрировали свою бессмысленность. Авторитарная власть не пользуется и не будет пользоваться поддержкой у молодежи, кроме небольшой группы провластных карьеристов и «силовиков». Не имеют длительной перспективы в этом направлении и непрекращающиеся репрессии.

Деградация политики властей и ее последствия проявляются в так называемых «новых» формах идеологической работы. Так, накануне упомянутого выше заседания (23 мая 2023 г.) в БГУ произошел инцидент, получивший широкую огласку в независимых медиа. Его суть заключалась в том, что в социальных сетях появилось видео, в котором студента юридического факультета заставили публично извиняться за критику в адрес руководства факультета и провластного Союза молодежи. Это видео, которое было записано на фоне логотипов факультета и университета, являлось не только нарушением прав человека, но и грубым нарушением академических свобод. Раньше к такой практике прибегали в основном представители репрессивных силовых органов. В этот раз этот преступный прием использовали представители университета. Очередное моральное падение местных университетов осудили правозащитные организации, многие общественные структуры и инициативы, в том числе Ассоциация беларусских студентов, БНМС «РАДА» и Общественный Болонский комитет.

Репрессии в Беларуси, в том числе в университетах, не прекращаются. Власти, опираясь на поддержку руководителей вузов, продолжают нагнетать атмосферу страха и социальной апатии. По-прежнему осуществляются «чистки» неугодных режиму сотрудников и преподавателей, проходят аресты студентов. Однако и в таких сложнейших условиях из Беларуси поступают сигналы, что среди преподавателей и студентов сохраняются протестные настроения, которые в подходящее время проявятся со всей силой.

Сервильное поведение администрации вузов и части преподавателей

Имеется достаточное количество свидетельств, в том числе авторов эссе, что первичным инструментом в руках авторитарной власти в репрессиях против студентов стали руководители и сотрудники университетов. Низкие моральные качества этой категории работников подчеркивает зависимость их поведения от ситуации в стране. Когда ситуация была непонятной, представители университетов пытались занять нейтральную позицию, даже демонстрировали сочувствие протестующим. Однако по мере консолидации диктатуры они предпочли беспрекословное выполнение указаний сверху. Многие сотрудники деканатов превратились в помощников милиции, прокуратуры, военных комиссариатов, следили за всеми действиями «подозрительных» студентов, пытались препятствовать проведению неформальных молодежных акций.

Нынешняя ситуация в беларусских университетах, особенно в сфере управления и преподавания общественных и гуманитарных наук, показывает, что будущая демократическая Беларусь столкнется с серьезной кадровой проблемой. Очевидно, что сотрудники, запятнавшие себя участием в репрессиях против своих коллег и студентов, не будут иметь права работать в университетах, поэтому для будущей Беларуси кадры нужно готовить уже сейчас.

Беларусские студенты после отъезда из Беларуси

Все авторы эссе покинули Беларусь из-за опасения преследований со стороны режима. Этот процесс проходил по-разному, в разное время, разными способами, в каждом случае был связан с разной степенью опасности. До февраля 2022 г. наиболее подходящим маршрутом выезда из страны была Украина, для чего гражданам Беларуси не требовалась виза. Студенты имели все основания опасаться, что беларусские спецслужбы могли внести их в списки лиц, которым запрещалось покидать пределы авторитарного государства. После начала масштабной войны в Украине авторы эссе стали чаще выбирать в качестве страны назначения Грузию, где беларусам также не нужна виза. Многие авторы, в том числе проходившие по так называемому «делу студентов», не раскрывают детали, как они покинули ставшую опасной для их проживания родину. Большая часть участников проекта в настоящее время учится или работает в Польше, Литве, Чехии, Грузии, Германии, Латвии.

Процесс поиска своего места в новой стране оказался сложным почти для всех юношей и девушек. Они дают мало информации, описывающей трудности их адаптации к новым условиям жизни за рубежом, в том числе связанные с незнанием языка страны вынужденного пребывания или низким уровнем владения им.

Абсолютно все авторы продолжают активно участвовать в различных акциях солидарности, культурных мероприятиях беларусского сообщества за рубежом. Все высказали желание вернуться в Беларусь, когда это станет возможным.

ВЫВОДЫ И РЕКОМЕНДАЦИИ

Приведенный выше анализ позволяет сформулировать несколько основных выводов и рекомендаций.

Истории протеста беларусских студентов против нелегитимной диктатуры Лукашенко, проявленного личного мужества молодых людей в условиях жестоких репрессий важны не только для Беларуси. Они являются неотъемлемой частью настоящего и будущего общеевропейского студенческого движения, могут и должны быть интересны в том числе национальным и международным студенческим организациям. Беларусские студенты на личном примере показали опасность авторитаризма, пытающегося прикрыть свои групповые интересы заботой об общественном благе, демагогией о защите морали и нравственности. Беларусы получили прививку против идеологии диктатуры, неотъемлемой частью содержания которой являются ксенофобия, гомофобия и другие антигуманные проявления. Студенты, как и все другие соотечественники, вынужденные покинуть свою страну в целях безопасности, могут поделиться опытом с жителями стран их нынешнего проживания. Ценность этого опыта для европейской молодежи имеет особую важность в ситуации, когда в отдельных странах — членах ЕС наблюдается рост популярности радикальных политических движений, которые опираются на якобы успешный опыт авторитарных режимов, в том числе в Беларуси.

На наш взгляд, судьбы пострадавших от репрессий беларусских студентов в контексте «тихой войны» в Беларуси заслуживают большего внимания媒 медиа демократических стран. Объективное фокусирование государственного и общественного внимания на поддержке Украины, мужественно борющейся против масштабной российской агрессии, не должно снижать значения темы демократической Беларуси, которая ведет свою борьбу против имперской политики Кремля и его беларусских пособников.

Таким образом, описанные по горячим следам драматические события беларусской политической аномалии (жестокая диктатура в европейском государстве в XXI столетии) имеют большое значение для образования и воспитания нынешних и будущих поколений как молодых беларусов, так и их зарубежных сверстников. В том, чтобы предупредить граждан демократических стран об опасности авторитаризма, а жителям несвободных стран показать путь к свободе, состоит главная задача реализованного в рамках Фонда «Science at risk» проекта.

В связи с вышесказанным, на наш взгляд, может быть более активно задействован потенциал беларусских студенческих и молодежных организаций, действующих за пределами Беларуси. Материальная и моральная поддержка этих организаций способствовала бы накоплению ими необходимого опыта, расширению контактов с национальными, общеевропейскими и глобальными студенческими структурами.

Проявлением солидарности с беларусами, бросившими вызов авторитарному режиму, может стать увеличение количества выделяемых им учебных и научных стипендий. Такая поддержка является также перспективным вкладом в создание необходимой Европе стабильной и демократической Беларуси, подготовку потенциальных специалистов будущей беларусской академии.

На наш взгляд, необходимо усилить индивидуальную поддержку нынешних учащихся беларусских университетов (студентов, магистрантов и аспирантов). В силу различных причин у них нет возможности уехать учиться за границу, они вынуждены существовать в условиях диктатуры и подавления академических свобод. Вместе с тем многие из них не только сохраняют, но и укрепляют критическое отношение к авторитарной системе. Было бы справедливым расширить их возможности участвовать в международных образовательных и исследовательских программах. Естественно, при проведении такого рода мероприятий требуется соблюдение конфиденциальности.

Город N, январь 2024

РЭЧАІСНАСЦЬ ПРЫ РЭМЭЙКУ ГІСТАРЫЧНЫХ ПАДЗЕЙ З ЭЛЕМЕНТАМІ АНТЫЎТОПІІ

Грыбочак

Крыху пра кантэкст дзяцінства лірычнай гераіні

Я нарадзілася ў маленькай вёсачцы Беларусі. З аднаго боку, гэта было станоўчым фактарам, бо прырода побач, больш нейкай вольнасці і магчымасці выбудаваць падмуркі для сябе як асобы ў ізаляваных умовах. З другога боку — гэта даволі закрытая сістэма, дзе хуткі інтэрнэт з'явіўся вельмі позна, а асноўныя крыніцы інфармацыі нельга было назваць незалежнымі.

З дзяцінства маці мне прывіла любоў да прыроды, бо часта брала мяне з сабою ў ягады ці грыбы. Калі пачалася вучоба ў школе, то я адразу вызначыла, што хачу і буду старанна вывучаць хімію. Упэўнена, што вы мяне зразумелі б, калі б пабачылі маю настаўніцу па хіміі. Гэта была вельмі харызматычная жанчына! На дзіця зрабіла непаўторнае ўражанне яе прычоска, бо валасы былі вельмі падобны да „эйнштэйнаўскай укладкі". Слова я сваё стрымала і плённа вывучала хімію. Але маленькімі крокамі ў маё жыццё стала ўкрадвацца біялогія. Чым больш я даведвалася пра розныя з'явы, тым больш мне падабалася гэта навука. Да

10-га класа вучылася ў беларускамоўнай школе, якую закрылі. Магу дадаць, што мы (мясцовыя жыхары) спрабавалі абараніць школу хаця б на яшчэ адзін вучэбны год. Было арганізавана мерапрыемства для гутаркі ўлады і жыхароў. Поўная зала людзей. Усе напружаныя: кожны разумеў, што гэта больш фармальнасць, бо рашэнне аб закрыцці ўжо было прынята. І вось мадэратар кажа, што можна выказацца і задаць пытанні. Мне шаснаццаць, я адчуваю крайнюю несправядлівасць і нейкую пагарду з боку прысутных чыноўнікаў. Таму вырашаю выказаць сваю пазіцыю. Дакладна не ўспомню, але магу прыкладна пераказаць, што казала, як гэты год важны для мяне, іншых вучняў і настаўнікаў. Пад канец майго „перформанса“ на вачах былі слёзы. Праходзіць некаторы час, я даведваюся, што з-за майго выступу дырэктара пазбавілі прэміі і вынеслі папярэджанне. Мне было крыўдна і балюча, што з-за маіх шчырых дзеянняў быў пакараны іншы чалавек. Так я пазнаёмілася з тым, як улада выкарыстоўвае „рычагі ціску“ і карае ўсіх, каго хоча.

Мае родныя прапанавалі мне пераехаць на адзін вучэбны год у горад і пажыць у іх, каб працягнуць навучанне. Думаю, што гэты пераезд адбіўся на маёй далейшай мадэлі паводзін, бо праз пару гадоў я пачала жыць „на чамаданах“.

Магу шчыра прызнацца, што на той момант мяне слаба цікавіла палітыка, гэта было недзе далёка. Памятаю, як у падлеткавым узросце, калі пытала дарослых, чаму толькі Лукашэнка прэзідэнт, чаму вы абіраеце менавіта яго, то атрымлівала адказ: „А каго яшчэ можна абраць?“ Але ніхто так і не змог даць аргументаваны адказ, чаму працягваюць за яго галасаваць. Нават падлетку гэта здалося дзіўным, але не было магчымасці спытаць пра гэта ў кагосьці з апазіцыйнымі поглядамі. І тут „здымаю капялюш“ перад сістэмай адукацыі. Калі я азіраюся назад, мне становіцца вельмі страшна, сорамна і сумна. Я не надта задумвалася пра сваё нацыянальнае самавызначэнне, бо прыярытэтам для мяне было паступленне ў ВНУ. Беларуская гісторыя ў падручніках, на занятках паказвалася вельмі фармальна і скажона. А настаўнікі амаль не выходзілі за межы матэрыялу, які быў прапанаваны падручнікам. Іранічна, што акцэнт у ідэалагічным выхаванні рабіўся на падзеях Айчынай вайны. А цяпер ідэалогія нелегітымнай улады транслюе праагрэсарскую пазіцыю.

А як там было?

Выбірала спецыяльнасць цалкам асэнсавана, хацела працягнуць вучобу ў магістратуры, аспірантуры. Хацела займацца тым, што падабалася, займацца навуковай дзейнасцю. Па самім працэсе навучання магу адзначыць, што пры мінімальных укладаннях дзяржавы выкладчыкі выціскалі ўсё, што маглі, для якасці адукацыі. На ўсё жыццё запомніла размову з адным з супрацоўнікаў універсітэта пра тое, што самае галоўнае слова — гэта слова „стаўленне". Да сябе, да іншых людзей, да існавання. Дарэчы, цікава было б даведацца яго меркаванне пра падзі 2020 года. Сама адміністрацыя напачатку ставілася адносна дэмакратычна да акцый на факультэце, нават АМАП не выклікалі. На жаль, з-за бяспекі я не магу больш падрабязна расказаць пра сваё навучанне.

Да 2020 года я была амаль цалкам сканцэнтравана на вучобе. І мае дзеянні мала перасякаліся з палітычнай павесткай. Яснае адчуванне, што нешта адбываецца зараз не так, з'явілася на мітынгах супраць інтэграцыі. Гэта падштурхнула пацікавіцца, а што там адбываецца па-за маім уласным светам. З гэтага моманту ў мяне пачалося новае знаёмства з беларускай гісторыяй і культурай. А пасля рэпрэсіі сталі адбывацца на маіх вачах, быццам бы так і трэба. І ўжо было немагчыма сядзець дома, выбіраць свой уласны спакой і дабрабыт, калі ў краіне нормай становіцца гвалт. Думаю, што асноўны матыў майго ўласнага пратэсту — пратэст супраць гвалту. Складана казаць пра змены ў грамадстве і змены ў заканадаўстве, калі ў людзей не закрыта базавая неабходнасць у гарантаванай бяспецы.

Мне вельмі шанцавала на мірных акцыях пратэсту. На адной з акцый каля сумна вядомай станцыі метро падчас пікетавання мне зрабілі самы лепшы падарунак. Ужо пачынала цямнець, але людзі не разыходзіліся. Я стаю каля дарогі, а на экране тэлефона карцінка з бела-чырвона-белым сцягам — папулярны на той момант спосаб пікетавання. І раптам да мяне падыходзіць чалавек, які проста дорыць мне бчб-сцяг. Я была вельмі шчаслівая. Гэты сцяг быў пасля са мной на ўсіх астатніх маршах. Дзякуй табе, добры чалавек!

Хачу падзякаваць людзям, якія мяне ўратавалі падчас „хапуна" на адной з акцый, прапанавалі гарбату і потым завезлі ў бяспечнае месца. На самай справе незнаёмыя людзі мне часта дапамагалі ў тым, каб дабрацца да месца марша ці пакінуць небяспечнае месца. Увогуле, падчас пратэснага перыяду вельмі матывавала падтрымка і еднасць людзей. Было адчуванне агульнай справы. Кожны выходзіў дзеля свабоды кожнага.

Падчас акцый узнікалі розныя пачуцці. Эмацыянальныя арэлі. Рыхтуешся да кожнай акцыі, як у апошні раз: зменнае адзенне, аптэчка, гігіенічныя сродкі, дажджавік, завучваеш усе важныя нумары. Я магу напісаць, што мне было страшна падчас маршаў. Але вельмі дапамагала выказванне (на жаль, не згадаю першакрыніцу), сэнс якога ў тым, што трэба прыкінуцца смелым. Хаця б на некалькі хвілін, калі трэба зрабіць тое, чаго баішся. Непаўторны і станоўчы досвед з акцый і маршаў. У маёй галаве зараз стойкая асацыяцыя; беларусы(кі) — неверагодныя. Для мяне ўсё было ў першы раз: і сутыкненне з АМАПам, і затрыманне сяброў, і страх за сваё жыццё.

Важным асабістым крокам было рашэнне далучыцца да незалежнай студэнцкай арганізацыі, бо з'явілася адчуванне, што проста выхадам на вуліцу раблю недастаткова. Гэта было неяк няёмка для мяне — камунікацыя адразу з вялікай колькасцю незнаёмых людзей. Зараз нават самой смешна. Я рада, што прыняла такое рашэнне. Яно было амаль з самых падмуркавых, каб я апынулася ў гэтым пункце, дзе пазнаёмілася з шэрагам цудоўных, цікавых і адукаваных людзей. Гэтыя людзі так ці інакш паўплывалі на маё жыццё.

Гэтыя тры гады многіх загартавалі; хочацца думаць, што мяне таксама. Я шкадую толькі аб тым, што магла б дзейнічаць больш рашуча, назаву гэта так.

Спачатку ўсе сілы і дзейнасць былі накіраваны на барацьбу з рэжымам, а потым з'явілася яшчэ дадатковая задача — дапамагаць спраўляцца з наступствамі дзеянняў гвалтоўнай улады. Хачу напісаць, што гэта нескладана, і тым не менш вельмі важна падтрымліваць палітвязняў паштоўкамі. Гэта тое, што можна зрабіць і ананімна, і дыстанцыйна. А галоўнае — па сілах амаль кожнаму. Сваю першую паштоўку пісала для сяброўкі, якую затрымалі на сотні. Першы раз быў лёгкі момант дысанансу, бо я не думала, што ў 2020 годзе буду пісаць камусьці паштоўку не ў рамках посткросінгу, тым больш у пенітэнцыярную ўстанову.

Напружаны перыяд наступіў пасля сціхання актыўнай пратэснай хвалі. Акрамя агульнага рэжыму чакання быў актываваны рэжым „пільнасці“. Содні сталі змяняцца гадамі зняволення. Ты становішся больш асцярожным. Больш уважлівым. Самае крыўднае, што шмат фотаздымкаў прыйшлося выдаліць, каб не было дадатковых падстаў для затрымання. Пастаянна пераправяраеш, ці засталося або з'явілася штосьці, што можа быць прычынай для затрымання. Цяпер я магу не адпісваць сябрам, калі бачу, што пад маімі вокнамі стаіць „бусік“.

Адным з самых цяжкіх момантаў для мяне стала затрыманне майго калегі, з якім мы ў той момант дзялілі адну кватэру. Гэта было незабыўна — збіраць з ліхтарыкам самыя неабходныя рэчы, шукаць за хвіліны, куды можна пераехаць на першы час. Сітуацыю не ўратоўвала і тое, што мы не ведалі, за што яго затрымалі і да чаго рыхтавацца. Цяжка перадаць пачуцці ў тую ноч. Шмат чым хацелася б падзяліцца… Спадзяюся, што калі-небудзь змагу гэта зрабіць адкрыта і поўнасцю. Але пакуль так…

Жыццё эмігранцкае

Мне вельмі хочацца ставіцца да пераезду ў іншую краіну як да падарожжа, хоць і не вызначанага. Балюча, калі чую гісторыі людзей, якія таксама былі вымушаны эміграваць раней, у 2010, 2015 гадах. Але я не хачу развіваць думкі і накручваць сябе, што больш ніколі не вярнуся на Радзіму.

Пасля некалькіх гадоў пастаяннага жыцця ў напружанні і страху страціць свабоду за сваё меркаванне пераезд станоўча паўплываў на фізічнае і псіхічнае самаадчуванне. Быццам бы лязо з шыі прыбралі. Стала прасцей дыхаць. А іншыя людзі ўсё яшчэ вымушаны знаходзіцца ў гэтым пекле. Кожны дзень.

Мае першыя паўгода ў эміграцыі пайшлі на адаптацыю, бо пераязджала ў невядомасць. За ўвесь час, калі я за мяжой сутыкалася з рознымі праблемамі, не было ніводнага выпадку, калі б я звярталася па дапамогу да беларусаў і не атрымала яе. Гэта настолькі ўражвае. Уражвае і тое, наколькі моцная дыяспара, кам'юніці беларусаў. Маркотна толькі, што ўсе тыя цудоўныя ініцыятывы, праекты, арганізацыі знаходзяцца ў выгнанні. Колькі ўсяго цікавага і годнага можна было б зрабіць унутры краіны. Асабіста для мяне з'явілася больш магчымасцей для адукацыі, бо за мяжой як мінімум ёсць магчымасць бяспечна ладзіць розныя праграмы, мерапрыемствы. Зараз працягваю займацца актывісцкай дзейнасцю. Прыстасоўваюся да новых умоў. Адчуваю сябе чужой і нежаданай у эміграцыі. Людзі ўсюды розныя, разумею. Але калі ты сутыкаешся з дыскрымінацыяй і ганеннем, то гэта вельмі моцна выбівае з каляіны. І ўжо ў цябе з'яўляецца прадузятае стаўленне, чаканне таго, што ты сутыкнешся з нецярпімасцю. Думаю, што я ніколі не змагу сказаць, што тут я на сваім месцы. Я заўсёды буду чужой. Часта сніцца радзіма, часта сны звязаны з тым, як нелегальна вяртаюся туды на некалькі дзён, але хутка трэба зноў з'язджаць. Мне сталі падабацца нават кашмары, бо ў іх я магу пабачыць дарагіх мне людзей.

Калі ўмясціць у адзін сказ, то за мяжой мне спакойна за сваю фізічную свабоду, але псіхалагічна ўсё яшчэ цяжка, як на радзіме.

Я радая, што ў мяне атрымалася знайсці сяброў, ёсць нейкае нават пачуццё „сям'і", якую ты сама абрала. Ёсць падтрымка, клопат адно аб адным. І ўжо ўсё здаецца не такім дрэнным.

Пачатак храналагічны, канец у традыцыях Бероўза

За пяць апошніх гадоў спроб атрымаць адукацыю і стаць спецыялісткай запалу менш не стала. Мабыць, не памылілася з выбарам. Пры апошняй рэдакцыі эсэ я ўжо стала крыху бліжэй да ажыццяўлення планаў. Нават бюракратычнай сістэме ў іншай краіне мяне не ўдалося зламаць.

Увогуле, калі паглыбіцца ў самарэфлексію, то сталі з'яўляцца думкі накшталт „я не змагу гэта зрабіць", „можа, проста адпусціць сітуацыю...". Гэта і напужала, бо такое ніколі для мяне не было характэрна. Думаю, што гэта адны з самых адчувальных момантаў, калі ўжо гатовая здацца. Але пакуль я гэта перажыла, а значыць, працягваю змагацца!

Мне хацелася б даведацца пра пачуцці і адчуванне тых людзей, якія выконвалі злачынныя загады. Як гэта, асэнсоўваць, што менавіта ты стаў тым самым злодзеем з казак, да якога немагчыма ставіцца са спачуваннем?

Хачу вярнуцца на радзіму. Пакуль у мяне ёсць маладосць і ўсё быццам бы даецца прасцей. Але гэта хутка зменіцца. Не жадаю мірыцца з тым, што столькі часу „беларускае пытанне" застаецца актуальным — што тры гады, што трыста гадоў таму. Як бы гэта не чыталася, але працяг існавання рэжыму Лукашэнкі мне дае стымул для жыцця. Пасля ўсяго болю, праз які прайшлі столькі людзей, ты не можаш сабе дазволіць не пабачыць яго звяржэння. Спадзяюся, што гэта адбудзецца не з-за фізіялагічнага працэсу, а дзякуючы дзейнасці беларусаў, нязгодных з гвалтоўным рэжымам. Спадзяюся, што ўсё менш людзей будуць казаць, што знаходзяцца па-за палітыкай і гэта іх не датычыцца, будзе большая асабістая і грамадская свядомасць, а гвалт немагчыма будзе ігнараваць.

Калі пісаць пра абстрактную будучыню, то хочацца ўбачыць Беларусь свабоднай і незалежнай і ад унутранага прыгнёту, і ад ціску звонку. Убачыць шлях, працэс самавызначэння і развіцця. Прыкласці асабістыя намаганні для вызвалення Радзімы і прыняць удзел у яе развіцці. Шмат гучных пафасных слоў. Ці стрымаю іх? Ці здзейсняцца яны?

На гэта я адкажу пазней.

City N, снежань 2023
favoritefungus@proton.me

ВЕРЮ, ЧТО БЕЛАРУСЬ СТАНЕТ СТРАНОЙ СЧАСТЛИВЫХ ЛЮДЕЙ

Аляксандра П.

Я родилась в Минске и прожила там до ноября 2022 года. С самого детства я хотела помогать тем, кто нуждается в поддержке. Это вдохновило меня выбрать образование и работу в области юриспруденции. Моей профессиональной специализацией стало право прав человека и право беженцев, хотя это направление я открыла для себя не сразу.

После окончания школы, как и большинство абитуриентов, я еще не имела четкого представления о будущей профессии. Однако, узнав о факультете международных отношений, я почувствовала, что это место поможет мне обрести различные полезные знания и навыки, которым я найду применение.

В первый год университетской жизни я отчаянно пыталась разобраться в отраслях права, представляя, как, став взрослой, я буду с этим работать, но каждый раз будущее мне виделось размытым. Все изменилось на втором курсе, когда я познакомилась с людьми, которые рассказали мне о беженцах на границе Беларуси с Польшей. Тот момент стал поворотным в моей жизни. Меня крайне расстроило, что люди, бегущие от преследования, не могли спокойно найти себе дом в безопасности. Эти эмоции побудили меня к действию, и я начала активно изучать эту сферу и область прав человека.

Мне повезло родиться в семье, которая всегда поощряла мои амбиции, поддерживала меня и оберегала. Я помню, как сказала родителям, что хочу заниматься правами человека, и какие смешанные эмоции за этим последовали. Помню, как папа сказал, что это благородное дело, но, вспоминая 2010 год, предупреждал, что в Беларуси это слишком опасная карьера. Я это понимала, но к тому моменту уже не видела свою будущую работу в другом направлении.

Учеба на факультете приносила мне большое удовольствие, хотя экзамены всегда создавали большой стресс. На занятиях нам нередко давали свободу для мышления и обсуждения. Часто можно было увидеть горящие глаза студентов на интересных для них занятиях, а по манере преподнесения информации можно было понять, что большинству преподавателей было важно не только передать знания, но и вовлечь студентов в процесс обучения.

До конца учебы я углубленно изучала права человека и право беженцев как в самом БГУ, так и за пределами университета, проходила стажировки и участвовала в волонтерских программах. В рамках разных организаций я занималась поиском гуманитарной помощи и организацией образовательных мероприятий, делала переводы статей и интервью, проводила правовые исследования и писала жалобы и обращения в национальные и международные органы. Мне казалось очевидным, что поддержка и помощь уязвимым группам необходима для создания демократического общества, основанного на солидарности и уважении прав человека. В то же время я часто сталкивалась с необходимостью объяснять людям, почему некоторые вынуждены покидать родные страны и по каким причинам их нельзя осуждать. Было важно помогать другим преодолевать предубеждения и представлять объективную картину, чтобы избежать неодобрения и стигматизации мигрантов и начать воспринимать каждого как носителя неотъемлемых прав.

Моя цель после окончания университета всегда была ясной — работать правозащитницей в негосударственной организации. Я не испытывала страха перед этим решением, потому что считала, что я делаю все правильно, в рамках закона и морали. Я заканчивала университет, когда протестные акции уже начались, хотя еще не достигли той массовости, которую мы увидели в последующие месяцы.

Деятельность после университета

Вскоре после окончания университета я нашла работу по душе. Моему быстрому трудоустройству во многом способствовали не только знания, полученные в университете, но и активное участие в волонтерских программах. Я начала удаленно работать с беженцами в европейских странах, помогая им разобраться с процедурой подачи на статус беженца, а также обжалованием отказа в защите. Также от имени клиентов я подготавливала жалобы в Европейский суд по правам человека, комитеты ООН и другие международные организации, защищая и отстаивая их права.

Несмотря на основную работу, я продолжала помогать на волонтерской основе другим организациям. Особая необходимость в этом появилась с августа 2020 года, когда вся Беларусь была в шоке от новостей про пытки и жестокое обращение. Не забуду момент, когда я была дома и услышала, как мама плачет в соседней комнате. Когда я спросила, что происходит, она показала мне интервью нескольких людей, которые вышли с Окрестина и которые описывали насилие, с которым они столкнулись. К тому моменту я уже имела представление о пытках в местах заключения Беларуси, но мамины слезы и потрясение от того, что кто-то в Беларуси может быть настолько жестоким, впечатлили меня больше всего того, что я читала раньше в книгах и статьях, и оставили глубокий след в памяти. Пока это было возможно, я оказывала помощь правозащитникам в сборе и систематизации информации о пытках. Когда начали задерживать волонтеров этого направления, я отошла от этой деятельности, руководствуясь советами коллег и своим эмоциональным состоянием.

Мирные акции

Как и многие, я принимала участие в мирных протестах. Не думаю, что могло быть иначе, учитывая мою приверженность принципу справедливости. Я верила, что нашими совместными усилиями удастся изменить порядок дел мирным путем и обеспечить будущее, свободное от диктатуры. Я верила, что мои будущие дети, изучая историю в школе, увидят в оглавлении учебника «2020 год» и с гордостью расскажут, что их родители внесли свой вклад в борьбу за свободу в Беларуси.

Я не забуду Марш свободы, прошедший 16 августа 2020 года. В тот день мы все увидели, как нас много и что мы стремимся к одной цели — добру, благополучию и счастливому будущему. В тот день во мне появилась уверенность, что у нас, беларусов, все получится, ведь за нами стояло большинство, борющееся за истину и справедливость. Разумеется, пугала информация о пытках и задержаниях, но казалось, что это не продлится вечно, ведь нас с детства учили, что добро побеждает зло, а значит, нужно идти дальше и бороться.

Оглядываясь назад, я понимаю, что беларусы сделали все, что могли. Я не считаю, что мы потерпели поражение лишь потому, что власть не сменилась. Я считаю победой то, что мы сняли маски, узнали, кто истинно ценит свободу, а кто готов предать ближнего ради денег и власти. Мы показали и себе, и миру, кем являются настоящие беларусы и через что нам приходится проходить.

Задержание

В 2022 году, когда мировая общественность начала отдавать все свое внимание войне в Украине, многие начали думать, что массовые аресты в Беларуси прекратились. Однако это было далеко от истины. Машина репрессий не только не останавливалась, но и продолжала наращивать свою мощь. Осенью того года я была задержана. Как и многих, меня задержали без каких-либо оснований и протокола.

Ко мне в квартиру пришли сотрудники правоохранительных органов, провели обыск, пугая большим тюремным сроком и не объясняя причину. Позже меня отвели на допрос, который длился больше четырех часов. На нем я узнала, что ко мне пришли как к свидетелю по уголовному делу о протестах, но я была лишь косвенно связана с обвиняемыми. Вся информация, которую я изучала о том, как себя вести на допросах, фактически мне не помогла. Когда я ссылалась на конкретные нормы права и пыталась отказаться от дачи показаний против самой себя, мне угрожали, что я сделаю только хуже и себе, и своим близким. Несмотря на то что в конечном итоге я дала все показания, меня не отпустили, отвезли в одиночную камеру без света и окна, не позволяли связаться с родными и не давали даже воды. Ночью меня привезли на Окрестина.

Только на следующий день на суде я узнала суть обвинений против меня. Суд был удаленным: я находилась в чьем-то кабинете на Окрестина под присмотром охранников и перед ноутбуком с плохим интернетом. Моя семья успела нанять адвоката, которая объяснила, что меня обвиняют в сопротивлении сотруднику милиции. Согласно протоколу, днем я гуляла у районного управления внутренних дел, ко мне подошел сотрудник милиции и сказал, что я подозреваюсь в хранении экстремистских материалов, но вместо повиновения я начала кричать, упираться и размахивать руками. Несмотря на то что по факту в указанное время я была на допросе, суд посчитал, что сотруднику правоохранительных органов, единственному свидетелю, не было оснований не доверять, и присудил мне четырнадцать суток ареста, даже не делая перерыв на принятие решения. Единственным плюсом этого судебного заседания была возможность передать семье через адвоката, что я здорова и что меня не били. Позже адвокат сказала моим родным, что, несмотря на свой длительный опыт с подобными делами, этот суд для нее был одним из самых морально трудных, и я думаю, что дело было в моем нескончаемом потоке слез и шоке от совершенно выдуманных обвинений.

За две недели заключения на Окрестина мне удалось познакомиться с деятелями науки и бизнеса, медсестрами, юристами и отчисленными студентами. Всех их задержали из-за политических убеждений, некоторых избивали и всех убеждали, что мы ничего не знаем и не понимаем, что девушки должны заниматься маникюром, а не участвовать в политике, что тюрьма для всех нас неизбежна.

Нас содержали в плохих условиях, иногда даже невыносимых. Нам не давали средства гигиены, не открывали окно и не включали вентиляцию, не выводили на прогулки или в душ, каждую ночь несколько раз будили. Свет в камере никогда не выключался, поэтому ночью мы прикрывали лица одеждой. Однажды нам в камере по случайности выключили свет и это настолько нас шокировало, что мы не могли произнести ни слова. На минуту оказаться практически в полной темноте показалось нам чудом, которое мы не ценили в обычной жизни.

В камере часто находилось так много людей, что некоторым приходилось ночью стоять из-за отсутствия возможности лечь. Днем спать было запрещено, но в паре углов на полу, куда не была направлена видеокамера, можно было недолго отдохнуть. В целом день всегда делился на несколько частей: подъем, обыск камеры, завтрак, обед, ужин и отбой. Иногда между завтраком и обедом нескольких людей вызывали на так называемые профилактические беседы. Обычно эти беседы ограничивались вопросом «за что забрали?», но иногда на них мы узнавали примерное время и какая на улице погода. Обычными нашими развлечениями были игры в слова, но под конец моего срока задержали девушку, которая знала наизусть несколько народных сказок. Под них мы закрывали глаза и чувствовали спокойствие, ненадолго забывая свои переживания.

Хотя условия были ужасны, самым страшным были не они, а угасающая надежда на будущее. Надежды становилось меньше каждый раз, когда кто-то возвращался в камеру после отбытых суток, сообщая о новых обвинениях в нарушении уголовных статей. До конца невозможно поверить, что тебя просто выпустят, поскольку каждого второго человека повторно задерживали, иногда сразу после выхода за ворота Окрестина.

В камере, казалось, было негласное правило — не плакать, даже если очень этого хочется. Учитывая, что в помещении на семь квадратных метров обычно было около семнадцати человек, каждая девушка понимала, что нужно поддерживать моральную стабильность и не усугублять атмосферу. Несмотря на трудности, мы понимали и поддерживали друг друга. Помогали всегда, когда могли. Помню, как я первый раз зашла в камеру ЦИП (Центр изоляции правонарушителей) и сказала, что мне не давали еду два дня. Девушки без лишних слов дали мне хлеб и воду и предложили выпить валерьянки — все, что у них было. Все время мы делились своими историями, советами и переживаниями даже в отношении почти незнакомых девушек. Каждый человек в камере был добр, образован и интересен, что, на мой взгляд, показывает уникальность нынешних мест ограничения свободы в Беларуси.

Помимо девушек в камере, еще одним источником поддержки была связь с родными, которая ограничивалась передачей информации через тех, кому удавалось выйти с Окрестина. Если информация доходила, то это через несколько дней можно было понять по новым лекарствам, которые передавали родные. Если лекарства есть — значит, близких не задержали. Позже я узнала, что до нас доходила лишь малая часть того, что передавали члены семьи.

В заключении у каждого была возможность погрузиться в себя. Вспоминая прошлое, я анализировала, что надо было делать, чтобы избежать задержания. Нужно признать, что из-за морального давления в голову неизбежно приходит вопрос: стоило ли первоначально ходить на протесты и выражать свое недовольство? Не было бы проще жить, как прикажут, но хотя бы вне тюремных стен? Только со временем снова пришло осознание, что подчинение и молчание являются целью белорусской власти и что нельзя сдаваться под этим давлением. В таких ситуациях надо не забывать о том, что не прав тут не протестующий, а тот, кто пресекает любое мнение, неприемлемое для диктатуры. Сохранять это в памяти трудно, особенно когда преследуют мысли о том, что давние планы на будущее могут никогда не сбыться.

После освобождения первым делом я вдохнула свежий воздух, вторым — обняла родных и заплакала. Через неделю я уехала из Беларуси, опасаясь, что мне придется повторно пережить заключение. Несмотря на то что Окрестина тяжело вспоминать, контакт с девушками из камеры остался. Каждая следит за тем, что случилось с другой, мы связываемся по мере возможности и готовы друг другу помочь. Пережитый травмирующий опыт, вопреки ожиданиям органов власти, только сблизил нас и дает свои положительные плоды.

Жизнь после Окрестина

Два шокирующих события — мои арест и эмиграция — наложились друг на друга, вызвав серьезные моральные трудности. Несмотря на поддержку со стороны семьи, друзей и коллег, мне потребовалась помощь профессионального психолога. Хотя уже прошло немало времени, пережитые события из памяти не уходят и все еще вызывают чувства потери и несправедливости. Тем не менее с этим остается только жить, делясь своим опытом с другими: одних можно предостеречь, а других даже вдохновить на лучшее понимание того, через что прошел почти каждый беларус.

Находясь в другой стране, строить планы на будущее оказалось гораздо сложнее, чем казалось раньше. Несмотря на то что я по-прежнему нацелена на получение магистерской степени и продолжение работы в сфере прав человека, важнейшей целью для меня стала встреча с родными и близкими, чтобы вновь полноценно ощутить ту связь и поддержку, которые были временно разорваны. Я не перестаю верить, что Беларусь в конечном итоге станет свободной. Когда этот момент наступит, я буду рада принимать участие в ее развитии. Я также с нетерпением жду дня, когда виновные в репрессиях и нарушениях прав человека будут привлечены к ответственности, и как юрист я буду стремиться к достижению справедливости. К этому будет трудно прийти, и пока я слабо представляю, что в ближайшем будущем возможно изменить ситуацию в Беларуси. Однако я глубоко убеждена, что каждому небезразличному человеку нельзя сдаваться и мириться с произволом. Мы должны продолжать обмениваться информацией, поддерживать и защищать друг друга, не поддаваясь манипуляциям и пропаганде, и оставаться верными своим принципам.

Светлые дни придут, ведь тьма не в силах окутать реальность, когда в ней есть хотя бы одна искра надежды. Рано или поздно, благодаря отсутствию поддержки нынешней власти, режим вновь пошатнется, и это будет идеальный момент для светлых людей помочь ему рухнуть. Я верю, что Беларусь станет страной счастливых людей, нужно лишь не терять надежду и не забывать пережитое.

Вроцлаў, чэрвень 2023
hanvla@proton.me

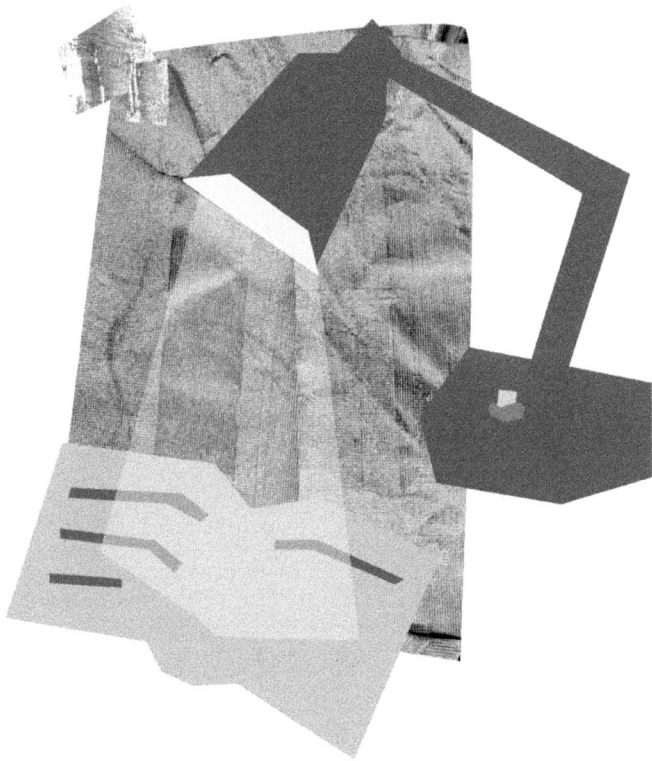

НИКАКИХ СОЖАЛЕНИЙ

Татьяна

Посвящается моей маме и всем,
кто был рядом все это время

В городе в тот день было поразительно спокойно

Меня зовут Таня. Сейчас мне 21 год. Хотя многие говорят, что тюремные годы не в счет. В таком случае, можно считать, мне все еще 19. Именно столько мне только исполнилось, когда меня задержал КГБ. Но начну с более ранних событий.

Родилась и выросла я в Минске. Закончила физико-математический класс минской гимназии. В школе мне легче всего давались математика с физикой, так что вопрос выбора специальности почти не стоял.

Я часто задумываюсь о том, как те или иные события могут коренным образом повлиять на нашу жизнь. В моей судьбе поворотным решением стало поступление на мехмат БГУ. Как потом оказалось, это самый «движовый» и активный факультет университета. Не могу сказать, что я была в числе лучших студентов группы, но учеба меня интересовала, и я старалась не отставать. Единственный предмет, который я терпеть не могла, — это политология. Помню, как-то раз преподаватель даже выгнал меня из аудитории за то, что я спала на его семинаре! А вот если бы не спала, кто знает, может быть, события развивались бы и по-другому.

В тот момент я определенно и точно собиралась закончить учебу в Беларуси. Да и после окончания вуза мне еще предстояло отработать пару лет. Перспективу переехать куда-то за границу я если и рассматривала, то как что-то очень далекое и туманное.

Помню, как шла на свои первые выборы 9 августа 2020 года. Тогда я думала, что это действительно очень важно, и ужасно волновалась. После голосования мы с мамой зашли в наш любимый минский ресторан «Васильки» и выпили настоек за это. В тот день в городе было поразительно спокойно.

Мы стоим только в самом начале истории

В 2020 году невероятная волна протестов захлестнула всю Беларусь. Сейчас этого выражения едва ли хватит, чтобы в полной мере описать всю важность и фееричность событий, которые происходили после выборов. То, как беларусы сплотились в тот момент, на что они осмелились, безумно воодушевляло. Естественно, и студенчество подхватило это дуновение свободы. Мы были так вдохновлены!

Мы чувствовали ответственность закончить процесс, начавшийся еще задолго до нас. Казалось, что стоим на пороге чего-то нового, что остается еще совсем чуть-чуть дожать — и мы будем жить в новой свободной стране! Может, с точки зрения истории было достаточно наивно так думать, но чувствовали мы себя именно так. И уж конечно, в тот момент я не подозревала, что в приговоре у меня будет написано, что нашим пением и распитием чая с печеньками в университете мы привлечем к Беларуси санкции Евросоюза и США.

Уже позже, находясь в колонии, мы с девочками это обсуждали, и одна из женщин, тоже политическая осужденная, сказала: «Да, перемены никогда не происходят быстро. На все нужно время, за которое могут смениться целые поколения. И дай Бог, чтобы наши дети жили в новой стране».

Но ведь это мы еще совсем недавно и были теми детьми, которые должны были жить в новой Беларуси! Мы-то строили свое будущее! Для своей молодости! Я думала, мы уже завершаем длительный процесс, оказалось же, мы стоим только в самом начале истории.

Это работает

Задержание — это то, что ножом врезалось в память и, пожалуй, не забудется уже никогда. Я по часам, даже буквально по минутам, могу воспроизвести этот день у себя в голове. Сейчас мне это уже кажется забавным, но первый месяц в СИЗО момент задержания жуткими картинками проплывал у меня перед глазами каждый вечер, и я ничего не могла с этим сделать, никак не могла выкинуть картинки из головы.

По иронии судьбы так получилось, что меня задержали на две недели позже всех остальных фигурантов по так называемому «делу студентов». Впоследствии эти две недели еще сыграли со мной злую шутку. Так как день, проведенный в следственном изоляторе, считается за полтора дня, две недели, помноженные на полтора, превратились в то, что освобождалась я уже на три недели позже всех моих «подельников». Если бы я знала, что так получится, сдалась бы сама в один день со всеми.

Когда через полгода, проведенных в СИЗО, мы с остальными студентами наконец познакомились друг с другом в процессе ознакомления с материалами дела, мой «подельник» Глеб спросил у меня: «Почему ты не уехала?» Ответа на этот вопрос у меня нет до сих пор. Я не знаю, почему я не уехала. Может, не хватило решимости. Ведь до последнего момента кажется, что тебя это не коснется. За что? Я же не совершала ничего противозаконного...

Предчувствия, что со мной может случиться что-то плохое, у меня не было абсолютно. Настолько, что буквально в последний вечер перед задержанием мы с мамой успели сходить в нашу минскую Филармонию на концерт органной музыки, посвященный 335-летию со дня рождения Баха. Я очень хорошо помню этот вечер. Большая часть выступавших тогда артистов были молодые девушки. Помню, как меня тогда поразило, как эти маленькие и хрупкие девушки справляются с громадным и величественным органом. А больше всего меня впечатлила органистка Ольга Подгайская. Она исполняла не только Баха, но и свои авторские произведения. Меня удивило, что есть композиторы, которые и сейчас пишут музыку для органа.

После концерта мы с мамой по традиции зашли в «Васильки» и заказали себе настойки.

Примерно полгода спустя, когда я уже была в СИЗО, мне пришло несколько писем от одной женщины. В одном из них читаю: «Я музыкант и композитор. Исполняю и пишу музыку для моего любимого органа». И только тогда я внимательнее перечитала обратный адрес и имя адресата — Ольга Подгайская! И тут опять перед глазами пронеслись воспоминания последнего дня перед задержанием. И музыка Баха зловеще заиграла у меня в голове. Бывает же такое! Это моя любимая история этого периода жизни. Я обо всем этом написала Оле, но, конечно, переписку нам после этого сразу же оборвали. Так и не знаю, дошло ли это письмо.

Буквально за пару дней до ареста мне посчастливилось прочитать статью о том, как вести себя на допросе. Она предназначалась для анархистов, но алгоритм в целом един для всех. В статье описывались различные психологические приемы, которыми пользуются следователи на дознании или допросе. Стратегии по типу: задобрить допрашиваемого, предложить ему кофе или сигарету, бесконечно повторять одни и те же вопросы, пока не получат желаемый ответ, хороший и плохой полицейский — в общем, все в духе традиционных детективов. В момент прочтения они мне показались ужасно банальными. «Разве это работает? Ну неужели на такое действительно кто-то поведется? Да и наверняка уже придумали новые хитрости, более эффективные». На практике же оказалось, что круче велосипеда, действительно, ничего не изобрели. Да и не нужно. Все проходит реально как в статье! Это работает.

Лично мне статья помогла колоссально. Я довольно быстро распознавала оперские трюки, которые в точности копировали статью для анархистов. И это, конечно, очень забавляло. И именно это помогло мне держаться спокойно и твердо во время всех допросов. Надо отдать должное мне самой, что, даже когда я позднее перечитывала свои показания и объяснительную записку, я осталась вполне довольна их содержанием. А точнее, полным не-содержанием каких-либо конкретных фактов.

И вот я в СИЗО КГБ. Странно, но страшно мне в тот момент не было, было интересно. СИЗО КГБ внутри представляет из себя атриум, так что нижние этажи видны с верхних. На этаже, где расположены камеры, центральное пространство затянуто сеткой, а камеры расположены по кругу и по форме являются секторами. В общем, антуражно безумно. Ощущение такое, будто я попала в боевик с Сильвестром Сталлоне, в котором надо сбежать из тюрьмы.

Первое, к чему приходится привыкать, — ограниченное пространство. Камеры в изоляторе КГБ настолько узкие, что между кроватями два человека не смогут разминуться и движение возможно только в одну сторону. Я в полной мере ощутила это, когда первый раз легла спать. Подняла глаза вверх и осознала, насколько же маленькая площадь потолка. Буквально четыре шага в длину и два в ширину.

Потом была Володарка. Там все совсем по-другому, но не менее кинематографично. Ощущается историчность Пищаловского замка, построенного в XIX веке. Дорога к прогулочным дворикам проходит через полуразрушенные башни и через подвал, в котором сохранились двухсотлетние своды. И кованые решетки на окнах в три пальца толщиной, похоже, тоже сохранились с основания здания.

«Ты что не видишь, что ее уводят?»

В тюрьме я больше всего боялась, что меня кто-нибудь не дождется. Потерю родных там перенести невозможно. В день задержания кагэбэшникам надо было провести обыск, кроме как в моей квартире, еще и в квартире моих бабушки и дедушки. «Силовики» согласились ничего не говорить про мой арест, а сказать, что я просто помогаю в раскрытии какого-то дела. Дверь я открыла своими ключами. Естественно, в квартире ничего не нашли, только зря взволновали стариков. И вот, наступает момент, когда нам нужно уходить. Я прощаюсь. Оставляю свои ключи на тумбочке. Бабушка спрашивает, вернусь ли я. Дед говорит: «Ты что не видишь, что ее уводят?» Мне так хотелось обнять бабушку и сказать ей, что все будет хорошо. Но я старалась делать вид, что ухожу ненадолго, а объятия бы выдали всю суть происходящего. Поэтому я даже не обняла ее. После закрытия дела бабуля еще приезжала ко мне на свидание в СИЗО. Помню, меня поразило тогда, какой седой она стала. Она очень постарела и изменилась. В тот день я видела ее в последний раз. Уже в колонии я узнала, что не стало деда. Бабушка прожила без него всего полгода.

Из колонии я им даже не звонила.

Есть в этом что-то мистическое и кармическое

Но были и положительные моменты во всей этой истории. Я никогда не забуду глаза Оли Сыроватко, которые просто светились от счастья за день до освобождения. Освобождающегося человека видно по глазам. Сразу. Именно в этот момент осознаешь, что в заключении глаза человека гаснут. Из них буквально уходит жизнь и возвращается только перед самым выходом на свободу. Я только в последний день заметила, какие же у Оли потрясающе красивые голубые глаза!

А еще я благодарна судьбе за то, что она свела меня с множеством прекрасных и интереснейших людей. Очевидно, есть определенная доля провидения в том, что Комитет государственной безопасности связал в одно дело двенадцать совершенно разных и незнакомых другу человек. Кто знает, возможно, судьба столкнула и сплела нас в таких нелегких обстоятельствах неслучайно. Я очень надеюсь, что эта связь между нами сохранится на долгие годы и мы не потеряемся. Есть в этом что-то мистическое и кармическое.

Самым близким и важным для меня человеком из всех, кого я встретила в тюрьме, стала моя до сих пор близкая и горячо любимая подруга Настя Ярошевич. Именно она была для меня самой большой опорой и поддержкой в колонии. Вместе мы и ели, и гуляли, и смеялись, и плакали. И перед мусорами готовы были встать горой друг за друга. Так вышло, что Настя освободилась на девять месяцев раньше меня. Абсолютно неожиданно для всех ее… помиловали. Не передать словами, как безумно я была счастлива за нее. Но при этом как будто земля ушла у меня из-под ног. Настя была единственным и самым близким человеком, с кем я могла поплакать и кому могла рассказать обо всем наболевшем.

Сейчас она для меня как родная сестра. И хотя нас разделяют 900 километров, я с нетерпением жду момента, когда мы встретимся вновь и как в старые добрые будем болтать обо всем на свете.

«Время, помноженное на расстояние, творит чудеса»

Мозг человека интересно устроен. Когда я только вышла на свободу после двух лет тюрьмы, казалось, будто их и не было вовсе, этих двух лет. Город не изменился, люди не изменились. Жизнь идет своим мирным чередом.

До сих пор, когда я вслух рассказываю людям, что в общей сложности я провела больше двух лет в заключении, я сама не могу в это поверить.

Изменилась ли я за это время? Да, однозначно изменилась. Изменились взгляды на многие вещи. Более взрослыми стали, что ли… Изменилось окружение. Многие друзья отпали, просто потерялись из виду. Но многие и остались. А на место тех, кто пропал, пришло еще больше близких и дорогих мне людей, которых я могу назвать настоящими друзьями. Возможно, я стала жестче, грубее. Но основное мировоззрение, конечно, все равно осталось неизменным. Скорее, наоборот, я стала яснее понимать, чего хочу от жизни. Было много времени подумать. И все же я очень надеюсь, что в глубине души все мы двенадцать человек остались по-юношески дерзкими и амбициозными и сохранили нашу безграничную веру в добро и справедливость.

После освобождения я еще достаточно долго не могла справиться с деперсонализацией. С самого первого дня моей посадки мне все время казалось, будто я проживаю не свою жизнь, а смотрю какое-то артхаусное кино. Фильм, определенно, жутко интересный, но смотреть я бы его советовала только со стороны. Как ни странно, с освобождением это чувство никуда не пропало, а только усилилось. Мне хотелось максимально насладиться всем за потерянные два года. Я хотела получить все и сразу. Но этого не происходило. Мое сознание как будто заблокировало приятные ощущения, и мне понадобилось четыре месяца, прежде чем я снова смогла в полной мере получать удовольствие от жизни.

Сейчас я уже полгода на свободе. За это время со мной случилось столько всего, сколько не происходило за всю жизнь. Я нелегально пересекла границу, я стала жить одна в чужой стране, я поступила в университет на специальность, о которой только мечтать могла, я побывала на множестве официальных встреч, о которых даже подумать не могла, что когда-нибудь на них побываю, и наконец выучила английский. И, хотя многие воспоминания о тюрьме в моей памяти все еще очень яркие, верить в то, что я действительно была там, что все это происходило со мной, становится все труднее. Время, помноженное на расстояние, творит чудеса. И вот, оглядываясь назад, я однозначно могу сказать: никаких сожалений. Я ничего не боюсь, я ни о чем не жалею, я ничего не стала бы менять. Если бы не этот опыт, я бы никогда не оказалась на том месте, где я сейчас. Я ни за что не научилась бы верить в себя. Я ни за что не научилась бы не бояться.

Послесловие

Хотелось бы выразить огромную благодарность все тем людям, кто на протяжении всего нелегкого времени отбывания наказания поддерживал меня огромным количеством писем, открыток, посылок и денежных переводов.

Я старательно хранила информацию, чтобы потом связаться со всеми, но часть записей у меня отняла администрация колонии, часть была утеряна, что-то не удалось вывезти из Беларуси, да и просто большую часть людей найти в интернете не представляется возможным.

По понятным причинам я не могу перечислить имена всех тех, кого я бы хотела найти, поэтому прилагаю электронную почту для связи со мной. Буду безумно рада, если кто-то из моих друзей по переписке откликнется.

Жыве Беларусь!

Prague, студзень 2024
mystory.ekelchik@gmail.com

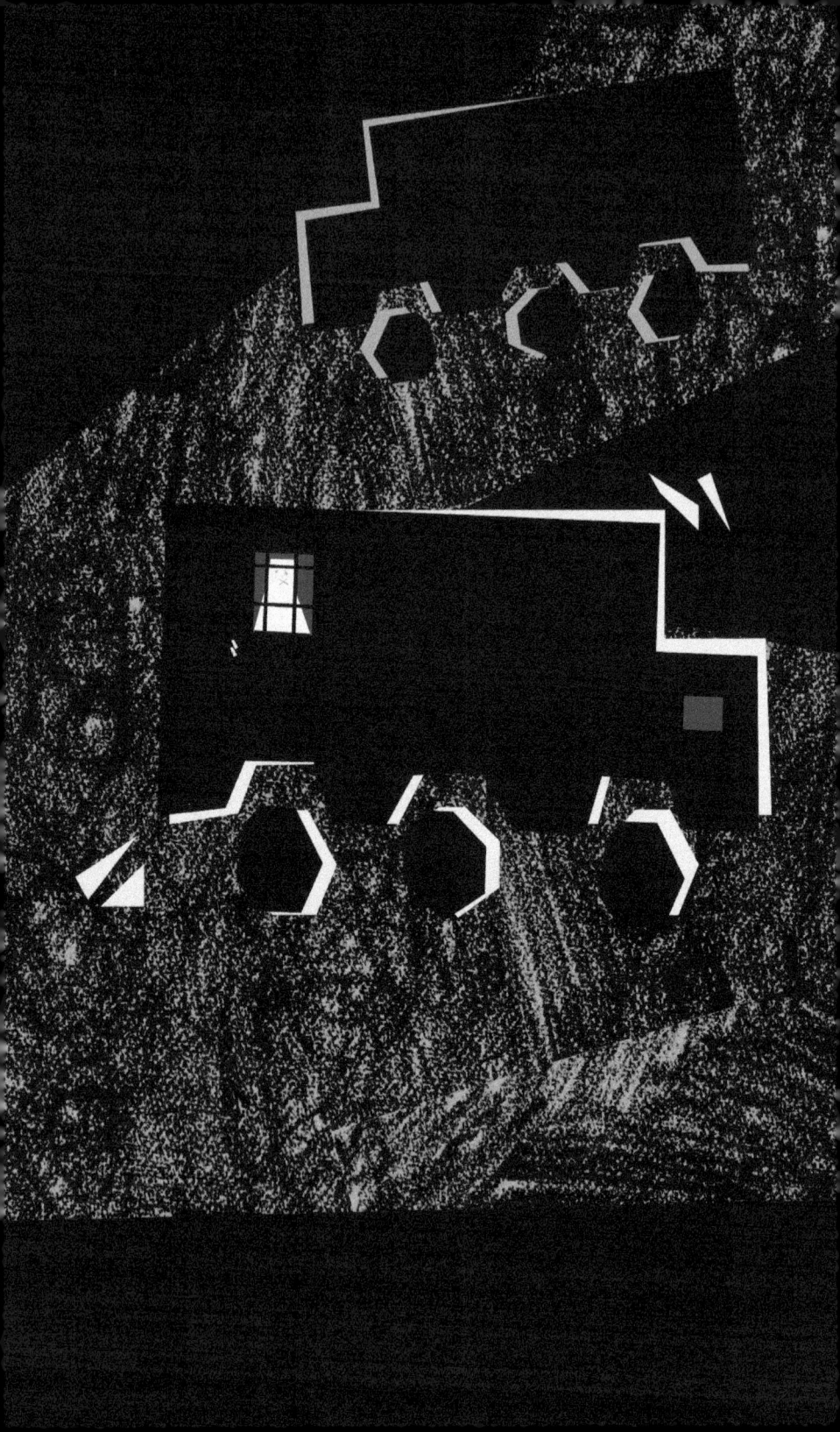

КАК ПРОГОЛОСОВАТЬ НА ВЫБОРАХ И СЕСТЬ В ТЮРЬМУ, КОГДА ТЕБЕ ДЕВЯТНАДЦАТЬ ЛЕТ?

Тринадцатый человек

Недавно мне исполнилось 22 года. Предыдущие два дня рождения я встречала в тюрьме. Еще там мы договорились с моей «подельницей» N, что после освобождения обязательно соберем всех своих друзей на одну большую вечеринку и отметим все пропущенные дни рождения, будет громко и весело. Однако реальность оказалась иной. Часть моих друзей осталась в Беларуси, другая часть разъехалась по разным странам, в их числе и N. Большая и шумная вечеринка осталась только в моем воображении. Все теперь по-другому.

За тюремными стенами ты многое идеализируешь и идеей фикс становится желание просто вернуться обратно в свою прежнюю, но уже возведенную в культ жизнь. От этого и вся сложность послетюремной адаптации. Мир не стоял на месте, пока сидел ты.

Я родилась и выросла в Гродно. Это областной центр на западе Беларуси, спокойный, с красивыми «двухэтажными» улочками в центре. Я люблю Гродно, в старшей школе на велосипедах мы с друзьями объездили город вдоль и поперек. Было весело.

Летом устраивали поездки на двухколесном транспорте за город, на речку и озеро. Собирались вместе, играли в настольные игры, расстелив плед в саду гродненского Нового замка. Хорошее время, которое было очень приятно вспоминать перед отбоем.

Университеты

В 2018 г. я поступила на первый курс в Гродненский государственный университет имени Янки Купалы на специальность «изобразительное искусство и компьютерная графика». Выбор специальности можно назвать достаточно спонтанным, хотя мне всю жизнь нравилось рисовать. Кстати, и сейчас моя основная деятельность связана с этим. Первый курс стал для меня временем осознания своих сил. Мы часто по выходным собирались с одногруппниками в мастерских, чтобы порисовать и подискутировать на разные темы. Строили какие-то планы, мечтали. А когда год подошел к концу, я почувствовала, что хочу большего и приняла решение перевестись в Минск на ту же специальность, но уже в Белорусский государственный педагогический университет.

Учеба на втором курсе другого университета у меня была связана больше с активизмом. В столице оказалось намного проще найти студентов-единомышленников, кучу ивентов, лекций и неформального образования. Хотя нужно сказать откровенно, что новый университет не оправдал моих ожиданий. Столичный вуз оказался в разы ниже по уровню образования. В нем не были решены даже базовые вопросы по составлению расписания занятий, электронный портал не работал. Об изменении в расписании никто не уведомлял, из-за чего часто происходили накладки. Организация образовательного процесса меня, мягко говоря, удивляла, особенно после своего провинциального вуза, где в менеджмент активно внедряли современные технологии.

Активизм

В этот период на почве организационных недоразумений я и познакомилась с N. Впоследствии мы вместе стали посещать лекции за пределами университета и заниматься самообразованием. В течение второго курса мы прошли специальную волонтерскую программу студенческого лидерства, которая давала установку на решение конкретных социальных проблем.

Я работала над проектом по обеспечению раздельного сбора мусора в нашем учебном корпусе. Все вместе мы поддерживали других молодых активистов. Хорошо помню, как ходили на суды к участникам «Молодежного блока».

Привычка следить за новостями и событиями в стране сложилась благодаря моей семье. Отец всегда интересовался белорусской культурой и историей, а в семье часто обсуждали новости. Когда я была в младшей школе, родители даже брали меня с собой на выборы. Поэтому, когда в 2020 году началась предвыборная кампания, я наблюдала за каждым событием.

Я не могу представить себя человеком, не интересующимся политической ситуацией. И когда меня спрашивают о прошлом и о том, что бы я изменила, если бы знала, что впереди ждет тюрьма, мой ответ — ничего. Я не представляю себя другим человеком. Все, что я делала, было абсолютно искренне и естественно.

День выборов и после

Мои первые выборы и весь август 2020 года прошли в Гродно. 9 августа я посетила участок для голосования, а вечером встретилась с друзьями на главной площади города. Было около 18.00, когда люди стали в одиночку и малыми группами стекаться в центр. Все ходили кругами, нерешительно смотрели друг на друга, чего-то ждали. Ощущение было странное. Каждый знал, для чего он сюда пришел, но чувствовались неуверенность и некоторое напряжение. Иногда появлялись смельчаки с бело-красно-белой символикой. Потом кто-то захлопал, и аплодисменты подхватила толпа.

Мы сидели на лавочке на площади, завязался разговор с сидящими рядом ребятами. Напряжение резко усилилось, когда к площади подъехали два черных автозака. Я помню, как из огромных машин посреди спокойного солнечного вечера высадилась толпа людей в бронежилетах и шлемах. Их было так много, что невольно возник вопрос, как они вообще все поместились в этих двух грузовиках? Они выстроились в линию и шеренгой пошли по площади, выборочно выхватывая людей. Несколько раз люди разбегалась и вновь собиралась на площади. Нам повезло: никого из моих друзей не задержали, хотя мы еще долго бродили по центру города, пытаясь не попасть в руки «силовиков».

В те первые августовские дни после выборов было страшно, в том числе из-за отсутствия новостей, интернет почти не работал. Вечером выбирались в город, где пытались увернуться от лап «людей в черном», а ночью старались найти хоть какие-нибудь известия о событиях в Минске. Скачать из телеграм-каналов картинки и видео было почти невозможно, поэтому новости узнавали лишь в кратком изложении. От полученной информации бросало в дрожь. Ночью не спали, обновляли «Телеграм» и следили за новостями со столичных улиц. Утром снова наступали тревожные ожидания. Хотелось что-то делать, хоть как-то повлиять на ситуацию и остановить насилие, которое творилось вокруг. Невозможно было просто сидеть и бездействовать. Мы с друзьями занялись расклейкой листовок с фотографиями людей, пострадавших на протестах в Минске. Интернет еще не работал, а пользоваться VPN не все умели, поэтому мы решили, что хотя бы таким образом поможем распространить информацию.

В ответ на бесчеловечное насилие беларусы ответили женскими цепочками солидарности. Каждый день мы приезжали на велосипедах на центральную площадь в белой одежде с цветами в руках. Протестующие не желали отвечать насилием на насилие. Милиция действовала настолько жестоко и безумно, что противопоставить им можно было только абсолютное спокойствие.

В Гродно участникам мирных протестов удалось заставить прийти на митинг председателя городского исполкома и его помощников. Удивительно, что это событие даже снималось местным городским телеканалом. Мэр пообещал горожанам свободу собраний и освобождение политических заключенных. Он пообещал, что каждый день будет выходить на площадь к людям и отчитываться о проделанной работе.

Общение местной власти с народом продлилось недолго: отстранили от должности главу Гродненской области Владимира Кравцова и еще нескольких чиновников, митинги снова стали разгонять. Это было не так просто сделать, потому что протесты приобрели массовый характер. Помню, как в один из этих дней ехала на велосипеде на очередную акцию и у каждого небольшого или крупного предприятия видела сотрудников, которые стояли с цветами и плакатами в шеренгах солидарности. Такого, кажется, у беларусов еще не было.

Мощной картиной были марши заводчан. После смены работники самого крупного промышленного предприятия ОАО «Гродно Азот» двигались колонной с окраины города в центр на собрание с мэром. Большие и грозные мужчины шли в рабочей одежде, что давало всем уверенность в неизбежности победы над режимом. Рабочие двигались в центр и с других предприятий: «Мебель ЗОВ», «Гроднохимволокно», ООО «Терразит Плюс»...

Помню, как мы создали стихийный мемориал, узнав о первых двух жертвах подавления мирных протестов. Мы распечатали их фотографии, купили цветы, оделись в черное, нарисовали плакаты с их именами и под палящим солнцем простояли весь день. К вечеру наш мемориал увеличился в несколько раз благодаря сопереживающим людям, которые приносили цветы и зажигали свечи. Участники протестов чувствовали, что нельзя сдаваться, что нельзя больше молчать и бездействовать. Наш мемориал в центре Гродно по приказу властей коммунальщики периодически убирали, но люди на следующий день его восстанавливали.

Студенческий протест

Август подходил к концу, нужно было ехать на учебу, хотя ни о какой учебе тогда даже думать не получалось. Уже в начале сентября студенты практически всех вузов стали публиковать открытые письма-обращения с конкретными требованиями:

— остановить насилие;

— освободить всех политических заключенных;

— провести новые демократические президентские выборы.

Я также не могла оставаться в стороне. Вместе с единомышленниками мы подготовили открытое письмо от лица студентов БГПУ. В процессе к нашим требованиям присоединились другие студенты и даже преподаватели. Хотя не могу сказать, что наш университет был особо активным. Но неравнодушные ребята не могли просто сидеть без дела и ждать.

1 сентября 2020 года в День знаний студенты всех минских вузов собрали подписи под обращениями, чтобы официально передать их в Министерство образования. Однако милиция и ОМОН не позволили нам это сделать. Начались задержания активистов. Перед двигающимися к министерству многочисленными студенческими колоннами перекрывали дорогу, не

давали пройти к месту назначения. Но студенты не сдавались, они использовали уже хорошо отработанную тактику — разбегались и собирались снова.

В общем, итогом первого сентября для белорусского студенчества из абсолютно разных вузов стали аресты и сотни суток, проведенных в изоляторах временного содержания (ИВС).

Каждое воскресенье мы собирались со студентами БГПУ и шли на марши, в будние дни собирались для обсуждения новых акций. Дискутировали, что еще можем придумать, расклеивали листовки, рисовали плакаты, даже сделали свой фотопроект. В общем, действовали, как умели и могли.

На 26 октября 2020 года была объявлена всеобщая забастовка. Десятки студентов собрались около своих университетов и игнорировали учебный процесс. После локальных встреч протестующие стекались в центр города, где к обеду образовалась внушительная общая колонна. Это был громкий и яркий день.

Сразу же после забастовки началась подготовка к следующей дате — 17 ноября — Международному дню студентов. Для нас это был знаковый день, поэтому заранее стали обсуждать планы, которым, однако, не было суждено осуществиться.

Черный четверг

Наступил тот самый «особенный» четверг — 12 ноября 2020 года. Я даже не предполагала, что ко мне могут «прийти». Были, конечно, какие-то тревожные предчувствия, но все же такого внезапного сценария не ожидала. В этот день было задержано десять студенческих активистов из разных минских университетов и одна преподавательница.

Я помню, как вечером 11 ноября посетила гончарную мастерскую. Меня увлекал процесс создания всяких чашечек, тарелочек, емкостей. Я позанималась лепкой из глины, после встретилась с друзьями. Легла спать поздно и проснулась от долгого звонка в дверь. Повезло, что в тот день мои бабушка с дедушкой, у которых я жила в Минске, были на даче. Не представляю, как бы они испугались таких «гостей».

Сейчас уже плохо помню детали того дня. Но к 23.00 я попала в свою первую тюремную камеру в СИЗО КГБ, известную как «американка». Опыт существования в СИЗО, конечно, уникальный. Теперь, после сравнения с заключением в колонии, он даже кажется мне менее травмирующим. По стечению обстоятельств мое нахождение в заключении состояло из постоянных переездов из камеры в камеру. В начале это было очень тяжело психологически, но уже после третьего раза становилось легче и проще. За 11 месяцев в СИЗО я «переезжала» девять раз. Это помогло лучше понять внутреннее устройство тюрьмы и ее быт, познакомило с разными камерами и людьми. На своем пути в заключении я познакомилась с многими интересными беларусами, большинство из которых тоже были политическими узниками. Именно благодаря их поддержке, помощи друг другу, можно было выдержать эти два года.

Сейчас я вспоминаю СИЗО как полезное время, проведенное с хорошими людьми. Наверное, это особенности психики — запоминать хорошее.

Сказка о суде

Я очень ждала судебного заседания. Во-первых, это давало возможность увидеть родственников, а во-вторых, провести время в хорошей компании других студентов.

Каждый наш выезд из СИЗО в здание «правосудия» осуществлялся в двух автозаках, которые сопровождались отрядом ОМОНа. При этом на каждого из нас, как на особо опасных преступников, надевали наручники (обвиняемые по «неполитическим» транспортировались без наручников). Меня очень подбадривало то, что нас возят такой большой компанией. Это давало возможность вступиться друг за друга в случае конфликтных ситуаций с конвоирами, да и просто пошутить и поддержать.

Хочется отметить, что поездки на судебные заседания, которые начались 14 мая 2021 года, давались мне физически тяжело. За время, проведенное в СИЗО, у меня нарушился вестибулярный аппарат, а темные и тесные «стаканы» в автозаках совсем не способствовали выздоровлению. А как там было душно летом!..

У каждого из нас был свой адвокат. 12 подсудимых и 12 адвокатов. Со стороны обвинения выступили два представителя прокуратуры (Роман Чеботарев и Анастасия Малико) — молодые люди, ненамного старше нас.

Большую часть судебного процесса занял допрос свидетелей, почти все они представляли сторону обвинения. Это были преподаватели, деканы, проректоры различных минских вузов, также были милиционеры, которые приходили на заседания в масках и бейсболках, пытаясь скрыть свои лица (у меня даже сохранилась зарисовка одного из них).

Уже по первым опросам свидетелей стало понятно, что большинство из них вообще не понимало, какое значение имеют озвученные ими показания. Формулировки, которые использовались в протоколе допроса, были очевидно составлены следователями. Протоколы с сухой юридической терминологией свидетели слепо подписывали во время дачи показаний, а затем озвучивали их в суде. Но самое смешное случалось, когда свидетели даже не являлись очевидцами событий, по которым их допрашивали. Получалось, что следователь просто показывал им видеоролики, которые после демонстрации просил описать и составлял на этой основе протокол. «Вы были свидетелем?» — «Нет, но я смотрел видео». Такие диалоги постоянно звучали на судебных заседаниях.

В обвинении было отмечено, что вся наша группа из двенадцати человек спровоцировала санкции ЕС и США в отношении Беларуси и что мы по предварительному сговору организовали все несанкционированные массовые мероприятия в минских университетах.

На этапе допроса свидетелей и прений было очевидно, что обвинение рассыпается от любого озвученного адвокатами вопроса. Не могу сказать, что это как-то успокаивало. Мы знали, что нелогичность обвинения никак не повлияет на наш приговор и что мы получим тот срок, который суду спустят сверху. Было понятно, что по своей сути все эти суды, выступления адвокатов, свидетелей, прокуроров не имеют ничего общего с реальным правосудием. Все так и произошло. Наши «молодые прокуроры» запросили нам по два с половиной года лишения свободы, из трех лет, возможных по максимальной планке наказания. Минимальные же санкции статьи 342 начинаются со штрафа. Суд «прислушался» к мнению так называемых прокурорских работников.

В день оглашения приговора 16 июля 2021 года мы договорились с ребятами о нашей последней студенческой акции, суть которой заключалась в том, чтобы прийти на последнее заседание с элементом огня в одежде. Это было нашим обращением к подвигу знаменитого Яна Палаха, который стал символом студенческого движения. У меня из подходящей одежды тогда оказались «огненные» носки! Приговор, согласно которому нам назначили по два с половиной года, мы слушали в наручниках, нам почему-то побоялись их снять даже в «клетке» в зале заседания. Конечно, было морально тяжело. Непросто осознавать, что после почти года в СИЗО придется провести еще больше времени уже в колонии.

В своем заключительном слове я постаралась выразить все, что я думаю о суде и событиях в Беларуси. Так как суд был открытым, выдержки из наших выступлений, в том числе моего, были записаны и опубликованы в независимых медиа: «Последние восемь месяцев сильно изменили мою жизнь. Я увидела все изъяны нашего общества. Мне кажется, что наше общество боится проблем, закрывает на них глаза, думая, что они решатся сами по себе. Поэтому мне обидно за все происходящее в нашей стране. Что самые перспективные, достойные из нас студенты вынуждены уезжать или сидеть в тюрьме... Но я люблю Беларусь со всеми ее плюсами и минусами — даже спустя восемь месяцев в тюрьме». И сегодня я могу подписаться под этими словами.

Женская исправительная колония № 4

Колония стала для меня кошмаром наяву. Может быть, из-за того, что меня распределили в «пресс-отряд», где я наблюдала за психологическим и физическим насилием, где никто никому не доверял, где постоянно доносили друг на друга и где оперативный сотрудник отряда любил устраивать шоу-наказания. Так, он мог прийти в секцию своей жертвы, перевернуть все кровати, разбросать постельное белье (не только своей мишени, но и всех ее соседок по комнате). Он любил выстроить «пизанскую башню» из тумбочек, поставив их друг на друга. Предварительно все личные вещи из них были выброшены на пол. Когда жертва приходила с работы, завхоз передавала ей указание оперативника, что она в одиночку должна навести порядок в комнате, а если кто-то осмелится ей помочь, то тоже будет наказан.

Я пробыла в этом отряде месяц, но до конца моего срока оперативный сотрудник этого отряда периодически находил меня и устраивал мне такую профилактику. Почему это происходило? Никто не говорил и не объяснял. И это только маленькая часть «развлечений» и издевательств над заключенными, прежде всего политическими. в колонии.

Конечно, нужно понимать, что жизнь политического заключенного в колонии отличается от жизни простого заключенного. Приведу несколько примеров. В основном за политическими ведется особый надзор и требуется особое выполнение правил внутреннего распорядка. Например, одна незастегнутая пуговица на телогрейке может превратиться в рапорт из-за нарушения формы одежды. Очень часто происходят ситуации, когда за дружеские отношения или просто общение с политическими простых осужденных строго наказывают, при этом всячески намекают на то, что такая коммуникация нежелательна, что политических нужно избегать. Такую риторику администрация использует постоянно.

Политических заключенных помечают бирками желтого цвета, называя это профилактическим учетом по экстремизму и иной деструктивной деятельности. Дополнительные проверки и обыски становятся обыденностью для политической заключенной. Сотрудники колонии часто прибегают к различным провокациям и созданию искусственных нарушений для политических заключенных. Ты становишься заложником ситуации, доказать свою невиновность невозможно ни на суде, ни в колонии. Женщин могут отправить в ШИЗО только за то, что они угостили другую осужденную конфетой или яблоком.

Безумие, которое в колонии не прекращается ни на минуту, сильно влияет на психическое состояние. Если бы не внутренняя негласная поддержка друг друга, я даже не знаю, как можно справиться с такими вызовами. Администрация колонии, конечно, стремится уничтожить солидарность и взаимную поддержку заключенных, но мы все равно старались сохранять связь друг с другом, поддерживать общение любой ценой. Это давало последнюю каплю надежды, которая у меня оставалась все это время.

За время, что я провела за решеткой, в мире многое изменилось. Пандемию сменила война в Украине и в какой-то момент казалось, что мы выйдем из колонии в сплошные руины. Там мы находились в информационной изоляции, но все равно старались узнавать новости через родственников на свиданиях. Постоянно обменивались ими между собой, передавали информацию по сарафанному радио.

Однако в любом случае ты освобождаешься в неизвестность.

Что дальше?

Я очень благодарна своим родителям, которые успели уже на второй день после освобождения вывезти меня из Беларуси в безопасное место. Я медленно и осторожно пытаюсь прийти в себя, восстановить физическое и психологическое состояние. Справляюсь с эмиграцией и хочу продолжить обучение на графического дизайнера.

Постоянно рефлексирую... пытаюсь жить. «Благодаря» тюрьме у меня в 19 лет появились седые волосы, начались проблемы с вестибулярным аппаратом. Мне почему-то стало трудно ездить в общественном транспорте. Всегда сажусь по направлению движения, чтобы не так сильно укачивало. Про самолеты я вообще пока молчу, мой организм не готов справляться с турбулентностью.

Все очень изменилось, и я изменилась тоже. Сейчас я на свободе. Мне исполнилось 22 года. Предыдущие два дня рождения я встречала в тюрьме, как сейчас его встречают другие политические заключенные, среди которых много женщин. В этой истории мне повезло, ведь срок в 2,5 года теперь кажется мизерным на фоне приговоров в 10–15 лет. Я не знаю, как я могу помочь им. Письма политическим узникам не доходят (их принимают только от родственников), прийти и освободить их я тоже не способна. Кажется, что у меня совсем нет никаких инструментов для помощи. Все что я могу — это говорить о них, напоминать другим. Пока мы с вами здесь свободно гуляем, наши подруги, друзья стоят на проверке профучета, страдают в ШИЗО, существуют на грани жизни и смерти. Я не знаю, могут ли какие-то слова описать масштаб этой трагедии.

Сейчас мне 22 года и два из них я провела в тюрьме.

Горад N, июнь 2023,
poz000r13@gmail.com

КРАІНА
ПАД ДВУМА СЦЯГАМІ

Глеб

Я хачу прайсці па зямлі
Самым верным, любімым сынам
Генадзь Бураўкін

Неабдымная прастора беларускага палітычнага жыцця адкрылася для мяне яшчэ ў школьным узросце. Памятаю, як на лядоўні вісела паштоўка з перадвыбарным лозунгам Уладзіміра Някляева „Я прыйшоў, каб вы перамаглі“, а дома з'яўляліся новыя выпускі „Народнай волі“. Я літаральна праглынаў падзеі перадвыбарнай гонкі 2010 г., якія беспаспяхова спрабаваў абмяркоўваць у сярэдняй школе з настаўнікамі і аднакласнікамі. Апошнія не цікавіліся, яны былі вельмі занятыя „Дотай“ і Counter-Strike, а выкладчыкі хіба баяліся сказаць штосьці лішняе ці іх сапраўды больш клапаціліся гароды і ўборка лістоты на тэрыторыі школы. Потым быў Ліцэй БДУ, дзе я патрапіў у асяроддзе людзей, якія любілі сваю краіну і вельмі хваляваліся за яе будучыню. У ліцэі мы абмяркоўвалі адкрыта ўсё: Майдан, Крым і Данбас, прэзідэнцкую кампанію і такіх яркіх персанажаў, як Улаховіч і Караткевіч, уключалі на ўвесь калідор песні „Ляпіса“ і N.R.M., ладзілі дні беларускай мовы і культуры. Ліцэй жыў сваім жыццём і быў нетыповай для Беларусі ўстановай адукацыі, за што я яму вельмі ўдзячны — і асабліва неверагодным выкладчыкам.

Факультэт міжнародных адносін працягваў быць выспай лібералізму на планеце пад назвай Белдзяржуніверсітэт. Але заўсёды прыходзілася звяртаць увагу на тое, пра што гаворыш і з кім. Асаблівай характарыстыкай ФМА была лаяльная і здольная вас зразумець адміністрацыя і пры гэтым наяўнасць людзей, якія могуць лёгка сапсаваць тваё жыццё. Адным словам, гэтыя навучальныя ўстановы далі мне разуменне годнасці і правільных учынкаў. Мы выхоўваліся ў любові да Радзімы і готавыя былі працаваць на яе далейшае развіццё. Мы марылі і імкнуліся стаць беларускімі дыпламатамі. Шкада, што шмат выпускнікоў БДУ разумелі гэта па-свойму і здрадзілі закладзеным каштоўнасцям.

Пасля заканчэння ФМА мяне запрасілі прайсці падрыхтоўку ў лінгвістычным універсітэце, каб працягнуць працу ў Міністэрстве замежных спраў. Нахапаўшыся рамантызму з мемуараў Пятра Краўчанкі, натхнёны мультывектарным напрамкам беларускай знешняй палітыкі і паляпшэннямі адносін з краінамі Захаду, ідучы за марай, я пагадзіўся на такую прапанову і паставіў подпіс на дакуменце побач з Уладзімірам Макеем. Мяне цікавіла сама ідэя „нетыповай" для Беларусі дзяржаўнай установы — міністэрства, якое прасоўвала беларускую эканамічную і культурную павестку, пашырала цікавасць да нашай краіны за мяжой. Падчас практыкі ў МЗС мне здалося, што большасць супрацоўнікаў разумеюць існуючыя праблемы, смяюцца з новых перлаў свайго прэзідэнта, спадзяюцца на тое, што Беларусь будзе лепшай краінай. Я шчыра верыў у патрыятызм і магчымасць маладых дыпламатаў і чыноўнікаў паўплываць на агульную каразійную сістэму і змяніць яе знутры. Аказалася, што такіх рамантыкаў было няшмат, а ў 2020 г. толькі невялікая частка здолела сказаць праўду, астатнія апусцілі твары ў стол і лёгка адмовіліся ад імкнення да лепшага. Беларускі дыпламат замест таго, каб быць прыкладам для маладых, стаў здымаць ганебныя „тыктокі" і рабіць заявы, якія распальвалі варожасць да іншых краін.

Акрамя беларускай гісторыі і культуры, я цікавіўся футболам і шчыра заўзеў за нацыянальную зборную. Раней я ніколі не прапускаў аніводнага матча, нават калі каэфіцыент перамогі быў ніякі. У кастрычніку 2020 г. я вырашыў паглядзець футбол на стадыёне „Дынама“ з двума беларускімі сцягамі, каб паказаць, што зараз падзяліць народ не атрымаецца і мы ўсе разам выступаем супраць аўтарытарных улад і гвалту з боку „сілавікоў“. Падабаецца нам ці не, але мы мусім прызнаць, што наша ўнікальная краіна жыве пад двума сцягамі. Адзін нацыянальны, гістарычны бел-чырвона-белы, а другі сімвалізуе аўтарытарную дзяржаву і сацыялістычнае мінулае. Я нарадзіўся, скончыў універсітэт і пачаў сваю працу, калі ў краіне дамінаваў чырвона-зялёны сцяг. Пры гэтым увесь час у маім пакоі вісеў бел-чырвона-белы, і тады гэта нікога не турбавала. Такі ў нас беларускі гістарычны дуалізм: пастаяннае жыццё ў дзвюх рэальнасцях, дзвюх гістарычных праўдах, з дзвюма мовамі, двума прэзідэнтамі, пад двума сцягамі.

Мяне затрымалі на трыбуне футбольнага стадыёна. Падчас арышту група АМАПаўцаў спрабавала прачытаць мне ўрокі гісторыі, а я глядзеў на іх здзіўленымі вачыма, калі аказалася, што Польшча нас калісьці захапіла, а Статут ВКЛ быў прыняты ў 1918 годзе… Як потым высветлілася, мяне забралі за арганізацыю адзіночнага пікета і выражэнне сваёй нязгоды з вынікамі чэсных выбараў, артыкул 23.34. Потым я даведаўся, што разам са мной на іншым сектары матч глядзеў Дзмітрый Балаба, і ён не вельмі ацаніў маю ініцыятыву. Міліцыянт, які прывёз мяне на Акрэсціна, перад развітаннем спытаў, за што затрымалі. „За сцяг“. — „Што, проста за сцяг? І за гэта на Акрэсціна?“ — „Так“. — „Поўная жэсць“. Далей ішла стандартная практыка распранання і прысядання перад усімі прысутнымі, пара гадзін у „стакане“, а пасля дзень чакання суда.

Суд цяжка назваць судом, бо ён праходзіў па „Скайпе“ на другім паверсе таго ж самага будынка, дзе ў камерах сядзелі людзі. Суддзя Ленінскага раёна з прозвішчам Шут выйшла на анлайн-сувязь у масцы. Відавочна, баялася, што людзі, якія ўдзельнічаюць у мітынгах, могуць перадаць ёй каранавірус па „Скайпе“. Яна вельмі хутка гаварыла, чутна было праз слова. Распавёўшы сваю версію сітуацыі, яна далучыла да званка сведку, міліцыянта ў балаклаве, які проста зачытаў версію з пратакола. Мне было і смешна, і страшна. Смешна ад усяго абсурду сітуацыі і страшна, што гэтая сітуацыя рэальная. Сведка не змог адказаць на мае пытанні пра вопратку, наяўнасць заплечніка, сектар стадыёна, на якім адбылося затрыманне. Суддзя сышла для прыняцця „складанага рашэння", для якога спадарыні Шут спатрэбіліся толькі паўтары хвіліны. Гэта называецца майстэрства працы і гады каштоўнага досведу. Я глядзеў на сцяну будынка суда Ленінскага раёна на экране ноўтбука і пачуў толькі закадравы голас, які абвясціў пра 12 содняў арышту.

Наступную ноч я правёў у ЦІПе, дзе разам былі злодзеі, алкаголікі і людзі, якія пастаялі на вуліцы са сцягамі сваёй краіны. Запомніліся словы аднаго з сукамернікаў, вельмі спітага і сіпатага мужчыны: „А ты што, на ФМА вучыўся? А я яго будаваў". Нагаварыўшыся з хлопцамі, наеўшыся безлімітнага акрэсцінскага хлеба, прайшоўшы агляд ад знакамітай жорсткай жанчыны з драўляным малатком, я быў перавезены ў няўтульным аўтазаку ў горад Жодзіна, дзе я правёў запамінальныя дзевяць дзён свайго жыцця. З Акрэсціна нас праводзілі словамі: „Хутка пабачымся, але ўжо па крыміналцы, калі не паспееце з'я*ацца ў Польшчу". Шмат хто з нас успрыняў гэта як заклік да дзеянняў.

Мы знаходзіліся ў камеры для пэзэшнікаў (пастаянных зняволеных). Дзесяць чалавек, двухпавярховыя жалезныя ложкі, цвіль, кругласутачнае святло, халодная вада, пройма. Было немагчыма спаць праз маленькія нязручныя ложкі і ўключаныя лямпы. Мы называлі гэта катаваннямі святлом. Бялізны не было, а на маёй падушцы асадкай было напісана „328". Калі мы клаліся спаць, казалі адзін аднаму: „Дабранач, неверагодныя!"

Гэтыя дні сталі для мяне цікавым сацыяльным эксперыментам, як няспынна падтрымліваць адносіны дзесяці людзям у камеры на 15 квадратных метраў. Мы размаўлялі, жартавалі, нават часамі спявалі, гулялі ў даміно, вылепленае з хлеба, рашалі сканворды, чыталі кнігі, сярод якіх „Эдэм" Станіслава Лема, аўтабіяграфія Дзідзье Драгба, кніга пра Калумба, Аўстралію і нават „451 градус па Фарэнгейце" Брэдберы. Удзячны кіраўніцтву сваёй краіны за тое, што ўдалося прачытаць кнігі, на якія дагэтуль не знаходзілася часу.

Яшчэ адным катаваннем была руская папса і шансон цэлы дзень. Мне здаецца, адміністрацыя турмы яго спецыяльна ўключала, каб вывесці ўсе прабеларускія думкі з

сядзельцаў-пратэстоўцаў і падтрымаць неўміручую абмежава-
насьць яе супрацоўнікаў. Не магу знайсьці іншых прычын, бо такая музыка не можа ж проста так падабацца.

Вельмі прыемна згадваць „бойкі" паміж нашай „хатай" і
„прадольнымі" міліцыянтамі. Калі яны не давалі нам мыцца,
мы націскалі кнопку выкліку дзяжурнага, гук якой быў чутны
ва ўсім калідоры. Яны за гэта забаранялі нам сядзець на ложках,
мы ў адказ спецыяльна на іх клаліся. Нам пачалі прыносіць па
чатыры алюмініевыя кубкі з кампотам замест дзесяці. У знак
пратэсту мы на гэтых кубках павыразалі надпісы „Жыве Беларусь!" і „Аўтазакі ў аўтазак", пасля чаго нас увогуле пакінулі без
піцця на ўсе астатнія дні. А пасля і ўвогуле на дзень адключылі
ваду, ад чаго ў камеры быў такі моцны пах нязмыўнага лайна.
Перамога дасягнута не была, затое гэтыя бойкі падымалі настрой і натхнялі на новыя подзвігі. Дзякуючы гэтым подзвігам
мы атрымлівалі ў камеру цыгарэты, лісты і перадачкі, бо міліцыянты стамляліся з намі важдацца.

Кансеквенцыяй усяго майго турэмнага падарожжа стаў
дзяржаўны гімн Рэспублікі Беларусь, які кожную раніцу з гонарам граў ва ўсіх камерах жодзінскай турмы № 8, усяляючы ў
аблудных грамадзян пачуццё патрыятызму і любові да айчыны.
Пасля заканчэння мелодыі Сакалоўскага са словамі Карызны
пра „вечна жывучую" і „квітнеючую" Беларусь у турэмных ка-
лонках палілася іскраметная прамова Аляксандра Лукашэнкі, у
якой гаварылася, што беларусы не змогуць выжыць без свайго
рулявога, а ён без Беларусі. Супрацоўнікі турмы кожны дзень
сваімі дзеяннямі пацвярджалі гэты тэзіс.

На наступны дзень пасля заканчэння „экскурсіі" ў Жодзіна
мяне выклікалі на размову ў МЗС, дзе мы прыемна паразмаўля-
лі з кіраўніцтвам міністэрства і запрошаным госцем з КДБ.
Падвёўшы вынікі гэтай размовы, мне заявілі, што ўся праблема ў
тым, што я падтрымліваю беларускую зборную па футболе, якая
грае як га*но. Цікава, а якую зборную падтрымліваюць яны?

З беларускай дыпламатычнай службай я тады развітаўся, а
лёс майго сцяга застаецца невядомым. Правісеўшы дзесяць год
у маім пакоі, зараз ён, напэўна, знаходзіцца ў калекцыі беларускай сімволікі СТ № 8 г. Жодзіна, або які-небудзь міліцыянт ужо

даўно яго спаліў. А можа, і не спаліў, а тайна павесіў у сваім пакоі і сцяг працягвае сваё годнае існаванне.

Падчас кароткага досведу ў беларускай турме я яшчэ больш упэўніўся ў сваім аптымістычным падыходзе да жыцця. Толькі дзякуючы аптымізму і пачуццю гумару можна выжыць у такой сюррэалістычнай рэчаіснасці. Можна сумаваць, пакідаць надзею і матывацыю, але лепей не будзе нікому. Таксама я вельмі цаню беларускую ахімсу, негвалтоўнае супрацьстаянне. Мірны доўгі складаны шлях да пераможнага канца і ёсць наша самаідэнтычнасць, візітная картка беларускага пратэсту, а ніяк не прычына паразы. У турме часта гучалі ідэі адыходу ад мірнага плану, неабходнасці помсты і забойстваў. Але ці гэта шлях да цывілізаванага свету, у які мы імкнёмся? Ці забойствам злачынцаў можна вырашыць бягучыя праблемы?

Сярод прычын, чаму шлях да новай Беларусі, пра якую мы мроім, настолькі зацягнуўся, ёсць упэўненае жаданне людзей да перамен, але адсутнасць жадання мяняцца самім. Большасць беларусаў хочуць жыць па-новаму, але не пагаджаюцца прымаць нормы развітога сацыяльнага грамадства: правы чалавека, гендарную роўнасць, павагу да сексуальных, этнічных, расавых меншасцей. Людзі звыклі чакаць загаду зверху на тое, як сябе паводзіць, але асноўныя змены ў сваім светапоглядзе можна зрабіць менавіта на мікраўзроўні. Нават знаходзячыся ў аўтарытарным таксічным асяроддзі.

За тры гады пасля правядзення выбараў 2020 г. палярызацыя грамадства дасягнула гістарычнага максімуму. Беларусы яшчэ ніколі не былі настолькі падзеленыя, як зараз. Прорва паміж „змагарамі“ і „ябацькамі“ вялікая. і працэс будаўніцтва Новай Беларусі залежыць толькі ад таго, як хутка мы пачнём яе закопваць. Нацыянальная сталасць і поспех нацыянальнага развіцця палягае ў шырокім дыялогу ўсёй нацыі без выключэння. Без нацыянальнай еднасці і спроб агульнага дыялогу праект пад назвай „Новая Беларусь“ існаваць не будзе, бо немагчыма выкрасліць цэлую частку нацыі, нават калі гэтая частка камусьці не падабаецца.

Мы часта любім перакладваць адказнасць на іншых і баімся прызнаваць свае памылкі, шукаем вінаватых. Народная адсутнасць ініцыятыўнасці і безальтэрнатыўная крытыка адцягваюць набліжэнне пабудовы Новай Беларусі. Многія прапускаюць столькі цікавага, не выходзячы са сваіх уласных меж і зон камфорту. Шлях да перамен можа пачацца толькі тады, калі звычайныя беларусы, якія прачынаюцца а шостай гадзіне раніцы, адводзяць дзяцей у школу, едуць на працу, пачнуць мяняць свае падыходы да штодзённага жыцця. Самі, без загадаў зверху, без спадзеваў на Еўразвяз, ЗША, Расію і Бога.

Усе перамены трэба пачынаць з сябе. Як планавалася ў дзяцінстве, я вярнуўся ў сферу міжнародных адносін і працую ў гуманітарнай арганізацыі, дапамагаю ўцекачам з Украіны адчуваць сябе ў новай краіне бяспечна і камфортна. Нягледзячы на тое што імкненні да беларускай дыпламатычнай службы спыніліся, я адчуваю сябе на сваім месцы з мэтай прынесці ў свет карысць і дапамогу. Я ўпэўнены, што ў жыцці добрыя справы вяртаюцца. Спадзяюся, што будучыня Беларусі будзе за людзьмі, якія аддаюць сябе самаразвіццю, робяць правільныя рэчы і гатовыя змяняць сябе і свет вакол сябе. Сярод іх палітычныя зняволеныя і тыя, хто згубіў свой час росквіту ў беларускай турме за жаданне быць сумленным чалавекам. Я здымаю капялюш перад усімі палітвязнямі. Вы — героі Беларусі. А пытанне, пад якім адзіным сцягам наша краіна працягне сваё жыццё, хутка вырашыцца, і на гэты раз гістарычная справядлівасць не павінна абысці Беларусь.

Варшава, чэрвень 2023

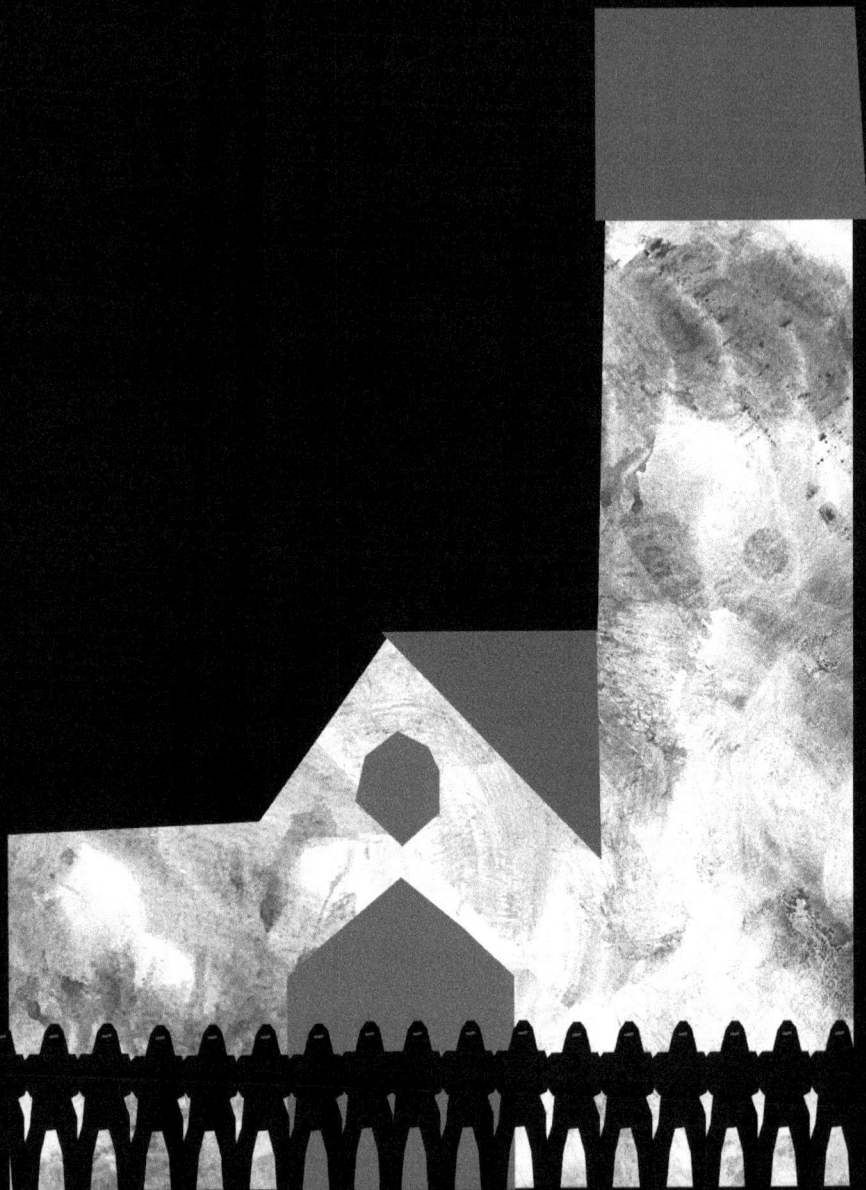

У НАС БЫЛА ТОЛЬКІ НАДЗЕЯ

Міхась А.

Выбар шляху жыцця

Я — гісторык, таму добра ведаю, што пакаленні беларусаў на працягу стагоддзяў, у тым ліку мінулага, нарадзіліся і жылі ў больш цяжкіх умовах. Маладосць і само жыццё маіх суайчыннікаў спынялі войны, рэвалюцыйны тэрор, гвалтоўная калектывізацыя і масавыя палітычныя рэпрэсіі 1930-х гг.

Я нарадзіўся ў Мінску ў спакойны, мірны час. Дзяцінства ў беларускай сталіцы ў 2000-я гг. было шчаслівым. Палітыка мяне яшчэ не хвалявала. Я ведаў толькі, што Лукашэнка — прэзідэнт, і што дзяржаўны сцяг — чырвона-зялёны. Але не ведаў, што такое бел-чырвона-белы сцяг. Не ведаў, як адносны дабрабыт беларусаў звязаны з коштам на расійскую нафту. Грошаў у сям'і хапала, каб кожнае лета адпачываць ва ўкраінскім Крыме ці ездзіць у Кіеў. Што магло быць не так?

Усведамленне пачало прыходзіць пасля Плошчы 2010 г. Напэўна, тады я ўжо дасягнуў таго ўзросту, каб зразумець, чаму ў беларусаў бел-чырвона-белыя сцягі і чаму да іх так негатыўна адносіцца ўлада. Паслухаў рэвалюцыйныя песні Сяргея Міхалка. Даведаўся, што ў 1999 г., калі мне быў усяго адзін год, у Беларусі зніклі апазіцыйныя палітыкі.

Але ўсё ж такі жыццё ў Беларусі 2010-х гг. нельга параўнаць з тым, што пачалося пасля 2020 г. У старэйшых класах школы я насіў бел-чырвона-белую стужку і не мог уявіць, што потым нават белыя з чырвоным шкарпэткі стануць падставай для крымінальных спраў. Бачыў, як анексавалі Крым, але я б не паверыў, што з маёй краіны будуць бамбіць мой любімы Кіеў.

Я не збіраўся нікуды з'язджаць з Беларусі і будаваў планы на жыццё на Радзіме. Спачатку, як многія дзеці, я захапляўся авіяцыяй, удзельнічаў у алімпіядзе па матэматыцы, перайшоў у фізіка-матэматычную гімназію. Але менавіта падчас вучобы я зразумеў, што гісторыя — гэта маё. Даволі хутка ў планах узнік гістарычны факультэт БДУ. Я нават не разглядаў іншыя варыянты, акрамя аднаго — у той час я глядзеў расійскую інтэлектуальную тэлегульню „Умники и умницы“, таму трохі захапіўся ідэяй паступіць у МДІМА. Але ўсё ж такі вырашыў застацца ў Мінску і паступаць на гістфак. Маё жаданне ўмацавала тое, што ў адзінаццатым класе я атрымаў дыплом на рэспубліканскай алімпіядзе па гісторыі і мог паступаць на гістфак без іспытаў. Менавіта гэта летам 2015 г. я і зрабіў.

Alma mater. Станаўленне як беларуса

Калі мне ў галаву прыходзіла пытанне, ці правільны выбар ВНУ я зрабіў, адказ заўсёды быў адзін — так. Вучыцца было цікава. Гістфак спраўдзіў мае чаканні наконт вышэйшай адукацыі. Ужо мала было атрымліваць веды, трэба было іх інтэрпрэтаваць, наладжваць прычынна-выніковыя сувязі. Сапраўдная навука здавалася складанай, але вартай таго, каб прысвяціць ёй жыццё. БДУ ведаў сваю справу ў навуцы. Адчуў гонар за alma mater, калі БДУ абышоў у сусветным рэйтынгу QS той самы МДІМА.

Але, мабыць, галоўнае, што дае студэнту вышэйшая адукацыя, асабліва гуманітарная, — крытычнае мысленне. Тое, чаго не хапае ў беларускіх школах. Тое, што намагаюцца змяніць так і не сфармуляванай дакладна „дзяржаўнай ідэалогіяй“. Я лічу, што мне вельмі пашанцавала вучыцца на гістфаку да пачатку рэпрэсій 2020-х гг. З гонарам і задавальненнем я казаў, што вучуся на самым апазіцыйным факультэце. Гістфак насамрэч быў адным з такіх факультэтаў. Не толькі таму, што студэнты хадзілі на пары ў цішотках з „Пагоняй“. Больш таму, што выкладчыкі сапраўды прывівалі крытычнае мысленне — насуперак афіцыйнаму нарматыву — крытычнае да аднабакова пазітыўнай трактоўкі імперскага і савецкага перыяду. Крытычнае да любой прапаганды. Атрымалася нават так, што гістфак за гады вучобы зрабіў з першакурснікаў імперскіх поглядаў удзельнікаў пратэстаў 2020 г. За што таксама яму ўдзячны.

Калі вяртацца да маёй вучобы, яе мэту яшчэ да паступлення на гістфак я бачыў у тым, каб стаць універсітэцкім выкладчыкам. Гэты шлях ішоў да магістратуры і аспірантуры. Але спачатку ўзнікла пытанне размеркавання — яшчэ адной недарэчнай для сучаснай Еўропы рысы постсавецкай Беларусі. Для мінчаніна яно яшчэ не было надта складаным: цябе хутчэй прымуць на працу, калі табе не трэба выдзяляць жыллё за кошт арганізацыі. Менавіта гэтак я ўладкаваўся на працу ў мінскую школу, дзе паміж мной і маім іншагароднім аднакурснікам адразу абралі мяне. І менавіта падчас працы ў школе я сустрэў пратэсны жнівень 2020 г.

Чаму мы выйшлі

Праца настаўнікам у дзяржаўнай школе, вучоба ў дзяржаўным універсітэце — ці накладала гэта пэўныя абмежаванні на маю грамадзянскую актыўнасць? Для мяне ў 2020 г. — ужо не. Можна страціць кар'еру, але нельга страціць шанц на жыццё ў свабоднай краіне. Шанц, які здаваўся рэальным, а свабода — такой блізкай. Таму, калі раней я не адважваўся выходзіць на пратэсты, то ў 2020 г. я далучыўся да сотняў тысяч беларусаў.

Якую мэту я ставіў, калі выходзіў? Я думаю, тут мае думкі не будуць адрознівацца ад намеру беларусаў, які яны агалошвалі падчас пратэстаў, — адстаўка дыктатара, новыя выбары, вызваленне палітвязняў. Гэта былі базавыя рэчы, без якіх сацыяльна-эканамічны і палітычны крызіс, у якім апынулася краіна, пагражаў толькі пагоршыцца. Таксама, як студэнт гістфака, як чалавек, які добра ведае мінулыя падзеі, я адчуваў асаблівую адказнасць за будучыню Радзімы. Беларусь надта доўгі перыяд сваёй гісторыі жыла пры дыктатуры, з нас хапіла.

Ужо вясной 2020 г. адчуваліся перамены. Неэфектыўная, амаль адсутная барацьба з каранавірусам з боку Лукашэнкі раззлавала беларусаў. Улада старанна рабіла толькі тое, што добра ўмела, — фальсіфікацыі статыстыкі. Мы не ведалі рэальную колькасць хворых і памерлых, але памеры катастрофы было не схаваць. Я бачыў, як працягваюць заняткі ў школьных класах, дзе некалькі дзяцей ужо захварэлі. Ужо потым ад гэтай хваробы памёр мой калега па школе. Нават супрацоўнікі школы, даўнія ўдзельнікі сістэмы ідэалагічнага выхавання, наракалі паміж сабой на прэзідэнта. Штосьці змянялася ў беларусах.

Не менш важна тут і тое, што з'явіліся людзі, якія адказвалі на запыт грамадства на перамены. На змену традыцыйным лідарам апазіцыі прыйшлі новыя людзі, незалежныя ад партыйных спрэчак. Высокая ідэя нацыянальнага адраджэння не магла адклікацца ў большасці насельніцтва, калі яшчэ не было ніяк вырашана пытанне якасці жыцця. Менавіта гэтак Лукашэнка выйграў выбары 1994 г. У 2020 г. усё было наадварот. Гэта Лукашэнка ўжо відавочна не мог забяспечыць якасць жыцця беларусаў, і не прапаноўваў народу нічога, акрамя ідэі „стабільнасці". Стабільнасці, якой не магло быць, калі пачаўся крызіс. А Віктар Бабарыка, Валерый Цапкала і Сяргей Ціханоўскі чулі людзей і давалі ім надзею.

Нарэшце беларусы пачалі адчуваць сябе грамадзянскай супольнасцю. Гэта праявілася яшчэ ў чэрвені 2020 г., калі з-за аварыі палова Мінска засталася без вады, а другая палова дапамагала сваімі сіламі, ва ўмовах бездапаможнасці ўлад. Мы ўбачылі, як 30 ліпеня дзясяткі тысяч мінчан сабраліся на, верагодна, найбуйнейшы на той момант мітынг падтрымкі дэмакратычных сіл. Шостага жніўня мітынг паўтарыўся ўжо без дазволу ўлад. Беларусам не патрэбны быў дазвол, каб праяўляць салідарнасць.

Чорныя дні жніўня

Падзеі 9–10 жніўня раззлавалі нас яшчэ больш. Праз амаль непрацуючы інтэрнэт прабіваліся звесткі аб тым, як у Святланы Ціханоўскай скралі перамогу, як „сілавікі" катуюць людзей, якія выйшлі гэтую перамогу абараніць. Дзявятага жніўня 2020 г. з раніцы я быў на выбарчым участку ў школе, дзе працаваў. Маім абавязкам было накіроўваць людзей да месца галасавання. Удзельнічаць у працы камісіі я прынцыпова адмовіўся, каб не прымаць удзел у фальсіфікацыях, супраць якіх я нічога не змог бы зрабіць. Што цікава, на ўчастак дапусцілі падлічваць яўку незалежных назіральнікаў з „Голасу". Іх спрабаваў выгнаць праўладна настроены настаўнік хіміі, але ў мяне атрымалася іх абараніць са спасылкай на дазвол дырэктара. Вынікі іх працы сапраўды былі цікавымі: агульная яўка склала больш за 100 %! Гэта даказвала фальсіфікацыю яўкі на датэрміновым галасаванні, дзе за ёй ніхто не назіраў. Увечары я пабачыў, што і мае калегі не прымаюць удзел у „падліку" галасоў, замест іх гэта рабілі іншыя людзі. Першым вострым уражаннем было тое, што афіцэр міліцыі не пусціў незалежных назіральнікаў на падлік, пагражаючы пісталетам. Цытата: „У меня в макарове восемь патронов, на вас всех хватит". Потым настаўнікаў прымусілі пакінуць будынак, а на незалежных назіральнікаў, як я потым даведаўся, выклікалі АМАП.

На маіх вачах разагналі мітынг 9 жніўня, таму 10 жніўня я не адважыўся ісці ў першыя шэрагі барыкад. Мы былі на пэўнай адлегласці ад месца, дзе ў той дзень „сілавікі" забілі Аляксандра Тарайкоўскага. Хацелася застацца на свабодзе і выйсці пазней разам з усім горадам, бо ведаў, што такая магчымасць хутка будзе. У той час я, як і многія, верыў у мірны пратэст. Шчыра спадзяваўся прыняць у ім удзел. Вядома, было і проста страшна. Падчас рэпрэсій табе можа проста не пашанцаваць. Так не пашанцавала майму сябру, які 9 жніўня проста выйшаў паглядзець вынікі на выбарчы ўчастак. Затрыманне, пабоі, камера, дзе не было месца нават сесці, і пратакол пад капірку аб затрыманні на мітынгу на праспекце Пераможцаў.

Але больш за ўсё мы спадзяваліся на забастоўкі: рабочыя буйных заводаў — тыя, без каго спыніцца эканоміка краіны. І мы ведалі, што такі настрой у рабочых ёсць. Таму мы вырашылі расклеіць улёткі з заклікамі да забастоўкі. Тады для мяне адбыўся самы небяспечны момант: нас заўважыў мужчына, які трымаў у руках тэлефон і, магчыма, здымаў нас на відэа. Але нам пашчасціла: атрымалася пераканаць незнаёмца ў тым, што мы расклейваем улёткі з вакансіямі.

Пагроза забастовак спрацавала, Лукашэнка адпусціў затрыманых на мітынгах 9–10 жніўня. Мы былі вельмі ўдзячныя рабочым, выходзілі на мітынгі ў іх падтрымку да заводаў. Але што маглі зрабіць мітынгі падтрымкі, калі рабочым пагражала як мінімум звальненне, а ім трэба было гадаваць дзяцей? І калі забастоўкі спыніліся, надзеі стала менш. Нельга сказаць, што мы перасталі спадзявацца. Інакш не выходзілі б на вуліцы Мінска яшчэ некалькі месяцаў па нядзелях сотні тысяч чалавек. Але я мяркую, што спыненне забастовак ужо стала вырашальным.

Колькі жыве надзея

Я верыў да апошняга. Я выходзіў амаль кожны дзень, пакуль не быў затрыманы на плошчы Незалежнасці 27 жніўня. Гэта адбылося на наступны дзень пасля разгону мітынгу на плошчы, калі „сілавікі" зачынілі людзей у Чырвоным касцёле. Людзі ў зачыненай царкве выклікалі жудасныя асацыяцыі з беларускай гісторыі, таму для мяне, калі я даведаўся аб гэтым злачынстве, пытанне ісці ці не ісці не стаяла. Падчас майго затрымання мне зноў пашанцавала: у той дзень пратэстоўцаў не білі, у асноўным нават не прысуджалі арышт. Маім прысудам быў толькі максімальны на той момант штраф у 30 базавых велічынь (810 BYN).

Наогул, калі мяне затрымалі, у мяне было шмат думак аб тым, што будзе далей. Хвалявала, што будзе з працай, з вучобай. На допыце я паведаміў пра месца працы, таму што пытанне было менавіта аб ім. Пра вучобу не казаў, але потым ва ўніверсітэце ўсё роўна дазналіся. Праблем з вучобай з гэтай прычыны не здарылася, нават у лаяльнай уладам дзяржаўнай установе яшчэ мела вагу карпаратыўная салідарнасць. Напэўна, я мог страціць працу, але ў школу не паведамілі. Была ноч, а потым, верагодна, забыліся.

Далей я толькі назіраў, як людзі працягваюць выходзіць на праспекты па нядзелях, як разагналі студэнцкі марш 1 верасня. Магчыма, калі б мяне не затрымалі 27 жніўня, я б выйшаў разам з аднакурснікамі 1 верасня. Пратэсны жнівень так натхніў мяне, што я доўга не мог канчаткова страціць надзею на хуткую перамогу. Не ў 2020-м, так у 2021-м годзе. Натхнялі людзі. „Протест заглохнет, когда диктатор сдохнет" — такі быў заклік упэўненасці беларусаў. Было неверагодна, што пасля месяцаў жорсткіх разгонаў, беларусы працягвалі выходзіць.

Я наўрад ці змагу прыгадаць, калі менавіта да мяне прыйшло ўсведамленне, што гэта канец: у нас ужо дакладна не атрымаецца перамагчы. Былі пэўныя чаканні ад канкрэтных падзей: выступленні супраць інаўгурацыі Лукашэнкі, ультыматум Ціханоўскай, Дзень волі 2021 года. Хаця ўжо разумеў, што разлічваць на гэта не варта. Ужо думаў аб тым, як жыць далей у постпратэснай Беларусі. З'яздаць пакуль не хацелася. Жаданне не пакідаць Радзіму нягледзячы ні на што заставалася. Акрамя таго, у Мінску я добра зарабляў у школе, вучыўся ў магістратуры, былі далейшыя планы. Магчымасць з'ехаць я разглядаў толькі на выпадак пагрозы анексіі Беларусі Расіяй, якая пасля 2020-га абвастрылася, ці калі б я з-за сваёй палітычнай біяграфіі застаўся без працы.

Жыццё пасля рэвалюцыі

Ужо потым я зразумеў, што ў жыцці ў Беларусі пасля 2020 г. існавалі не толькі гэтыя пагрозы. Рэвалюцыя скончылася, пачаліся рэпрэсіі — я разумеў гэта. Але сапраўды змог зразумець, толькі калі ў верасні 2021 г. людзей пачалі масава арыштоўваць па фотаздымках з пратэстаў. І пагражалі ім ужо не штрафы і нават не суткі, а рэальныя тэрміны зняволення па крымінальных артыкулах. Тады я пачаў думаць аб пераездзе, але мае планы патрабавалі доўгай рэалізацыі, таму я заставаўся ў Мінску. Я бачыў, што пік затрыманняў прайшоў, і меркаваў, што ў мяне яшчэ ёсць час падрыхтавацца да пераезду. У 2022 г. я вырашыў паступаць у аспірантуру і наогул адклаў планы па эміграцыі.

Нечакана ўсё змянілася. У красавіку 2022 года затрымалі маю сястру. Такі трагічны лёс беларуса: яна толькі аднойчы выходзіла на мітынг. Аднаго фота хапіла для крымінальнай справы! Я адразу зразумеў, што я — наступны. На мае фота выйсці пасля вобшуку тэлефона сястры не складала цяжкасці. Іншага выбару не было, і я набыў білет у адзін канец. Так я пакінуў Радзіму, з якой усё жыццё абяцаў не развітвацца.

Новае жыццё было часам цікавым, незвычайным, захапляльным. Былі складанасці з мовай, з працай, з адаптацыяй. Пасля пачатку расійскага ўварвання ва Украіну стаўленне да беларусаў у свеце пагоршылася. Нас пачалі ўспрымаць як удзельнікаў агрэсіі, не робячы адрознення паміж намі і расіянамі, забыліся пра нашы пратэсты. Беларусы за мяжой дапамагаюць адзін аднаму. Я спадзяюся, што сусветная супольнасць яшчэ зверне ўвагу на народ, які прагне свабоды.

P. S.

Прайшло тры гады з пратэснага жніўня і год з таго часу, як я быў вымушаны пакінуць Беларусь. Я часта думаў, ці правільна мы ўсё тады рабілі. Непрыемна адчуваць, што пасля пратэстаў адносна мяккі аўтарытарны рэжым перыяду лібералізацыі 2015–2019 гг. змяніўся амаль чэкісцкім тэрорам. Але гэта не мы фальсіфікавалі выбары. Не мы заплюшчылі вочы на тое, як пандэмія касіла беларусаў. Не мы арыштавалі народных лідараў. Усе гэта зрабіў адзін чалавек. Не змагацца з ім было б як не змагацца з Гітлерам напярэдадні Другой сусветнай вайны. Мы не хацелі „супакойвання агрэсара", мы хацелі спыніць агрэсію супраць нашага народа. Бо іншага выбару ў сумленнага чалавека быць не магло. Беларусы стагоддзямі гінулі ў войнах з захопнікамі. Мы павінны былі выйсці на вуліцу і паспрабаваць змагацца, калі з'явілася надзея, што нашы спробы прынясуць вынік. Мы працягвалі змагацца нават тады, калі надзеі ўжо не было. Наша мара не спраўдзілася, але я лічу, беларусы даказалі, што вартыя сваёй мары. Менавіта 2020 г., на маю думку, высвеціў, што ў Беларусі ёсць надзея. Калісьці яна абавязкова спраўдзіцца!

Горад N, студзень 2024
mihasmiensk@gmail.com

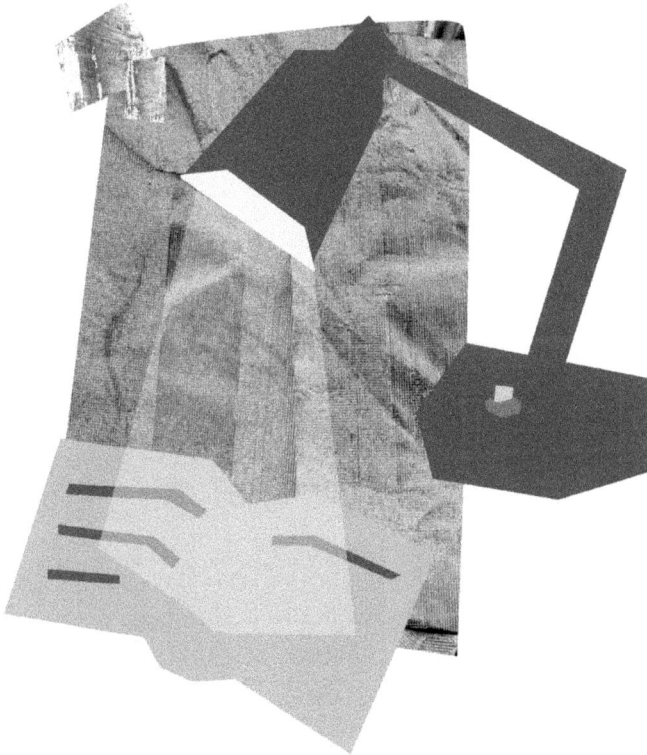

„РЭВАЛЮЦЫЯ НЯЗДЗЕЙСНЕНЫХ НАДЗЕЙ"

Рым Антуан

Я заўсёды адчуваў сябе беларусам. З маленства я цікавіўся гісторыяй. Гісторыя захапляла мяне, натхняла і бударажыла ўяўленне карцінамі мінулага, якія часта цікавілі мяне больш, чым звычайныя для дзіцячага ўзросту актыўнасці. Я вельмі шмат і з вялікім задавальненнем чытаў пра старажытныя піраміды ў Егіпце, афінскую дэмакратыю і паходы Аляксандра Македонскага, Сярэднявечча, Вялікія геаграфічныя адкрыцці і пра шмат чаго іншага. Па збегу абставін я з бацькамі жыў не ў Беларусі, таму ў пачатковай школе ў мяне не было магчымасці вывучаць беларускую мову і літаратуру, мая сям'я размаўляла на рускай мове і ў маім навучанні ў раннім узросце не прысутнічала беларуская нацыянальная ідэя. Так, мая сям'я асацыявала сябе з Беларуссю, але гэтая асацыяцыя была хутчэй грамадзянскай, чым нацыянальна-этнічнай. У той жа час, навучаючыся ў малодшых класах у пераважна расійскім і ўкраінскім культурным асяроддзі, я заўсёды казаў пра сябе як пра беларуса, мне падабалася, што я не падобны да часткі сваіх аднагодкаў, якія не разумелі завучаныя мной беларускія словы накшталт „маляваць" і „шуфлядка". Таксама частка маёй сям'і — беларускія палякі, што абумовіла маю пэўную цікавасць да каталіцызму і сумеснай беларуска-польскай гісторыі. Значна пазней, ужо ў юнацкім узросце, я лічыў сябе беларусам з польскім паходжаннем, і гэтыя дзве ідэнтычнасці гарманічна дапаўнялі адна адну, не ўступаючы ў канфлікт.

Школа ў Беларусі, беларуская мова, з'яўленне цікавасці да палітыкі

Да моманту майго пераходу ў сярэднюю школу мая сям'я канчаткова вярнулася ў Беларусь. Гэтую акалічнасць я ўспрымаў як вельмі пазітыўную падзею ў сваім жыцці: я ставіўся да Беларусі з пэўным дзіцячым ідэалізмам, таму не задумваўся пра розныя аспекты свайго будучага жыцця і развіцця на Радзіме. І ў цэлым, нягледзячы на некаторыя цяжкасці, я дастаткова паспяхова сацыялізаваўся ў новых умовах. Аднак цяжэй за ўсё было зразумець „культуру маўчання", якую настойліва прывівалі школьнікам, — неабходнасць слухаць і рабіць тое, што кажуць старэйшыя і настаўнікі, не задаваць пры гэтым лішніх пытанняў. Таксама першапачаткова былі цяжкасці з вывучэннем беларускай мовы, пры гэтым я добра памятаю, што амаль усе мае аднакласнікі казалі, што для іх беларуская мова і літаратура — самыя нецікавыя ў школе прадметы. У маім жа выпадку захапленне гісторыяй прывяло да пачатку паглыбленага вывучэння гісторыі маёй краіны, Беларусі, што дапамагло мне ўмацаваць сваю беларускую самасвядомасць. Я хацеў ганарыцца сваёй краінай і тым, што я належу да народа з такой багатай і цікавай гісторыяй. Таму я таксама захацеў навучыцца добра размаўляць на беларускай мове, каб падкрэсліць сваю нацыянальную ідэнтычнасць. Ужо пазней прыйшло ўсведамленне, што школьная праграма па беларускай мове і літаратуры была накіравана не на развіццё нацыянальнай самасвядомасці ў маладых беларусаў, а хутчэй на яе разбурэнне. Напрыклад, руская літаратура была цікавай, поўнай розных вобразаў і сэнсаў, у тым ліку кахання, сяброўства іншых цікавых сюжэтных ліній. У той жа час на беларускай літаратуры мы чыталі пра „дурных мужыкоў" і Вялікую Айчынную вайну — важную тэму, але не зусім зразумелую і актуальную для школьнікаў у 5–7 класах. Паступова цікавасць да гісторыі, беларускай нацыянальнай ідэнтычнасці і мовы заканамерна стымулявала інтарэс да палітычных падзей, што адбываліся ў Беларусі, і да інтуітыўнага недаверу да Расіі.

Упершыню я сутыкнуўся з „культурай маўчання" ў снежні 2010 года, калі Лукашэнка разагнаў акцыю пратэсту супраць сфальсіфікаваных вынікаў прэзідэнцкіх выбараў. Памятаю, як абмяркоўваў гэтую тэму са сваімі аднакласнікамі, у якіх былі розныя меркаванні і ацэнкі падзей (адлюстраванне пазіцыі ў іх сем'ях), але чамусьці ўсе баяліся задаваць пытанні на гэтую тэму класнай кіраўніцы, вельмі добраму педагогу, а таксама іншым выкладчыкам. Я ж спытаўся ў яе з дзіцячай наіўнасцю: „За што Лукашэнка загадаў збіць людзей, яны ж проста хацелі сказаць, што ён не выйграў выбары?" Яна была вельмі збянтэжаная, аднак адказала: „Хто табе такое сказаў? Усе людзі галасавалі за Лукашэнку, а на плошчы сабраліся разявакі, дык яны і атрымалі сваё, не трэба было туды хадзіць". Мяне вельмі здзівіла яе рэакцыя, а таксама тое, што ўсе тыя мае аднакласнікі, хто казаў, што „іх бацькі галасавалі супраць Лукашэнкі", ніяк мяне не падтрымалі.

У далейшым да маёй нязгоды з палітыкай Лукашэнкі дадаўся юнацкі максімалізм: я лічыў Беларусь часткай еўрапейскага і заходняга свету, верыў у каштоўнасць дэмакратыі і быў упэўнены, што беларусам неабходна развіваць беларускую мову і нацыянальную ідэю, у той час як Лукашэнка са сваёй „Айчынай ад Брэста да Уладзівастока" быў поўнай супрацьлегласцю маім ідэалам.

Навучанне ва ўніверсітэце, назіранне за развіццём грамадзянскай супольнасці ў Беларусі ў 2015–2020 гг.

У 2014 годзе адбылася пэўная трансфармацыя майго ўспрымання беларускай сістэмы ўлады. Падзеі ва Украіне расхалолі беларускае грамадства. Памятаю, як многія мае знаёмыя казалі, што „Майдан — гэта дрэнна, а Крым — добра". Гэта мяне вельмі моцна здзіўляла, бо я займаў максімальна праўкраінскую пазіцыю і не мог зразумець, як мае аднагодкі „не бачаць такіх відавочных рэчаў, як незаконнасць рэферэндуму ў Крыме або неафіцыйны ўдзел расійскіх наймітаў і войскаў у канфлікце на Данбасе". У той жа час Беларусь заняла нейтральную пазіцыю да падзей ва Украіне, Лукашэнка адыграў пэўную ролю ў заключэнні Мінскіх пагадненняў у 2015 годзе, і наша краіна некаторы час нават стала прэтэндаваць на статус „донара рэгіянальнай бяспекі". На ўнутраным трэку таксама адбылася трансфармацыя: нельга сказаць, што ўлада садзейнічала лібералізацыі, але і не перашкаджала развіццю (пераважна ў Мінску) грамадзянскай супольнасці, кантактам з Захадам. Паступова ў Мінску стала „модным" сярод моладзі выкарыстоўваць беларускую мову, цікавіцца беларускай культурай і гісторыяй. Прыязджаючы з Мінска да сваякоў у невялікі беларускі горад, я размаўляў на беларускай мове са сваімі знаёмымі, да якіх новыя трэнды яшчэ не дайшлі, і бачыў іх здзіўленне, бо яны прывыклі пераймаць сталіцу, а тут ніяк не маглі паверыць, што размаўляць на беларускай мове ў Мінску „модна", бо раней лічылася, што на ёй размаўляюць толькі ў вёсках.

Гэты перыяд супаў з бумам ІТ-індустрыі, з'явіліся высокааплатныя працоўныя месцы, а шэраг беларускіх кампаній, такіх як Wargaming, сталі сусветна вядомымі. Развівалася і культурнае жыццё: у Мінску з'явілася шмат месцаў адпачынку з нацыянальным каларытам, праводзіліся міжнародныя спартыўныя спаборніцтвы. У мяне было адчуванне, што краіна развіваецца у правільным кірунку. У кантэксце майго жыцця таксама адбыліся важныя падзеі — вучоба ў старэйшых класах у Ліцэі, дзе я яшчэ больш даведаўся пра шматграннасць беларускай культуры і гісторыі, а таксама паступленне ў адну з найлепшых вышэйшых навучальных устаноў Беларусі. Па характары я заўсёды быў хутчэй чалавекам схільным да пошуку кампрамісаў, чым радыкалам, таму наяўнасць выдатных настаўнікаў ва ўніверсітэце трансфармавала маё ўспрыманне Лукашэнкі і беларускай улады. На фоне ўкраінскіх падзей 2014 года і спроб Расіі надаць новае дыханне праекту „Саюзнай дзяржавы", трэнды ў Беларусі былі шматабяцальнымі: Лукашэнка відавочна не збіраўся „здаваць суверэнітэт", была прыкметная актывізацыя дыялогу з ЕС і ЗША, таму наратывы старой беларускай апазіцыі аб „крывавым прамаскоўскім рэжыме" выглядалі не такімі актуальнымі. Значна бліжэй мне была ідэя паступовай эвалюцыі палітычнай сістэмы Беларусі ў бок Захаду: шэраг прадстаўнікоў вышэйшай наменклатуры (У. Макей, С. Румас, У. Мацюшэўскі, П. Латушка і інш.) стваралі ўражанне людзей, якія падтрымліваюць ідэю незалежнасці Беларусі і яе паступовай трансфармацыі ў бок большай дэмакратычнасці і адкрытасці.

Таму, будучы студэнтам, я палічыў, што нацыянальна арыентаваныя маладыя людзі павінны „гуляць па правілах сістэмы",
каб паступова інтэгравацца ў яе і паспрыяць зменам у краіне
да лепшага. Я стаў лідарам студэнцкага самакіравання і рэалі-
зоўваў гэтыя ідэі на практыцы — напрыклад, публічна выступаў
на беларускай мове, займаўся арганізацыяй культурных мера-
прыемстваў. Мая цікавасць да Еўропы і веданне замежных моў
дазволілі мне ўдзельнічаць у розных адукацыйных праектах з
ЕС. На старэйшых курсах я практычна кожны месяц удзельнічаў у канферэнцыях, семінарах, студэнцкіх абменах. У цэлым
ідэя эвалюцыі Беларусі была абсалютна не ўтапічнай: у гэты
перыяд я часта сустракаўся з людзьмі ўзросту 20–30 гадоў, якія
альбо працавалі ў дзяржаўных структурах, альбо планавалі там
кар'еру. Амаль усе яны былі людзьмі адукаванымі, якія разумелі каштоўнасць незалежнасці нашай краіны. Сярод іх, вядома,
былі і кар'ерысты, але нават яны не былі „адэптамі рускага свету". Маё светаўспрыманне ў той момант характарызуе агучаная
мной у адной прыватнай размове фраза: „Я выйду на пратэсты
толькі ў выпадку расійскай акупацыі Беларусі". Менш за год спа-
трэбілася, каб самому яе і абвергнуць.

2020 год

2020 год для мяне пачаўся спакойна. Студэнцкае жыццё падыходзіла да свайго канца. Я быў вельмі задаволены часам,
праведзеным ва ўніверсітэце, атрыманымі навыкамі і асабліва — каштоўнымі знаёмствамі. Як студэнта бюджэтнай формы навучання мяне чакала абавязковае размеркаванне ў дзяржаўную арганізацыю, аднак я ведаў, што магу знайсці сябе ў
любой сферы, у тым ліку ў бізнесе, і прыносіць карысць сабе,
сваёй сям'і і сваёй краіне. У мяне не было матывацыі эміграваць
у бліжэйшыя 5–7 гадоў. Тое, што адбывалася са мной, многімі
маімі знаёмымі і ў цэлым нашай краінай далей, нагадвала сюжэт фільма. У той час у мяне часта ўзнікала поўнае адчуванне
нерэальнасці падзей.

COVID-19

У сакавіку 2020 года ў Беларусь прыйшоў каранавірус. У той час
як у многіх краінах уводзіліся абмежаванні, Лукашэнка абраў

тактыку рабіць выгляд, што нічога не адбываецца. Я не вірусолаг і не магу сказаць, якая была сапраўдная небяспека ад каранавіруса, але абсалютна дакладна — гэта не была „звычайная прастуда", як сцвярджалі ўлады. Што бы там ні было — рэальная небяспека, што беларуская эканоміка не вытрымае ўвядзення мер ізаляцыі, ці ж банальная ўпартасць Лукашэнкі — гэта выклікала неразуменне значнай часткі грамадства. На мой погляд, выявілася жаданне любой аўтарытарнай сістэмы „не дапусціць панікі", таму, сутыкнуўшыся з рэальным крызісам, улада не змагла правільна адрэагаваць. Асаблівасць беларускай сістэмы кіравання ў яе жорсткай вертыкальнай арганізацыі. За лішнюю ініцыятыву чыноўнікаў пакараюць больш, чым за поўнаю бяздзейнасць. Таму адсутнасць выразнай і адназначнай рэакцыі Лукашэнкі на пандэмію прывяла да таго, што апарат кіравання быў дэзарыентаваны, Міністэрства аховы здароўя штучна заніжала лічбы хворых і памерлых на фоне перапоўненых бальніц у Беларусі, а рэктары многіх ВНУ гналі студэнтаў на вочныя заняткі пад страхам адлічэння.

Цікавая змена стаўлення грамадства да Лукашэнкі ў гэты перыяд: калі ўмоўна ліберальна настроеныя беларусы, уключаючы мяне і маё асяроддзе з Мінска і шэрагу буйных гарадоў, чыталі незалежныя СМІ ў інтэрнэце і ў цэлым ставіліся да Лукашэнкі як да „неабходнага зла, які худа-бедна абараняе суверэнітэт", але ніколі не мелі асаблівых ілюзій пра яго як палітыка, то ў рэгіёнах, асабліва для людзей старэйшага ўзросту, якія традыцыйна больш глядзелі расійскія СМІ, наступіў сапраўдны шок. У Расіі па ўсіх каналах расказвалі пра небяспеку пандэміі, а ў Беларусі Лукашэнка бяспечна гуляў у хакей і расказваў, што „трактар і лазня — найлепшыя лекі". У гэтых беларусаў уключыўся „чарнобыльскі сіндром", які заснаваны на тым, што існуе нябачная, але цалкам рэальная пагроза, якую ўлады хаваюць. У выніку вырас недавер да Лукашэнкі і, самае галоўнае, быў парушаны неафіцыйны грамадскі дагавор паміж Лукашэнкам і большай часткай раней пасіўнага беларускага насельніцтва. Лічылася, што дыктатура здольная гарантаваць бяспеку і эканамічную стабільнасць, а ўзамен патрабавала неўмяшання беларусаў у палітычнае жыццё краіны. Гэты дагавор быў парушаны беларускай уладай. Людзі пачалі самастойна арганізоўваць зборы медыцынскім супрацоўнікам, выконвалі масачны рэжым і сацыяльнае дыстанцыяванне, а ў гэты час улада бяздзейнічала і нават перашкаджала. У плане эканомікі — у беларускіх рэгіёнах былі адчувальныя сімптомы крызісу пасля спынення расійскіх датацый у 2019 годзе.

Удзел у палітыцы, збор подпісаў за В. Бабарыку ў складзе ініцыятыўнай групы

Неадэкватная рэакцыя Лукашэнкі на крызіс паказала слабасць беларускай сістэмы кіравання. Ён перастаў выступаць „гарантам стабільнасці". Мне стала відавочна, што ў крызісны момант ён не будзе думаць пра лёс Беларусі і пра дабрабыт яе народа, а будзе ратаваць уласную ўладу нават коштам жыццяў беларусаў. Што яшчэ горш — ён рабіў уражанне чалавека, які адарваўся ад рэальнасці. У гэты момант я амаль фізічна адчуваў незадаволенасць яго рэжымам з боку самых розных людзей.

У гэты момант пачалася прэзідэнцкая выбарчая кампанія, якая павінна была прайсці гэтак жа будзённа, як і ў 2015 годзе. Здавалася, што нават пасіянарная частка беларускага грамадства была гатовая змірыцца з уладай Лукашэнкі, каб не дапусціць сцэнарыя з анексіяй Крыма ў Беларусі. Аднак на фоне агульнай стомленасці ад нязменнай 26 гадоў улады, незразумелай насельніцтву рэакцыі на пандэмію і адчування, што „з Расіяй можна дамовіцца і захаваць суверэнітэт Беларусі і без Лукашэнкі", паўстаў моцны запыт на перамены ў краіне. Гэты запыт увасаблялі тры найбольш уплывовыя альтэрнатыўныя кандыдаты, якія заявілі аб прэзідэнцкіх амбіцыях, — В. Бабарыка, В. Цапкала, С. Ціханоўскі. І хаця блогер Ціханоўскі здаваўся мне папулістам, менавіта ён змог заваяваць падтрымку рэгіёнаў Беларусі сваёй жорсткай крытыкай дыктатара і ягонай вертыкалі, паўтараючы шмат у чым рыторыку самога Лукашэнкі на выбарах 1994 года. Я ж прыняў для сябе рашэнне падтрымаць кіраўніка „Белгазпрамбанка" — Віктара Бабарыку, які абвясціў аб наборы актывістаў у сваю ініцыятыўную групу праз Facebook у маі 2020 года. Я тады толькі здаў дзяржаўныя іспыты і рыхтаваўся да абароны дыплома ва ўніверсітэце, калі мне патэлефанаваў мой сябар і сказаў, што з'явіўся новы цікавы кандыдат у прэзідэнты. Мы і раней назіралі за публічнымі людзьмі ў Беларусі і ведалі пра Бабарыку, бо ён дапамагаў фінансаваць адукацыйны праект у нашым універсітэце, скіраваны на папулярызацыю беларускай культуры. Вырашыўшы ўступіць у ініцыятыўную групу Бабарыкі, я ўбачыў у ім інтэлігентнага менеджара, якому былі блізкія беларускія нацыянальныя каштоўнасці (па словах маіх знаёмых, якія сустракаліся з ім у рамках універсітэцкага праекта). Яго досвед працы ў расійскім банку не бянтэжыў мяне: я быў упэўнены, што пры пэўных умовах ён атрымае падтрымку Расіі і мая мара аб эвалюцыйных зменах у Беларусі здзейсніцца. Да таго ж ён быў максімальна акуратны ў сваіх ацэнках Лукашэнкі. Гэта давала нагоду спадзявацца, што мой удзел у ініцыятыўнай групе не стане падставай для пераследу з боку ўлады і што максімальна, што пагражае, — адсутнасць кар'ерных перспектыў у сістэме дзяржкіравання, што не было маёй адзінай мэтай у плане працаўладкавання і развіцця.

Такім чынам, з маім добрым сябрам мы ўступілі ў ініцыятыўную групу Бабарыкі і пачалі збіраць подпісы за яго вылучэнне кандыдатам у прэзідэнты. Мы не баяліся. Магчыма, паўплывала маё непрыманне яшчэ школьнай „культуры маўчання“. Акрамя таго, мне здавалася, што я добра вывучыў „правілы гульні“ ў беларускай сістэме, і я быў упэўнены, што калі ўсё рабіць па законе і не ўдзельнічаць у прамых пратэстах, то мала што можа мне пагражаць. І, нарэшце, масавасць руху ў падтрымку альтэрнатыўных кандыдатаў у прэзідэнты ўражвала: менш чым за тыдзень у ініцыятыўную групу Віктара Бабарыкі запісалася каля 10 000 чалавек — нерэальная лічба для Беларусі. Было адчуванне, што нейкія тэктанічныя пліты ў беларускай гісторыі пачалі рухацца.

Збор подпісаў адбываўся ва ўмовах пандэміі, таму я разаслаў паведамленне сябрам і знаёмым у сацыяльных сетках з прапановай паставіць подпіс за кандыдата ў прэзідэнты. Што цікава — многія з тых, каму я пісаў, казалі, што ўжо паставілі подпіс за Бабарыку ў іншых зборшчыкаў, некаторыя шчыра прызнаваліся, што баяцца, але большасць падпісаліся з энтузіязмам і нават прыводзілі сваіх сваякоў. З асабістых назіранняў падчас збору подпісаў: беларускія дзяўчаты праяўлялі крыху большую цікавасць да палітычнай кампаніі, чым хлопцы. На працягу двух тыдняў я сабраў больш за 100 подпісаў. Збіраў іх нават перад абаронай дыплома, чым выклікаў нездаволенасць старшыні камісіі. Аднак некаторыя мае знаёмыя зборшчыкі маглі за тры гадзіны сабраць 30–50 подпісаў. За Бабарыку падпісваліся людзі цэлымі дамамі ў Мінску. І гэта было нешта неверагоднае, улічваючы, што, напрыклад, кожны з супрацоўнікаў бюджэтнай сферы, якія падпісаліся, мог атрымаць як мінімум праблемы на працы ці нават звальненне — але гэта не спыніла беларусаў.

У цэлым студэнцкае самакіраванне асноўных універсітэтаў Мінска, якое складалася з прадстаўнікоў, як лічылася, „праўладных арганізацый" (БРСМ), актыўна ўключылася ў працэс збору подпісаў за альтэрнатыўных кандыдатаў у прэзідэнты. У той момант я быў упэўнены, што актыўныя нацыянальна арыентаваныя людзі ва ўладзе падтрымаюць перамены ў краіне. Аднак затрыманне Сяргея Ціханоўскага і Віктара Бабарыкі ў маі — чэрвені 2020 года разбурыла мае надзеі на трансфармацыю сістэмы і на тое, што выбары 2020 года як мінімум дадуць стымул да трансфармацыі беларускай палітычнай сістэмы. З усіх варыянтаў Лукашэнка выбраў найгоршы. Замест таго каб выбраць дыялог з грамадствам, ён пасадзіў у турму папулярных кандыдатаў у прэзідэнты. Ездзіў па вайсковых частках, пагражаў расстраляць усіх, хто выйдзе пратэставаць супраць вынікаў выбараў, і рабіў уражанне глыбока спалоханага чалавека. У той жа час некаторыя крытычныя заявы афіцыйных расійскіх асоб давалі падставу для аптымізму: здавалася, што ў выпадку масавых фальсіфікацый на выбарах краіны Захаду акажуць ціск на Лукашэнку, а Расія можа зрабіць стаўку на бліжэйшых беларусам прадстаўнікоў палітычнай і бізнес-эліты Беларусі.

9 жніўня 2020, ці Які кошт хлусні

Рэгістрацыя Святланы Ціханоўскай кандыдатам у прэзідэнты Беларусі ў ліпені 2020 года і яе паспяховая перадвыбарная кампанія прынеслі новую надзею на перамены. Нягледзячы на публічную істэрыку Лукашэнкі, я выразна бачыў велізарнае мноства людзей, якія хацелі перамен. Гэта быў неверагодны час, калі кожны адчуваў сябе часткай гісторыі і тое, што ён стварае гэтую гісторыю. Я ніколі не забуду чэргі людзей з белымі бранзалетамі (знакам падтрымкі перамен) на выбарчых участках у Мінску і па ўсёй краіне. На маім участку праз паўдня скончыліся бюлетэні для галасавання, а людзі ўсё ішлі і ішлі. Не забудуся, як тысячы людзей увечары 9 жніўня выйшлі да выбарчых участкаў і ў цэнтры беларускіх гарадоў з патрабаваннем сумленнага падліку галасоў. Лукашэнка не проста прайграў выбары. Ён прайграў іх разгромна, але аб'явіў сябе пераможцам. І гэтая хлусня прывяла да пакут тысяч людзей.

Нават поўная адсутнасць інтэрнэту 9 жніўня не бянтэжыла. Аднак інтуітыўна я адчуваў, што нарастае пагроза. Памятаю людзей, якія мірна збіраліся на пратэст у розных частках Мінска, дый проста тых, хто ў летні вечар выйшаў на прагулку каля дома. Менавіта звычайныя людзі, якія нічога не падазравалі, сталі першымі затрыманымі, яны проста не маглі ўявіць, што за звычайны шпацыр на вуліцы без пратэснай сімволікі і палітычных лозунгаў іх будуць катаваць у самых нечалавечых умовах. Памятаю святлошумавыя гранаты, выбухі і барыкады на вуліцах беларускіх гарадоў. Аднак беларусы не хацелі кровапраліцця, і толькі поўнае беззаконне прымусіла іх пайсці на такія меры. Памятаю крык дзяўчыны ў цэнтры Мінска побач з адным з офісаў: у яе былі гематомы на твары, зламаная рука. Яна казала нешта пра тое, што ў яе забралі мужа, а ў бацькі ёсць стрэльба, але яна не ведае, як ёй карыстацца. Памятаю плямы крыві на вуліцах Мінска. Атмасфера страху і нянавісці. Затым былі забастоўкі. Сотні тысяч удзельнікаў мірных пратэстаў на вуліцах беларускіх гарадоў, нацыянальныя бел-чырвона-белыя сцягі ў вокнах дамоў і зноў надзея. Я здзівіўся, што некаторыя мае знаёмыя, якіх я ніколі не лічыў сумленнымі грамадзянамі, выявілі сябе годна, у той час як некаторыя настаўнікі ў маёй сярэдняй школе, якіх я паважаў, прынялі ўдзел у фальсіфікацыі выбараў. Шмат было расчараванняў і яшчэ больш захаплення і любові да свайго народа. Я ніколі не бачыў столькі падтрымкі, салідарнасці, непрымання зла і гвалту, якое я ўбачыў у гэтыя дні жніўня — снежня 2020 года ў Беларусі. Я бачыў гэтыя тысячы годных людзей, патрыётаў сваёй краіны. І я ганарыўся быць сярод іх.

Ніхто нічога не забыў

Тэма разгрому руху перамен у Беларусі да гэтага часу адна з самых балючых як для мяне, так і, думаю, для многіх беларусаў. Аб гэтых падзеях трэба памятаць і гаварыць. „Рэвалюцыя

нездзейсненых надзей" паказала прыклад неверагоднага гераіз-
му і стойкасці шматлікіх беларусаў, а з другога боку — выразна прадэманстравала баязлівасць беларускай вертыкалі ўлады,
якая спалохалася падтрымаць мірны пратэст пасля сігналу з
Масквы аб падтрымцы Лукашэнкі. Надзея на пэўную адэква́т-
насць улады ў Крамлі таксама аказалася міфам. Расія зрабіла
стаўку на Лукашэнку, адправіла ў жніўні 2020 года да меж Беларусі „ўзброены рэзерв" — відаць, на выпадак, калі ў кагосьці
з беларускіх „сілавікоў" прачнецца сумленне. Дарэчы, сакратар
Савета бяспекі Расіі Патрушаў восенню 2020 года ў разгар пратэстаў ездзіў у Мінск, а затым чамусьці ў Гомельскую вобласць,
да мяжы з Украінай, у суправаджэнні дэлегацыі расійскіх і беларускіх ваенных (па паведамленнях незалежных крыніц). Ціка-
вае супадзенне: менавіта з Гомельскай вобласці Беларусі расійскія акупанты напалі на Кіеўскую вобласць у лютым 2022 года.
Калі не супадзенне, тады атрымліваецца, што Лукашэнка яшчэ
ў разгар пратэстаў у Мінску пагадзіўся на саўдзел у вайне. Вось
такі быў кошт падтрымкі яго рэжыму Расіяй. Магчыма, калі б
Захад заняў больш рашучую пазіцыю ў падтрымцы фундамен-
тальных правоў і свабод чалавека ў Беларусі ў 2020 годзе, не
было б уварвання ва Украіну ў 2022. Але гэта толькі здагадкі.

Аднак я ўпэўнены, што беларусы прайшлі шлях мірнай
рэвалюцыі (няхай і няўдалай) не дарма. На мой погляд, у 2020
годзе беларусы канчаткова сфарміравалі сябе як нацыю і пака-
залі, што ў іх ёсць годнасць і каштоўнасці, за якія яны гатовыя
змагацца. Прыхільнасць да міру — гэта адначасова і веліч, і тра-
гедыя нашага народа.

Украіна паказала ўсяму свету, што рэжымы кшталту беларускага і расійскага разумеюць толькі сілу. Калі не даваць ім ад-
пор, яны будуць бяскарна здзяйсняць злачынствы без усялякіх
згрызот сумлення. Спадзяюся, што рана ці позна лідары воль-
нага свету прымуць гэтую простую аксіёму. Таму што гісторыя
вучыць нас, што для перамен бывае недастаткова аднаго імкнення народа, неабходна таксама ўдалае супадзенне знешніх фак-
тараў, якія, на жаль, у 2020 годзе былі супраць нас.

Я пакінуў Беларусь у 2021 годзе. Выступленне Лукашэнкі
на так званым „Усебеларускім народным сходзе", дзе ён паабя-
цаў знайсці кожнага, хто выступіў супраць яго падчас выбараў,

прамая падтрымка ягонага рэжыму Расіяй і недастаткова моцны ціск Захаду прывялі мяне да думкі аб неабходнасці эміграцыі, бо я больш не бачыў пазітыўнага сцэнарыя для Беларусі, толькі паўтарэнне 1937 года. Шчыра кажучы, я таксама быў упэўнены, што Лукашэнка прывядзе Беларусь да вайны — амаль што так і атрымалася. Дапамагла хутчэй з'ехаць і фраза аднаго дасведчанага чалавека: „Ты ведаеш, хто я? Сяброўская парада — з'язджай куды-небудзь, калі не жадаеш прысесці на пару гадоў“. Выбар відавочны. Канчаткова я вырашыў, што не вярнуся ў Беларусь пры цяперашняй уладзе, калі пачалі знішчаць польскія вайсковыя пахаванні ў Беларусі. У мяне два прадзеды ваявалі ў польскім войску і вярнуцца ў Беларусь і маўчаць азначала здрадзіць іхняй памяці. Што тычыцца Лукашэнкі, то магу толькі сказаць, што чалавек, які асабіста аддаў прамы загад „зладзіць Асвенцым“ затрыманым мірным беларусам, больш для мяне не існуе.

Пры гэтым я застаюся асцярожным аптымістам і ўпэўнены, што час працуе на баку маладога пакалення беларусаў, адданага каштоўнасцям свабоднага свету. І я ўпэўнены, што гісторыя дасць нам яшчэ шанс нагадаць усяму свету, што мы — беларусы.

Ніхто нічога не забыў. Жыве Беларусь!

P. S.

Віктар Дзмітрыевіч Бабарыка быў прыгавораны да 14 гадоў зняволення па надуманых абвінавачаннях. З красавіка 2023 года сувязь з ім страчана. У Беларусі афіцыйна 1500 палітычных зняволеных. Пры гэтым рэальная іх колькасць у некалькі разоў вышэйшая. Як мінімум 40 000 чалавек прайшлі беларускія турмы з мая 2020 года за сваю палітычную пазіцыю, у тым ліку мае блізкія. З пачатку вайны ва Украіне сотні беларусаў былі затрыманы за выступ супраць расійскай агрэсіі. Многія атрымалі шматгадовыя тэрміны зняволення.

Горад N, студзень 2024
antuan.rim@gmail.com

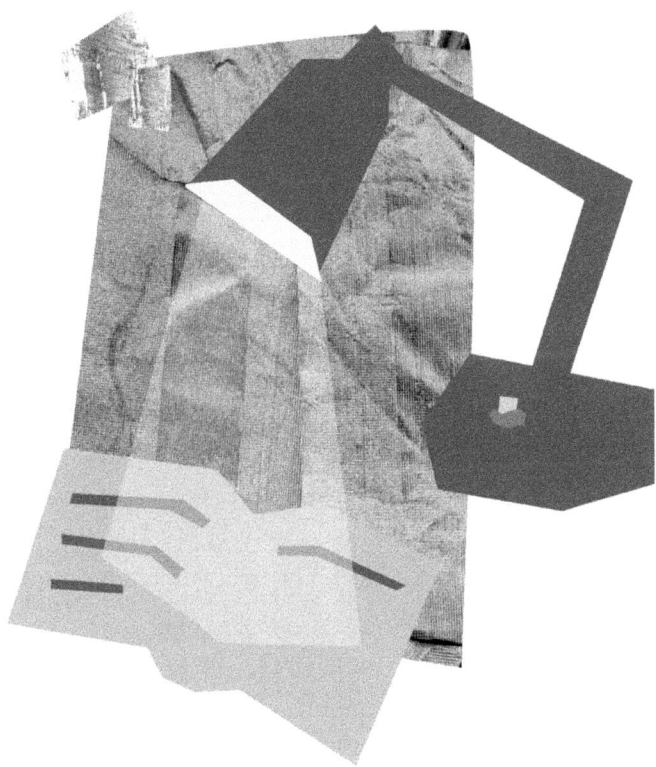

БЕЛАРУС БЕЛАРУСУ БЕЛАРУС

Ян Катков

Учеба в Беларуси

В 2018 году я поступил в Беларусский национальный технический университет на факультет информационных технологий и робототехники и переехал жить в Минск. Я выбрал специальность, связанную с программированием, потому что, на мой взгляд, это одна из самых бурно развивающихся сфер деятельности. Сегодня невозможно представить мир без современных информационных технологий. Для меня ИТ означают глобальный прогресс. Технологии никогда не стоят на месте, мир постоянно развивается, с каждым днем специалисты решают все больше цифровых задач. Судя по огромному скачку технического прогресса, который произошел за последние 50 лет, даже сложно представить, что произойдет в следующие десятилетия. Поэтому я хотел бы быть частью этого прогресса. На мой взгляд, изучение программирования дает мне хорошую возможность превратить свои идеи в реальность.

Не могу сказать, что учеба в БНТУ мне не нравилась. В ней, как и во всем другом, были свои положительные и отрицательные моменты. Некоторые предметы казались и все еще кажутся абсолютно ненужными, в том числе связанные со специальностью. Иногда создавалось впечатление, что БНТУ застыл во времени. В то время как технологии вокруг бурно развиваются, нам продолжали рассказывать о том, что попросту устарело. Слушать про компьютеры с перфокартами на лекциях было, конечно, «весело».

В плане обучения очень многое зависело от конкретного преподавателя. Были те, кто по-прежнему читал свои лекции из тетрадки. А были и такие преподаватели, которые проводили весьма интересные пары, а при желании с ними можно было просто хорошо пообщаться. Отдельного внимания заслуживает проблема предвзятого или несправедливого отношения к отдельным студентам. К этому можно отнести и сексизм. Некоторые преподаватели считали, что технический вуз не для девушек, и старались «валить» их на экзаменах. Или же, наоборот, делали поблажки, чтобы девушкам было легче и ставили зачет просто так. Другим примером является существование среди студентов категории так называемых любимчиков, которым без оснований завышали оценки.

В целом качество образования оставляло желать лучшего. Довольно часто нас снимали с пар и добровольно-принудительно отправляли на различные «общественно значимые» мероприятия. Еще могу добавить, что часть обучения проходила дистанционно из-за коронавируса. Качество такого образования не отвечало запросам и требованиям всех участников образовательного процесса. С другой стороны, на то оно и высшее образование: кто хочет учиться — учится, кто не хочет — отдыхает. Фан-факт: после возвращения с дистанционного обучения около всех входов на территорию кампуса стояли учащиеся из добровольной дружины и проверяли студенческие билеты, без них на территорию университета не пускали. Объяснялось это «борьбой с коронавирусом».

Участие в протестах

Изначально я ходил на мирные протесты в своем родном городе. Как мне кажется, одной из причин, по которой в маленьких городах протесты так быстро подавили, была тактика переброски милиции из одного небольшого города в другой. Из-за этого у «силовиков» пропадал страх быть опознанными, после чего они начинали действовать с особой жестокостью. Но наиболее эффективным видом протеста я считал национальную забастовку.

Известно, что после грубых фальсификаций результатов президентских выборов в августе 2020 года начались и широкие студенческие протесты. Прокатились массовые задержания студентов, администрация некоторых вузов «приглашала» в университет ОМОН. Наиболее жесткие репрессивные меры ректораты университетов приняли после 26 октября 2020 года — дня, на который была запланирована общенациональная забастовка.

В тот день я вышел во двор университета. Вместе с другими студентами мы стали ходить с флагами от корпуса к корпусу, призывая людей присоединяться к забастовке. Все это время за нами наблюдал первый проректор. А когда мы собрались у главного корпуса — попытался прекратить акцию. После этого мы решили выйти из кампуса на проспект Независимости и двигаться к соседним университетам, чтобы объединиться с другими студентами. Спустя несколько минут весь проспект был заполнен милицией, студентов начали задерживать. Оказалось, что ворота университета были закрыты изнутри, чтобы не дать студентам возможности укрыться в кампусе. В итоге прямо возле этих ворот меня задержали и посадили в «бусик», который поехал к БГУИР, чтобы полностью «доукомплектоваться». Потом нас доставили в Партизанское РУВД, где мы пробыли до позднего вечера, а после были перевезены в Жодино. В камере было 16 человек на 4 койки, поэтому спали, сидя на лавочках и полу. На следующий день там же прошел суд. Я отделался штрафом. После возвращения в Минск я пошел на занятия. Но 28 октября выяснилось, что по приказу от 27 числа меня уже отчислили, как и более 40 других студентов. Пока я был в РУВД, возникала мысль, что из-за пропуска занятий 26 числа мне могут сделать замечание, возможно даже выговор, но в тот момент я даже не подозревал о возможном отчислении. На эту тему были только шутки в РУВД.

Уже потом стало известно, что на следующий день после объявленной общенациональной забастовки Лукашенко провел совещание с чиновниками, на котором жестко высказался о студентах, участвующих в протестах. «Студенты: пришли учиться — учитесь. Кто хочет — тот пусть учится. Кто вышел в

нарушение закона на несанкционированные акции — он лиша-
ется права быть студентом. Пожалуйста, отправьте их — кого
в армию, а кого на улицу. Пусть ходят по улице. Но они должны быть отчислены из вуза. То же самое — преподаватели. Их
тоже единицы, но которые гадко себя ведут в вузах. Повторяю,
никого не просите и не уговаривайте, это бесполезно. В лучшем
случае в этой ситуации мы их загоним под плинтус, и они потом опять оттуда вылезут. Поэтому пусть определяются, где они
хотят жить, как хотят жить и что делать».

После этих слов нелегитимного правителя прошла волна
отчислений из минских вузов. 29 октября меня и других студентов вызвали на беседу в деканат, где рассказали о нашем неза-
видном положении. Декан объявил, что по нашему делу будет
создана какая-то специальная комиссия. Об отчислении он
речи не вел. После деканата последовал второй этап — встреча в
ректорате университета. Студенты были вызваны на «разговор»
с проректором, а в итоге просто были ознакомлены с выпиской
из приказа об отчислении, в котором в качестве причины было
указано «систематическое неисполнение обязанностей уча-
щегося». Одновременно нам выдали повестки в военкомат. Я
пытался узнать конкретнее, за что именно меня отчислили, попросил ознакомить с самим текстом приказа. Но в итоге озна-
комиться с содержанием документа мне удалось только через
несколько месяцев, когда я был в суде.

Когда мне сообщили об отчислении, моей первой мыслью
было: «Это какая-то шутка». Уже потом, когда я вышел из кабинета, мне рассказали о том, что говорил Лукашенко. У меня в голове не укладывалось, что из-за нескольких его слов студентов
могут отчислить. Возникла идея бороться с этой несправедливостью, в том числе через беларуский суд.

Мы вместе с адвокатом направили жалобу о незаконном отчислении в Министерство образования, но там никто и ничего
не делал, министерство переправило наше заявление обратно в
БНТУ. Одновременно мы начали готовить документы для суда
с университетом. Я, конечно же, считал приказ об отчислении
незаконным. Сидя на заседании суда и слушая выступления
обеих сторон, еще раз убедился, что приказ об отчислении был
составлен с многочисленными нарушениями. До последней

минуты надеялся, что суд признает приказ недействительным. Но, к сожалению, случилось так, как случилось: мне, как и всем отчисленным студентам, которые подали в суд на БНТУ, было отказано в восстановлении и решение об отчислении осталось в силе. Я пытался обжаловать это решение суда, но ничего не добился.

Как массовые протесты повлияли на мою жизнь

Для меня протесты в 2020 году стали чертой, которая поделила привычную жизнь на до и после. Я всегда хорошо учился, закончил школу с золотой медалью и поступил в университет на «бесплатную» форму обучения, на протяжении всего времени учебы получал повышенную стипендию. Когда из маленького города я переехал жить в Минск, начал понемногу думать о планах на дальнейшую жизнь. После окончания третьего курса я хотел искать работу по специальности. Возможно, со временем смог бы получить работу онлайн в зарубежной IT-компании. В общем, обычные планы и амбиции обычного студента.

Когда начались протесты, я стал больше обращать внимание на события, которые происходят вокруг. После первых задержаний участников мирных акций я понял, что все намного серьезнее и страшнее, чем кажется. Незадолго до голосования мне исполнилось 18 лет, для меня это были первые выборы. Меня беспокоило, что у нас в стране нельзя просто высказать мнение, что за это ты можешь попасть под репрессии. И чем больше проходило времени, тем больше я понимал, что менять что-то обязательно нужно. Как выяснилось, у большого количества людей было схожее мнение.

После исключения из университета я не знал, что делать дальше. Возможности продолжать обучение в БНТУ не было, соответственно, мои планы оказались разрушены. Так как я все-таки хотел получить образование, одним из вариантов было продолжить обучение за границей. Уезжать из страны, несмотря на все произошедшее, было тяжело.

Для меня результат событий в Беларуси стал психологическим ударом. Причиной этому была не только моя личная история, но и общая ситуация в стране после разгрома массовых протестов. Я участвовал в них с целью показать личное недовольство, вызванное действиями власти, и искренно надеялся, что мы сможем добиться хоть какого-то адекватного ответа на все произошедшее. Но результат даже минимально не оправдал надежды. В тот момент мне очень хотелось, чтобы все наконец изменилось, хотя в голове начало все чаще появляться понимание того, что этого сейчас может и не случиться.

Несмотря на негативный исход, я все-таки считаю, что в Беларуси произошло и много позитивного. Благодаря произошедшему мы смогли многое для себя узнать и понять. Во время и после протестов, я заметил, как сильно беларусы начали объединяться. «Беларус беларусу беларус» — короткая и простая фраза, которая, на самом деле, многое означает. Взаимопомощь между людьми и вправду увеличилась: эмоциональная и финансовая поддержка, психологическая помощь помогала людям в конкретных ситуациях, но также влияла на всех и на ментальном уровне. Ведь каждый понимал, что он не одинок. Мы чувствовали, что окружающие не равнодушны к ситуации в Беларуси. Даже какие-то мелочи помогали бороться и двигаться дальше.

Про настоящее и будущее

После протестов я переехал в Польшу и начал учить язык на курсах по программе Калиновского. Учиться оказалось интереснее, чем я предполагал. На это сильно повлияли хорошие преподаватели и одногруппники, часть из которых была вынуждена уехать из Беларуси после участия в протестах. Вообще в Польше сформировалось достаточно большое комьюнити беларусов, готовых поддержать и прийти на помощь.

Однако в Польше я также столкнулся с некоторыми проблемами. Возможно, из-за того, что в таком молодом возрасте уехал из Беларуси. Я еще не успел серьезно столкнуться с этой проблемой в нашей стране, но в Польше, на мой взгляд, существует просто ужасная бюрократия. Это усугубляется еще и тем, что вся документация ведется на иностранном для меня языке. Проблем с жильем также возникло немало. Очень часто, чтобы снять квартиру, в договоре нужно указать запасное место жительства в Польше, куда тебя могут выселить в случае неоплаты. Хотя, конечно, польские власти стараются помогать беларусам.

В 2022 году я поступил в политехнический университет в Польше. Здесь учиться сложнее, в том числе и из-за языка, но также и интереснее. К тому же главное отличие, которое я заметил между польским вузом и беларусским, — это отношение к студентам. В Европе ощущается уважение друг к другу, у преподавателей нет предвзятости в отношении обучаемых и оценка происходит более прозрачно и справедливо.

В целом в Польше довольно высокое качество образования, которое дает молодежи возможность в дальнейшем найти хорошую работу по специальности. Поэтому сейчас главная моя цель — определиться с интересующим меня направлением в университетском образовании.

Также в будущем я, конечно, хотел бы быть причастным к развитию Беларуси. Уверен, что ничто не вечно, рано или поздно все закончится, главный вопрос — как и когда именно. Нужно уже сейчас готовиться к этому моменту, не теряя времени впустую. Ведь дальнейшие события во многом зависят от нас. От наших действий будет зависеть, останется ли в Беларуси все так, как есть сейчас, или мы все-таки сможем изменить ситуацию и сделать так, чтобы наша страна развивалась, двигалась в демократическом направлении.

Я думаю, у нас есть потенциал в этом развитии. Намного больше людей стало интересоваться событиями, которые происходят в стране, а это означает, что ко многим наконец-то пришло понимание важности их действий и возможности влиять на собственное будущее и будущее всей страны.

Конечно, это не будет легко. Возможно, пройдет много времени, пока мы добьемся желаемого нами результата. Но, на мой взгляд, главное — это действовать. Есть много примеров других стран, где люди также боролись и со временем достигали своих целей. Я верю, что каждый из нас может внести свой вклад в это будущее, и надеюсь, что мы сможем достичь этого как можно быстрее.

Варшава, июль 2023
polemipl@proton.me

ОЩУЩЕНИЕ ЛЮБВИ, ИЛИ СОБЫТИЯ 2020 ГОДА В МОЕЙ ЖИЗНИ

Александр

Я родился в городе Гомеле, недалеко от границы с Украиной и Россией. Раньше родной город казался мне небольшим и скучным. Однако после переезда в Германию я понял, что Гомель сопоставим по размеру с Ганновером или Нюрнбергом и является достаточно большим по европейским меркам городом. Я вырос в частном доме на окраине Гомеля. Ходил в самую обычную школу и мог бы наверняка повторить судьбу большинства своих одноклассников (завод или криминал), но меня спасло... мое увлечение историей. Я сам не заметил того, как история вошла в мою жизнь. Начиная с пятого класса я стал занимать призовые места на областных, а чуть позже и на республиканских олимпиадах.

Участие в олимпиадах по истории подарило мне очень многое — поступление в самый престижный университет Беларуси без экзаменов, поездки в Полоцк и Гродно (там проходили заключительные этапы олимпиад), ценные призы: планшет, телефон от администрации школы и премии от администрации района. А еще олимпиады здорово расширили кругозор, углубили интерес к истории, познакомили с очень интересными людьми — с некоторыми я общаюсь до сих пор. Конечно, учебные соревнования не были моим единственным увлечением, на это уходило не очень много времени. Кроме того, я увлекался велосипедными прогулками на длинные расстояния (например, проехал до Речицы — туда и обратно). Летом собирал и продавал ягоды, любил рыбачить, иногда играл в компьютерные игры. Но именно олимпиады привели меня к очень важному этапу моей жизни — поступлению в университет.

Я приехал в Минск — это был очень важный момент в моей судьбе. В школьные годы у меня было желание стать психологом, чтобы помогать людям. Но я понимал, что единственный способ попасть в Минск — это поступить на истфак БГУ. Я влюбился в Минск как юноша, который никогда не видел свою возлюбленную и общался с ней по переписке. Я был опьянен Минском. Даже не знаю почему. Минск — это город, где я всегда чувствую себя комфортно.

Мое желание становится реальностью

В начале учебы в университете меня преследовало ощущение того, что я поступил не туда. Ожидания не совпали с реальностью. Занятия казались довольно скучными. Мы изучали ранние периоды истории, которые мне не были интересны. Постоянный акцент на чтении бесконечной литературы меня сильно расстраивал и вызывал желание забрать документы и поступить на специальность «Психология». Но я мужественно преодолевал себя: прилежно посещал лекции и семинары. Возможно, просто было необходимо время на адаптацию. Сейчас я уверенно скажу, что горжусь собой и вспоминаю этот период с осторожной теплотой в сердце.

На третьем курсе ситуация изменилась. Либо я просто смирился, либо просто стало интересно учиться. Скорее, и то и другое. Я рассматривал учебу, скорее, с точки зрения социального лифта: новые контакты, расширение кругозора. Когда подошло время выбирать карьеру, я даже не успел осознать, что за меня мое будущее место работы уже выбрано — школа или музей. Перспектива будущей работы в школе меня совсем не привлекала, впрочем, как и многих моих однокурсников. Хорошо помню, как на первом курсе на вопрос: «Хотите ли вы работать в школе?» — положительно ответили только 5 человек из 60, хотя на последнем, четвертом, курсе найти работу учителя в минской школе было счастьем. Я не знаю, о чем оставшиеся 55 человек (в том числе и я) думали. Возможно, мысленно видели себя в здании недалеко от истфака — Администрации президента — или в посольствах Германии и США. У меня такие мысли иногда возникали. Еще меня привлекала журналистская деятельность (пробовал писать статьи), да и мысли о психологии похоронить окончательно не получалось.

Я старался быть активным студентом — стремился получить столько опыта, сколько возможно, как волонтерского, так и общежитейского. Что-то реализовать не удавалось. Хотелось как следует подтянуть свой английский и съездить по обмену в Европу.

На последних курсах я получал реальное удовольствие от обучения на истфаке. На четвертом курсе я много работал (например, в ресторане, а летом собирал ягоды). После окончания университета стал работать в филиале Национального художественного музея — достойное место (не школа же). Для того чтобы туда попасть, нужно было пройти три этапа отбора. Я хотел поступить в магистратуру (ради общежития) — и я это сделал. Помню, что я узнал о том, что поступил в магистратуру, прямо в лесу — необычно, да?

Мой 2020 год в Гомеле и Минске

Конечно, как и многие студенты истфака, я интересовался политикой, но я не мог представить своего активного участия в политике, как и того, что в Беларуси начнутся настолько турбулентные события. До 2020 года я просто ходил смотреть на акции протеста. В 2020 году у меня возникло сильное желание изменить ситуацию в стране. Осознание того, что я такой не один, привело меня к этой мысли. Самое главное, я понял, что это реально сделать.

Летом 2020 года я находился в Гомеле, поэтому мои первые выходы на акции в поддержку новых политиков произошли именно там. Изначально я поддерживал Виктора Бабарико (к слову, в университетские годы мне удалось быть на мероприятии, которое он лично вел), потом — Светлану Тихановскую.

Я ощущал то, что многие люди хотят сделать так, чтобы наша страна жила лучше. Я четко представлял и понимал, что это возможно. Энергия этого ощущения вывела меня на акции протеста в Гомеле, а затем в Минске.

Я считаю себя пассионарной личностью и часто не могу объяснить свои эмоциональные поступки. Хорошо помню, как после официального сообщения о том, что у Лукашенко 80 %, долго не думая, я сразу же направился в центр города, чтобы присоединиться к акции протеста. Это было событие, которое перевернуло мой мир. Я нервничал, боялся того, что меня задержат. Чувствовал, что я пересек линию между «хорошим мальчиком» и романтиком, который готов переступить через свой страх. Я видел, как на акции протеста четыре милиционера тащили по брусчатке человека, а люди между собой говорили, что его убили... Это меня очень сильно разозлило и укрепило мысли о том, что нужно сделать так, чтобы власть в Беларуси поменялась. Очень надеялся, что ситуация в стране изменится. Каких-то особых ожиданий у меня не было, была просто вера. Я ходил почти на каждую акцию протеста и уже точно понимал, что Беларусь не будет прежней. Во второй половине августа у меня возникло чувство, что вот-вот власть или уйдет сама, или будут какие-то переговоры. А ощущение постсоветской безнадеги будет уходить в прошлое.

Я не жалею ни о чем в своей жизни. И о своем участии в акциях протеста я точно не жалею. Считаю, что все делал абсолютно правильно. Даже сейчас я бы не стал участвовать в вооруженном протесте, так как считаю, что беларусы сделали все, что могли, и даже больше. То, что европейцы знают о событиях 2020 года в Беларуси, — это заслуга людей, которые вышли на акции протеста.

Меня очень вдохновляли беларусы. Столько красивых, смелых, романтичных, достойных людей я увидел на протестных улицах! Я просто вглядывался в лица и не мог оторваться. Я смог влюбиться в свой народ, это очень приятное и необычное ощущение. Оно и сейчас остается. Это не похоже на эффект от всплеска адреналина и гормонов. Кстати, про адреналин. Я стал практически зависимым от этого ощущения: когда убегаешь от «милиции», тебе хочется повторять это снова.

Осенью 2020 года я поступил в магистратуру и работал в музее в Минске. Жил в комфортном общежитии. Еще я подрабатывал сторожем в костеле, о чем я до сих пор думаю с трепетом. Вспоминаю сейчас об этом времени и хочу в него вернуться.

Каждые выходные ходил на акции протеста. Хорошо помню, как на акции протеста 1 сентября прямо возле музея, где я работал, встретил девушку, которая мне понравилась. Мы вместе держались в «сцепке», но ОМОН заставил нас разбежаться в разные стороны. Каждые выходные ощущалось все больше опасности, но я не мог не выходить, потому что чувствовал невероятную силу внутри себя и внутри тех людей, которые выходили.

Моя любовь к Минску становилась все сильней. Я выходил на акции протеста до середины октября 2020 года, когда и был впервые задержан. В тот раз достаточно легко отделался — всего ночь в Жодино и пять базовых величин штрафа. Но после этого свое недовольство тем, что происходит в стране, а именно захватом власти, я стал выражать по-другому: стал студенческим активистом, чтобы помогать студентам отстаивать свои права. Я общался со студентами, магистрантами, писал посты, делал то, что мог. Даже музей, где я работал, был импровизированным штабом моей организации. Я влюблялся, знакомился, работал, учился... Любил, жил... Что из того времени я бы вернул? Конечно, понимание того, что все может измениться в любую секунду.

Череда арестов и жизнь в ожидании больших проблем

В то время я жил жизнью студента, сотрудника музея, верующего, студенческого активиста. Это продолжалось до марта 2021 года, когда ко мне в комнату ворвались сотрудники ГУБОПиКа и увезли в Московское РУВД. Это сейчас я понимаю, что, если бы я более внимательно следил за информационной гигиеной, меня бы не задержали или задержали бы на несколько дней позже (на несколько дней позже задержали моих друзей, с которыми я должен был встретиться). Это кардинально изменило мою жизнь. Я провел за решеткой 15 суток. Это было нелегкое испытание, но солидарность моих коллег позволила мне перенести заключение довольно легко. Я познакомился с огромным количеством интересных людей, с некоторыми из которых я общаюсь до сих пор.

После ареста меня уволили с работы, где я должен был отрабатывать распределение. Я попал «в разработку» спецслужб. Но я выстоял, справился — конечно, не без труда и не без поддержки друзей и коллег. Я стал немного жестче, но в целом я все же оставался такой же романтичной натурой, влюбленной в свой народ и верящей в то, что изменения неизбежны. Я очень благодарен этим событиям за то, что они, словно течение реки перед дельтой Амазонки, направили меня туда, где я оказался.

В 2021 году каждый месяц у меня, как и у многих людей, возникало стойкое ощущение «закручивания гаек»: пространства для жизни становилось все меньше. Желание изменений и гордость за свой народ разбавлялись страхом и болью за тех людей, кого не только арестовали, но еще и унизили, тех людей, у кого отобрали будущее.

Атмосфера на истфаке становилась все хуже. Администрация все яснее давала понять, что факультет — это часть системы. Я не смог защитить магистерскую из-за невыполнения формальных требований, которые были разработаны специально для меня. Но и об этом я не жалею, хотя это было очень неприятно и больно. На первом курсе я бы таких унижений не пережил.

В августе 2021 года я снова попал за решетку — и тоже на 15 суток. Так получилось, что я приехал на свой арест на такси. Смешно, да? В камере я переболел ковидом. Я все время сравнивал камеру с концлагерем. После освобождения у меня появились серьезные мысли об отъезде. Я понимал, что лучше не станет, что шансов избежать уголовной статьи становится все меньше.

Мне было очень обидно за мою страну, но я все равно ей бесконечно горжусь. Я до сих пор чувствую атмосферу Минска. Я обожаю свой образ жизни в этом городе. Когда мысленно переношусь в Минск, я ощущаю себя своим, близким, родным. И тогда меня это очень серьезно поддерживало. Мне помогли найти другое место для распределения. Я продолжал сторожить костел. Я нашел свою любовь в человеческом воплощении.

Вынужденная миграция и мысли о Беларуси

Это могло бы продолжаться и дальше, но зимой 2022 года моя жизнь стала просто невыносимой из-за давления спецслужб.

Я вынужден был со слезами на глазах расстаться со своими близкими, коллегами и со своими денежными накоплениями. Пришлось сменить достаточно стабильный образ жизни на образ жизни настоящего кочевника-эмигранта. За полтора года я успел пожить в Грузии, Литве, Германии, посетить Швейцарию и Армению. Когда мне пришлось очень серьезно изменить свою жизнь, эмоциональное состояние стало расшатываться. Эмиграция оказалась более тяжелым испытанием, чем репрессии. Вынужденная эмиграция посеяла во мне чувство неуверенности в завтрашнем дне. Мне начало казаться, что я вечно не успеваю. В Германии моя жизнь стала еще более стрессовой. Я с горечью осознал, что английского языка мало. Фрустрация затмевала многое. Жизнь превратилась в режим выживания. Я понимал, что моя жизнь в Минске тоже была в режиме выживания. Мир и тогда был жестоким, но я этого не осознавал, был немного наивным.

Мой эмигрантский опыт очень разнообразен. В Батуми я ожидал визу и работал с текстами для команды российского политика. В Литве я работал и на стройке, и на доставке и редактировал тексты. В Германии я прохожу обучение в магистратуре (судьба-злодейка), и, несмотря на то что, откровенно говоря, мне тяжело, я хочу здесь остаться. Я изучаю немецкий, уже подтянул английский, завел себе немецких друзей, поездил по многим городам Германии. Я доволен. Хочу уйти в новую для себя сферу — водить экскурсии по Германии. Это меня связывает с моим прошлым, с моим обучением на истфаке, мне нравится это делать. В будущем, в свободной Беларуси, я бы хотел водить экскурсии для иностранцев, потому что я знаю, что иностранцы любят путешествовать, поэтому Беларусь многие с удовольствием бы посетили. Понимаю, что войти в эту профессию реально, мне не хочется ставить цели, которые я не могу достичь. Я нашел свое дело, и это, наверно, одно из самых важных достижений этого периода. Для этого я совершенствую немецкий, постоянно учусь, смотрю примеры хороших экскурсий, езжу по другим городам. И мне это нравится.

При этом мое беларусское самосознание только крепнет. В тех странах, где я жил и живу, часто встречаю беларусов, я горжусь ими, для меня большое удовольствие общаться с этими людьми. Конечно, я скучаю по Беларуси, по Минску, по родным. Мне очень больно от того, что происходит сейчас с Беларусью. И еще больнее осознавать то, что, пока я занят фактически выживанием в Европе, возможностей помочь моей стране не так много. Да, я все так же состою в той же организации, и мы запустили проект по помощи репрессированным студентам. Я тоже стараюсь активно участвовать в нем. Но делать это очень тяжело из-за большой нагрузки. Точно знаю, что Беларусь будет демократической, что в Беларуси можно будет свободно выражать свое мнение. Думаю о том, что, когда в Беларуси будет свобода, иностранцы смогут легко приезжать в Беларусь, как и беларусы из Беларуси. Это моя мечта, и я молюсь об этом. Как это сделать? Я не знаю, это мало кто знает. Конечно, сейчас нет такого ощущения, которое было три года назад, когда в воздухе витал дух перемен.

К боли от того, что я мало что могу сделать для своей страны, добавилась боль от того, что многие бытовые вопросы решаются гораздо сложнее, чем на Родине (например, стрижка или поход в аптеку — это настоящий стресс для меня). Но я стойко буду переносить все тяготы и невзгоды жизни в эмиграции. Я точно знаю, что это необходимый этап моей жизни. Надеюсь, что смогу вернуться в демократическую Беларусь — не потому, что мне не нравится жить в Европе (мне нравится), а потому, что это — любовь. Куда же без нее? Без любви в ваше время жить сложно. Мне нравится моя жизнь сейчас, просто нужно время для преодоления новых трудностей, это называется взросление. Я стал более взрослым. Мне скоро 25 лет. Я абсолютно ни о чем не жалею.

Вместо эпилога

Это эссе я написал очень легко. Чувствую острую потребность в том, чтобы рассказать о том времени. Давать интервью, общаться с людьми приносит мне удовольствие, хотя сейчас я едва ли мог бы повторить то, что было сделано. Определенно, из того времени мне не хватает жизненного ритма. Без него моя история не кажется мне яркой и интересной. Воспоминания важны для меня, чтобы взглянуть на себя еще раз, вспомнить это одновременно ужасное и прекрасное время. Когда я писал, волновался, что мне не хватит места. Теперь понимаю, что хватит. Нам всем хватит места там, где мы нужны. Я смог почувствовать свое место в жизни. Для Беларуси в моем мире было, есть и всегда будет много места.

Где-то в Германии, июль 2023

ЯК ВЫГЛЯДАЦЬ ШЧАСЛІВАЙ

Кася

Сённяшні дзень стане пачаткам
Новых жаданняў, лепшых ідэй.
Арцём Лук'яненка (NaviBand)
„Гісторыя майго жыцця"

Жыццё да пратэсту

Я нарадзілася ў Мінску і правяла амаль усё жыццё ў гэтым горадзе. Адзінаццаць класаў той самай школы, ніякіх пераводаў, ніякіх пераездаў. З большага мая сям'я ездзіла толькі да нашай вёскі на Берасцейшчыне, месца, дзе я навучылася лавіць рыбу, гуляць у футбол з суседскімі хлопцамі і самастойна апрацоўваць раны пасля такіх гульняў. Але гэта было не ўсё. Згадваючы той час, я разумею, што малой дзяўчынкай я ўжо любіла свой край. Чаму? Бо ў беларускай вёсцы самы лепшы водар паветру, калі ты, мокрае і бруднае дзяўчо з растрапанымі валасамі, вяртаешся дадому ўвечары пасля спякотнага дня. Паветра, што нясе журчанне ракі, якая цячэ за маім домам, водар палявых кветак, прыгажосці якіх я яшчэ не разумею. І нават брэх майго гарадскога сабакі, які ўпершыню ў жыцці бачыць вожыка. А пасля ідзе вячэра — маці прыгатавала, вядома, бульбу, ды дадала да яе кроп з нашага гароду, а яшчэ салата з гуркоў, маладой цыбулькі-парэю і смятаны „Брэст-Літоўск". Пасля вячэры тата прыходзіць да майго ложка і распавядае найцікавейшыя гісторыі пра малое ваўчаня, якое жыве ў нашым лесе, пра іншых лясных жыхароў і пра іх прыгоды. Гэта было прыгожа.

Але я ўсё ж такі лічу, што я гарадскі чалавек. Універсітэт — новая змена ў жыцці, новыя людзі і новыя інтарэсы. На першым курсе мяне цікавіла ўсё, акрамя самой вучобы — і дзіўнага ў гэтым нічога не было, бо я ўвогуле не ведала, навошта мне яна і што я хачу рабіць далей. Я прайшла ў студэнцкі тэатр і ўвесь час праводзіла ў ім. Перспектыў — ніякіх! Затое мы ставілі спектакль пра Беларусь. Мне падабалася. Тры гады ў тэатры, шмат цікавых падзей, але ў рэшце рэшт кожны пачынае займацца сваімі ўласнымі справамі і прыходзіць на рэпетыцыі ўсё радзей і радзей. Вучоба на той момант ужо стала мяне больш цікавіць, я пачала хадзіць амаль на ўсе пары, але галоўнае — з'явіліся заняткі другой мовы. Французская! Ну і як тут не закахаешся? Крок за крокам — і вось я ўжо пачала планаваць свой пераезд у Францыю. Гэта іншая краіна, там дакладна не будзе сумна, як мне здавалася.

Беларускі пратэст

Для мяне ён пачаўся з затрымання Віктара Бабарыкі. У гэты дзень мы з сяброўкай апынуліся ў цэнтры Мінска. Неверагодна: усё гудзе, машыны сігналяць, а людзі паказваюць адзін аднаму „реасе". Ну і я паказала — шчыра ў лабавое шкло амапаўскага мінібуса. А хто тады ведаў, як яны выглядаюць? Гэта здарылася на маленькім пераходзе каля крамы „Цэнтральны". Машына рэзка пачала ехаць на чырвонае прама на нас, мы адскочылі. Яна павярнула, і з яе выскачыла чорная хмара, якая за тры секунды за рукі і ногі зацягнула хлопца, які першы трапіў ёй пад рукі. Мы пабеглі, не ведаючы, куды і дзе можна схавацца. Гэта было вельмі страшна, але мне тады хацелася толькі аднаго — крычаць на ўвесь свет пра такую несправядлівасць.

Ноччу з 9 на 10 жніўня ніхто не ведаў, што адбываецца, але ногі самі цягнулі да Стэлы. З цёмных завулкаў выплывалі рачулкі людзей, зліваліся ў адну і ішлі наперад. Ішлі, нават калі ўсё грукатала, нават калі былі чутныя крыкі і выбухі. Ішлі да таго моманту, пакуль штосьці не пачынала ляцець у сам натоўп. Альбо пакуль на цябе не пачынала бегчы страшэнная чорная сцяна. І тады ўжо бяжыш у тым самым кірунку разам са сцяною, толькі твая задача бегчы хутчэй за яе. Наступныя некалькі начэй нічым не адрозніваліся, станавілася нават горш.

Прасвет я ўбачыла раніцай 12 жніўня. Трэба было хутка знайсці белую вопратку, кветкі і ляцець на Камароўку, пакуль усё не скончылася. Але канец і не збіраўся надыходзіць, мы стаялі некалькі гадзін, гэта было вельмі прыемна. У гэты дзень я была акружана тым, што называецца сапраўднай прыгажосцю. Гэтую з'яву я бачыла толькі падчас жаночых пратэстаў; дзе яна яшчэ існуе — мне невядома. Белыя німфы, якія сышлі з палотнаў. Ці ведалі старажытныя грэкі, пра каго яны пісалі? Пасля гэтага дня я старалася хадзіць на ўсе жаночыя акцыі: маршы з кветкамі, ланцугі салідарнасці, карагоды каля Чырвонага касцёла. Здавалася, што мы валодаем горадам, і самае прыемнае было ў тым, што можна было глядзець у вочы амапаўцам і больш не баяцца. Нейкі час. А пасля зноў пачаліся арышты, спачатку хлопцаў. Мы іх сапраўды стараліся абараняць, закрываць сабой, рабіць кола вакол іх. Часам гэта дапамагала. Але потым пачалі затрымліваць і дзяўчат. Калі нам удавалася сабрацца разам, аб'яднацца, было не так страшна. Страшна было разыходзіцца, бо ніколі не ведаеш, што здарыцца пасля. Я хадзіла са сваёй сяброўкай, мы былі заўсёды разам. І нас ніколі не арыштоўвалі. Не ведаю, у чым быў наш сакрэт — разважлівасці, банальным шанцаванні або доўгіх нагах, але аддаю перавагу апошняму. Адзін раз мы вярталіся па праспекце, абедзве ахутаныя сцягамі. Да нас падскочыў амапавец (і адкуль яны толькі бяруцца?), сказаў схаваць сцягі, бо праз 50 метраў нас возьмуць. Мы схавалі, і мне было за гэта сорамна.

Мы з гэтай дзяўчынай хадзілі нават на самыя жорсткія маршы. Дзе толькі не хаваліся — і ў Domino's, і ў Доме ветэранаў, і на нейкай будоўлі на Нямізе. Хадзілі, уцякалі, а нас усё не затрымлівалі ды не затрымлівалі. У мяне ў нейкі момант развіўся комплекс непаўнавартаснага беларуса. Здавалася, што калі я не сядзела ў турме, то нібы і не пратэставала, дый увогуле мала чаго зрабіла для перамогі.

Але ж аднойчы мой удзел у пратэстах не застаўся незаўважаным. Пад канец аднаго з маршаў пачалася навальніца, ад якой людзі пачалі хавацца і ўцякаць. Але многія заставаліся стаяць насупраць збудаванай сцяны з узброеных машын і амапаўцаў. На гэтым маршы я дамовілася сустрэцца з адной сваёй сяброўкай, бо ў гэты дзень мы запланавалі зрабіць разам фотаздымак. У нас з ёй на той момант склалася штосьці накшталт традыцыі — рабіць здымкі з пацалункам падчас значных для нас падзей. Пад праліўным дажджом мы доўга шукалі адна адну ў натоўпе. Калі сустрэліся, то адразу ж пачалі рабіць фота на фоне ўзброенай сцяны амапаўцаў і пад пашытым мной бел-чырвона-белым сцягам, з якога лілася вада ва ўсе бакі. Фатаграфавала нас мая сяброўка па маршах. Адной рукой трымаючы парасон, змагаючыся з ветрам і сотняй кропель вады на запацелых шклечках акуляраў, яна націскала кудысьці ў зону, дзе павінна знаходзіцца кнопка камеры. Ведаеце, атрымаліся вельмі добрыя здымкі, але інтэрнэт убачыў не іх. Як толькі мы пачалі рабіць здымкі, да нас прыбегла дзяўчынка ў камізэльцы з фотаапаратам у руках. Журналістаў побач стаяла шмат, але толькі гэтая дзяўчына зацікавілася намі. Цягам лічаных секунд яна зрабіла некалькі здымкаў, два з якіх трапіла ў навіны, і толькі адзін з іх прыцягнуў увагу свету і пачаў распаўсюджвацца далей. Пад пастамі з гэтым фота было шмат каментарыяў, але людзі падзяліліся на два лагеры. Першыя былі тыя, каму не спадабалася, і яны пісалі: „Такой свабоды нам не патрэбна". Другія былі тыя, якія ім адказалі: „Калі вы абмяжоўваеце свабоду іншых, то патлумачце, калі ласка, чым вы адрозніваецеся ад сучаснай улады". Цікава, што я не адчувала, што дзясяткі людзей асуджаюць альбо падтрымліваюць менавіта мяне. Я проста была зацікаўленым гледачом падзей, якія адбываюцца ў каментарыях, не асэнсоўваючы, што пішуць пра мяне, але трошкі прыемна ўсё ж было.

Потым хтосьці намаляваў гэтае фота, дзесьці была выстава з ім, і ўрэшце мной зацікавіліся, даслалі павестку, праўда, памыліліся з датай нараджэння на 10 год, але я ўсё ж такі прыйшла да іх у РУУС. Мяне пасадзілі за стол і спыталі, ці ведаю я, чаму мяне сюды запрасілі. Я адказала, што не ведаю, і сапраўды не ведала. Тады перада мной расклалі велізарныя надрукаваныя на паперы мае фотаздымкі з пацалункам. Я нават рассмяялася, і мне нічога за гэта не было. Са мной размаўляў малады хлопец, які яшчэ і жартаваў і ўвогуле мяне сур'ёзна не ўспрымаў. У гэтым самым пакоі знаходзіўся іншы пратэстовец, якога адпраўлялі паўторна на содні, перад ім таксамі былі раскладзеныя здымкі, на якіх ён быў на нейкім маршы. У яго была зламаная скула, і за пытанне, ці будзе хтосьці за гэта адказваць, яму прапанавалі зламаць другую. І было гэта сказана ў жорсткай форме, а ў той жа час са мной размаўлялі дастаткова лагодна. Аднак гэта скончылася імгненна, калі я пачала чытаць паперу, якую мне падсунулі для подпісу. „Хочаш чытаць? У цябе можа быць 15 сутак на гэта". На той паперцы ўжо былі мае паказанні. Цікава было б калі-небудзь усё ж такі дазнацца, што я там сказала. Гэта ўсё ў іх называецца тлумачальнай гутаркай. З гэтага паходу я вынесла толькі тое, што ў супрацоўнікаў Цэнтральнага РУУС вельмі дзіўная псіхіка, якая змяняе настрой міліцыянтаў кожныя дзве хвіліны, і я лічу, што гэта страшна.

Жыццё пасля

Падчас пратэстаў план з пераездам у Францыю стаяў пад пытаннем, таму што тады я ўпершыню дакладна зразумела сваю прыналежнасць да Беларусі. Я яе ўсвядоміла і не хацела быць за мяжой. Але ж пасля майго паходу ў РУУС я вырашыла, што мне патрэбны запасны план. Восенню 2020 года ў мяне было шмат малюнкаў і толькі адзіны польскі ўніверсітэт, які яшчэ прымаў заявы. Малюнкі спадабаліся і пачаўся своеасаблівы перыяд дыстанцыйнай вучобы падчас каранавіруса. Пасля задушэння пратэсту мне было сумна і нічога не дапамагала. Ад польскага ўніверсітэта я падалася на праграму ў Францыі і паляцела туды чагосьці шукаць. Мара спраўдзілася. Але жыць у Францыі ў марах і жыць там сапраўды аказалася небам і зямлёю. Французская зямля навучыла мяне шмат чаму. Я пазнаёмілася з рознымі людзьмі. Але ведаеце, знаходзячыся там, я больш не магла слухаць французскую музыку ў слухаўках, замежнага было зашмат, і мне хацелася чагосьці, што робіць мяне сабою. Французам я не магла казаць многія фразы або па-свойму інтанацыйна падкрэсліваць штосьці, не магла, таму што яны гэтага проста не разумелі. Я ведала, што трэба казаць, каб ім было ясна, але гэта былі іх фразы і іх інтанацыі, штучныя для мяне. Мне не было шкада з'язджаць пасля праграмы, таму што ў Варшаве ў мяне былі сябры, беларусы. Я пачала працаваць і працягвала сваё навучанне. У Польшчы стала лягчэй, бо тут я адчуваю Беларусь. Ці ведаеце вы, што ў Варшаве ёсць беларуская дзіцячая школа мастацтваў? Мы з гэтымі дзеткамі зрабілі ўжо шмат чаго цікавага, а тыдзень таму мая сяброўка па пратэстах сказала: „Ну зараз ты хаця б выглядаеш шчаслівай". Сёння ў Варшаве нараджаюцца новыя ідэі, беларускія дзеці спяваюць па-беларуску, а ў невялікім пакоі, дэкарыраваным мной кветкамі з паперы, Маляваныч грае сваю батлейку.

Варшава, ліпень 2023

ЗАГЛУШАНЫЯ ГАЛАСЫ: АСАБІСТАЯ ГІСТОРЫЯ БЕЛАРУСКАГА СТУДЭНТА ПРА ПАДЗЕІ 2020 ГОДА

Улад

Мяне завуць Улад, і я малады чалавек. Мае карані — з розных краёў: бацька этнічны рускі, маці мае змешанае беларуска-польскае паходжанне, плюс дакладна вядома пра французскі след у генеалогіі маёй сям'і. Нягледзячы на такую этнічную разнастайнасць свайго паходжання, я лічу сябе беларусам.

Я нарадзіўся і пражыў большую частку жыцця ў горадзе М., менавіта тут прайшлі мае школьныя гады. У гэтым эсэ я не буду падрабязна расказваць пра школу, таму што лічу, што гэты перыяд у маім жыцці мала чым адрозніваўся ад школьных часоў іншых беларускіх вучняў. Толькі згадаю, што вучыўся заўсёды добра, удзельнічаў у школьных алімпіядах і канферэнцыях. Таксама ў школьныя гады я актыўна займаўся спортам, а вось палітычную актыўнасць у той перыяд я не праяўляў.

На фінальным этапе школьнай адукацыі я пачаў задумвацца пра будучую прафесію і паступленне ў вышэйшую навучальную ўстанову. У першую чаргу я разлічваў на свае здольнасці ў гісторыі і інфарматыцы, але былі пэўныя сумненні. З аднаго боку, нягледзячы на маю павагу да гістарычнай навукі, гісторыкам я быць не хацеў. А з другога боку, каб здаць уступныя іспыты па матэматыцы і фізіцы ды паступіць на інфарматыку, мне не хапала ўпэўненасці. Таму трэба было шукаць альтэрнатыву, дзе мела б месца супадзенне маіх інтарэсаў з аднаго боку і магчымасцей з другога. На шчасце, такі варыянт знайшоўся.

Факультэт міжнародных адносін БДУ: знаёмства і вучоба

Знаёмства з факультэтам адбылося ў 11 класе на дні абітурыента. Фармат мерапрыемства прадугледжваў сустрэчу абітурыентаў і іх бацькоў з кіраўніцтвам і выкладчыкамі ФМА на чале з дэканам Віктарам Шадурскім і выкладчыкамі. Абітурыенты і бацькі задавалі пытанні прадстаўнікам факультэта, атрымлівалі звесткі пра навучальны працэс і крытэрыі для паступлення.

Я сур'ёзна задумаўся пра паступленне на гэты факультэт, бо на гэта знайшліся адпаведныя прычыны. Па-першае, мне здавалася рэальным здаць уступныя іспыты па роднай і замежнай мовах і грамадазнаўству на неабходную колькасць балаў. Па-другое, на дні абітурыента на ФМА адчуваліся высокі ўзровень культуры зносін і павага з боку прадстаўнікоў універсітэта да абітурыентаў. У школе я прызвычаіўся да больш „камандна-адміністрацыйнага“ стаўлення да вучняў з боку дырэкцыі ўстановы, але на ФМА адчуваўся іншы, больш дэмакратычны, падыход. Па-трэцяе, мяне прываблівалі перспектывы, якія адкрываліся пры паступленні на ФМА: вучоба ў Мінску на адным з самых прэстыжных факультэтаў краіны, магчымасць вывучаць дзве і больш замежныя мовы, удзельнічаць у міжнародных праектах, стажыроўкі ў вядомых універсітэтах свету і, у рэшце рэшт, магчымасць стаць прафесійным дыпламатам па заканчэнні факультэта. Улічваючы ўсё вышэйапісанае, ФМА на той момант быў фаварытам з усіх наяўных варыянтаў. Таму пасля здачы цэнтралізаванага тэсціравання адзінае месца, куды я аднёс свае дакументы, быў менавіта факультэт міжнародных адносін БДУ.

Вучобу на ФМА я ўспрымаю як вельмі пазітыўны момант свайго жыцця. У школьныя гады я быў больш сфакусіраваны на сваіх задачах і памкненнях. З гэтай прычыны праяўляў мінімум цікавасці да жыцця ўстановы. Ва ўніверсітэце ўсё кардынальна змянілася. Ужо на другім курсе я стаў членам адразу некалькіх студэнцкіх арганізацый і ініцыятыў, пачаў інвеставаць у іх свае сілы і час. Тут я арганізоўваў мерапрыемствы для студэнтаў, узначальваў клуб аматараў англійскай мовы і культуры, мадэрыраваў сустрэчы з прадстаўнікамі еўрапейскіх палітычных колаў, удзельнічаў у даследаваннях і навуковых канферэнцыях. Шмат часу прысвячаў арганізацыі мадэлявання ААН на факультэце. Таксама, акрамя пазакласных актыўнасцей, працаваў у розных фірмах. Таму, калі быць шчырым, навучальны працэс не заўсёды займаў прыярытэтнае месца ў мае студэнцкія гады, аднак я ніколі не меў з гэтым праблем. Па выніках скончыў універсітэт з адзнакай.

Калі казаць, што больш за ўсё падабалася ў вучобе на ФМА, то гэта тая атмасфера, якую стваралі дэканат і кафедры факультэта для сваіх студэнтаў. Вядома, што не заўсёды ўсё было ідэальна. Некаторыя выкладчыкі здзіўлялі сваім нежаданнем уносіць змены ў свае прадметы альбо скрупулёзным выкананнем фармальнасцей. Аднак у цэлым адчувалася ўзаемная павага і давер паміж студэнтамі і выкладчыкамі, дух студэнцкага адзінства і згуртаванасці, адкрытасць кіраўніцтва факультэта да крытыкі. Усё гэта стварала ўражанне павагі асабістага меркавання, матывавала старанна вучыцца і актыўнічаць на карысць факультэту, услаўляць яго і ім ганарыцца.

Самую значную ролю ў станаўленні ФМА годным еўрапейскім факультэтам адыграў наш дэкан. Нягледзячы на сваю пасаду, гэты чалавек быў і застаецца адкрытым і простым у зносінах, добразычлівым і ўважлівым да просьбаў студэнтаў і выкладчыкаў. Я ўпэўнены, што без яго асаблівага падыходу не ўдалося б зрабіць ФМА такім, якім ён быў увесь той час.

Падводзячы рысу пад тэмай вучобы ва ўніверсітэце, хачу адзначыць, што я ніколі не шкадаваў пра абранне ФМА сваёй альма-матэр, нават нягледзячы на тое, што цяпер для маёй працы мне б спатрэбіліся крыху іншыя веды. Аднак факультэт адыграў вялікую ролю ў маім станаўленні, і я вельмі ўдзячны тым, хто браў у гэтым удзел.

2020 год: планы, перспектывы і іх трансфармацыя

2020 год пачаўся трывожна для многіх з нас, бо ўжо ў студзені людзі пачалі актыўна сачыць за пашырэннем пагрозы таго, што потым назавуць „кавід“. Я зманю, калі скажу, што адчуваў набліжэнне лёсавызначальных для сябе падзей, аднак у любым выпадку год абяцаў быць напружаным. Летам 2020 года па планах я скончваў універсітэт, і гэтае паўгоддзе са студзеня па чэрвень я планаваў прысвяціць актыўнай падрыхтоўцы да дзяржаўных іспытаў і абароны дыпломнай працы. Таксама па правілах таго часу кожны студэнт перад абаронай дыплома быў павінен прайсці практыку. Я скарыстаўся дадзенай факультэтам магчымасцю і ў лютым быў накіраваны на практыку ў дзяржаўную ўстанову.

Мая практыка не пратрывала і некалькі тыдняў, таму што прыблізна ў гэты час на Беларусі з'явіліся першыя выпадкі заражэння „кавідам". Унутраным распараджэннем установы ўсе студэнты былі адкліканы з практыкі. Людзі навокал пачалі сур'ёзна клапаціцца пра сваё здароўе і бяспеку, сачыць за дыстанцыяй у грамадскіх месцах, па магчымасці сыходзіць на аддалены рэжым працы, не наведваць масавыя мерапрыемствы. Таксама ва ўніверсітэце па ініцыятыве кіраўніцтва нашага факультэта заняткі былі пераведзены ў анлайн-фармат. Варта адзначыць, што, нягледзячы на жаданне людзей засцерагчы сябе ў трывожнай сітуацыі, дзяржава не спяшалася прыкладаць намаганні для падтрымкі нармальнага эпідэміялагічнага стану ў краіне: на той момант не быў уведзены масачны рэжым, большасць устаноў працягвала працу на месцах без пераходу на аддалены рэжым, не было разгорнута нармальнае тэсціраванне на выяўленне хваробы і многае-многае іншае. Адпаведна, ужо з першых тыдняў з'явіліся скептыкі, якія не давяралі афіцыйнай статыстыцы заражэнняў ад Міністэрства аховы здароўя і адкрыта выказвалі сваю незадаволенасць халтурнай падрыхтоўкай дзяржавы да надзвычайнай сітуацыі. Тут жа можна ўспомніць словы кіраўніка дзяржавы, які заяўляў, што ўвогуле „не бачыць ніякіх вірусаў".

У сваю чаргу я таксама вырашыў не падвяргаць сваё жыццё небяспецы, таму максімальна выконваў правілы самаізаляцыі. Вызвалены ад практыкі час я прысвяціў даследаванням па тэме дыпломнай працы і падрыхтоўцы да дзяржаўных іспытаў. Таксама ў гэты час я пачаў актыўна вывучаць свае прафесійныя далягляды і патэнцыйныя магчымасці па працаўладкаванні. На той момант у мяне ўжо быў досвед афіцыйнага працаўладкавання ў Беларусі, таму я актыўна падтрымліваў напрацаваныя сувязі з былымі калегамі на выпадак, калі вырашу вярнуцца ў тую сферу дзейнасці, дзе працаваў раней. У гэты ж час я разглядаў варыянты працаўладкавання па спецыяльнасці, нават у дзяржаўных установах.

Але больш за гэтыя прафесійныя пошукі ў той час мяне цікавіла магчымасць працягваць вучобу, каб атрымаць акадэмічную ступень магістра. На гэта мяне падштурхоўваў рост канкурэнцыі на рынку працы сярод выпускнікоў і ўласная прага паглыблення ведаў. Маёй мэтай было патрапіць у адукацыйную ўстанову з эканамічным профілем, каб атрымаць ступень у эканоміцы і пашырыць свой патэнцыял для працаўладкавання ў прыватных міжнародных кампаніях. Дзеля гэтага я разглядаў як беларускія, так і замежныя ўніверсітэты, але, шчыра кажучы, імкнуўся больш да другога варыянта. На момант пачатку эпідэміі ў мяне быў дакладна распрацаваны план паступлення ў адзін з вядучых універсітэтаў Кітая, дзе я планаваў атрымаць ступень магістра дзелавога адміністравання. Аднак з-за абставін таго года ажыццявіць дадзены план не ўдалося.

У беларускіх універсітэтах я разглядаў некалькі эканамічных спецыяльнасцей, але на момант правалу плану з паступленнем за мяжу я вырашыў на пэўны час адкласці паступленне ва ўніверсітэт і дачакацца канкрэтыкі наконт эпідэміі. Таму, калі ў мяне з'явілася магчымасць зноў працаўладкавацца, я вырашыў скарыстацца гэтым шанцам і перачакаць эпідэмію ў больш стабільным фінансавым становішчы.

Пратэсты-2020: пачатак

Напружанне ў грамадстве і незадаволенасць уладамі адчувалася задоўга да выбараў, але кульмінацыяй народнай незадаволенасці сталі фальсіфікацыі падчас выбарчай кампаніі 2020 г. Як вядома, найбольш папулярныя апазіцыйныя палітыкі былі затрыманыя напярэдадні рэгістрацыі кандыдатаў альбо ўвогуле не былі зарэгістраваныя па сумнеўных прычынах. На такія дзеянні ўлады па ліквідацыі папулярных апазіцыйных палітыкаў, а таксама на бяздзеянне дзяржавы ў пытанні эфектыўнай барацьбы з эпідэміяй у грамадстве выспела вострая рэакцыя, і з надыходам лета пачаліся першыя пратэсты. Людзі выходзілі на стыхійныя акцыі ды выстройваліся ўздоўж галоўных вуліц сваіх гарадоў у ланцугі салідарнасці з затрыманымі палітыкамі.

Першы раз я сутыкнуўся з сучаснай праваахоўнай сістэмай Беларусі, калі ў ліпені ў Мінску затрымалі майго сваяка. Калі не паглыбляцца, то ён вяртаўся з прагулкі недалёка ад месца, дзе праходзіла мірная акцыя, і выпадкова патрапіў пад „хапун“. Тады яго ноч пратрымалі ў РУУС і на наступны дзень асудзілі па папулярным артыкуле 23.34 ды далі штраф. Азіраючыся на падзеі тых дзён, магу сказаць, што гэты вырак быў гуманным, бо пачынаючы са дня выбараў і далей паводзіны „сілавікоў“ і стаўленне дзяржаўнага апарату да незадаволеных грамадзян стала значна больш жорсткім.

Дзень выбараў і затрыманне

Самай драматычнай падзеяй для мяне ў 2020 годзе стала маё затрыманне ў Мінску ўначы з 9 на 10 жніўня падчас вяртання дадому з мірнай акцыі. Усё пачалося з таго, што ўвечары 9-га я вырашыў схадзіць на свой участак для галасавання і даведацца пра вынікі выбараў. Абураны несапраўднымі, на мой погляд, вынікамі, я патэлефанаваў сябру і дамовіўся з ім прайсціся па праспекце Незалежнасці ды паглядзець, што адбываецца ў горадзе. Не ведаю, што кіравала мной у тую хвіліну — чалавечая цікаўнасць, неабыякавасць да будучыні сваёй краіны, пашана да свайго выбару ці, можа, адразу ўсё пералічанае, — але ногі самі панеслі мяне ў горад у тую ноч.

З сябрам мы спаткаліся на плошчы Перамогі і пайшлі па праспекце ў бок плошчы Якуба Коласа. У тую ноч эпіцэнтрам падзей было скрыжаванне вуліцы Багдановіча і праспекта Машэрава, дзе на супрацьлеглых канцах вуліцы стаялі міліцэйскія кардоны і пратэстоўцы. Людзей было няшмат, чалавек сто, але ў той момант здавалася, што іх было значна больш. Пратэстоўцы, да якіх мы далучыліся ў выніку нашай прагулкі, не парушалі парадку і не рабілі шкоды міліцыянтам. Ад самага пачатку пратэст быў выключна мірным. Сітуацыю ж пастаянна падагравалі міліцыянты, якія закідвалі натоўп святлошумавымі гранатамі і выскаквалі з заслону, каб затрымаць тую ці іншую асобу. Пакуль мы былі там, некалькі разоў мы былі вымушаны ўцякаць ад такіх нападаў, але пасля мы вярталіся на першапачатковае месца.

Праз некаторы час міліцыя змяніла тактыку і замест адзіночных затрыманняў пачала татальную зачыстку вуліц. На той момант нам пашанцавала. Міліцыянты прайшлі міма, пакуль мы хаваліся ў двары аднаго з дамоў па праспекце Машэрава. Як толькі небяспека мінула, мы вырушылі дадому.

Каб патрапіць дамоў да сябра, які жыў бліжэй, нам заставалася перайсці дарогу і зайсці ў прылеглы дворык. Аднак з-за стомленасці і перажытага стрэсу мы страцілі пільнасць і без засцярогі падышлі да пераходу. Праз момант да нас хутка пад'ехаў чырвоны аўтобус „Мінсктранса", з якога з крыкамі выскачылі амапаўцы. Апошняе, што я паспеў, — гэта паглядзець на гадзіннік: было 3 гадзіны ночы 10 жніўня.

РУУС і ізалятар

З аўтобуса выскачылі ўзброеныя аўтаматамі мужчыны, апранутыя ў чорную ўніформу. Адзін з іх груба паваліў мяне на асфальт, пагражаючы застрэліць, калі я не буду слухацца яго загадаў. Пасля ён схапіў мяне пад счэпленыя ззаду рукі і пацягнуў у аўтобус. Сябра прыцягнулі адразу пасля мяне. Памятаю, што ў дзвярах атрымаў некалькі ўдараў кулаком па галаве і, здаецца, адзін раз дубінкай, пасля чаго мне загадалі сесці на падлогу. Аўтобус пачаў рухацца.

Да РУУС мы даехалі прыкладна праз паўгадзіны. У аўтобусе ў нас сабралі тэлефоны. Пасля паасобку павялі да дзвярэй РУУС, дзе прымусілі стаць на калені і, трымаючы рукі за спінай, апусціць галаву на зямлю. Мне не пашанцавала: замест зямлі пада мною апынуўся жорсткі прыганкавы бетон. У такой пазіцыі, не ўздымаючы галавы, я прасядзеў прыкладна дзве гадзіны. Побач са мной знаходзілася яшчэ ад 40 да 50 чалавек, у тым ліку і дзяўчаты.

У РУУС мяне аформілі і загадалі чакаць у пакоі разам з іншымі затрыманымі. Я быў перакананы, што нас хутка адпусцяць, але мае спадзяванні не спраўдзіліся. Пасля свайго абеду супрацоўнікі РУУС сабралі нас у калідоры і паведамілі, што мы едзем у ізалятар, дзе ўжо будуць вырашаць наш далейшы лёс.

У ізалятары нас сустрэлі жорстка. Спачатку прымусілі бегчы па калідорах, уздоўж якіх стаялі супрацоўнікі ўнутраных войскаў і білі затрыманых. Пасля мы апынуліся ў шырокім калідоры жылога блоку, дзе знаходзіліся камеры. Нас паасобку выклікалі на агляд, дзе распраналі і забіралі рэчы, якімі мы маглі нанесці шкоду сабе ці іншым. Пасля чаго нас усіх размеркавалі ў групы па восем чалавек і пачалі заводзіць у камеры. Я апынуўся ў камеры на восем асоб, але разам з новапрыбылымі ў камеры стала 24 чалавекі. Умовы былі жорсткімі: паветра катастрафічна не хапала, па сценах струменілася скандэнсаваная ад дыхання вада, месца на „нарах" не хапала нават каб сесці. Да таго ж мой сябар патрапіў у іншую камеру, таму на наступныя некалькі дзён я цалкам страціў з ім сувязь. На шчасце, ноччу ад нас адсялілі 12 чалавек. Такім чынам, засталося нас дванаццаць, і гэтак мы пражылі некалькі наступных дзён, ізаляваныя ад знешняга свету.

Познім вечарам 13 жніўня раптоўна адчыніліся дзверы нашай камеры і супрацоўнікі паклікалі аднаго з нашых сукамернікаў на калідор. Потым ад нас на выхад паклікалі яшчэ некалькі асоб. За дзвярыма паступова пачаў нарастаць гоман. Потым усе галасы сціхлі, быццам бы хтосьці важны звярнуў на сябе ўвагу. Гэта было сапраўды так: на калідоры нізкім голасам мужчына, хутчэй за ўсё дзяжурны афіцэр, пачаў даводзіць інструкцыі да сабраных затрыманых пра тое, як паводзіць сябе па вызваленні. Па заканчэнні прамовы па бетоннай падлозе зашоршалі падэшвы, і праз некалькі хвілін на калідоры зноў запанавала цішыня. Аднак ужо праз 10-20 хвілін супрацоўнікі зноў пачалі выклікаць людзей з камер. У гэты раз выклікалі і мяне. Некаторы час я разам з іншымі пачакаў на калідоры, пасля чаго мяне паклікалі за ўласнымі рэчамі, а потым завялі ў кабінет да асобы, якую мне падалі як мясцовага пракурора, на падпісанне папер. Размова з гэтай асобай у нас атрымалася кароткай. Усё, што ён сказаў: „Яшчэ раз убачу — заб'ю". Не ведаю, ці гэта была фігура маўлення, ці ён сапраўды мне пагражаў, але я ўспрыняў гэтую кароткую фразу вельмі сур'ёзна. Я моўчкі падпісаў абавязацельства з'явіцца ў суд і выйшаў на калідор, дзе зноў стаў у шэрагі тых, хто чакаў вызвалення. Сярод апошніх я заўважыў свайго сябра. Гэта мяне заспакоіла. Яшчэ праз некалькі хвілін нас згрупавалі ў калоны, і мы пайшлі на выхад.

Я не чакаў, што мяне будуць сустракаць, бо я знік без папярэджання. Аднак я памыліўся: адразу за брамай установы сабраўся натоўп прыкладна ў 600-700 чалавек. Наперадзе былі журналісты, якія рынуліся да нас з пытаннямі і просьбамі даць каментарый. Я ветліва адмовіўся. Далей стаялі бацькі і паказвалі фотаздымкі сваіх затрыманых дзяцей. Я намагаўся ўглядзецца ў кожны твар на гэтых здымках, але нікога на іх не пазнаў. Раптам нехта ў натоўпе паклікаў мяне: „Мы тут!" Гэта быў мой бацька, які стаяў крыху ззаду разам са сваёй жонкай і маімі сябрамі. Праз некалькі секунд я моцна абдымаў сваіх блізкіх. Менавіта гэты момант стаў маім трыумфам свабоды. Пасля я хутка развітаўся з сябрам, якога таксама сустракалі, і жвава сеў у машыну.

Пакуль мы ехалі дадому, бацька і сябры распавядалі пра падзеі, якія адбываліся ў краіне пачынаючы з 9 жніўня. У тыя моманты ў галаве круцілася адзіная думка: „Як мы будзем жыць далей?"

Сучаснасць

Калі я вярнуўся дадому, мой псіхалагічны стан стаў паступова пагаршацца. У гэты перыяд — сярэдзіна жніўня — пратэст яшчэ толькі разгараўся, і адначасова з гэтым узрастаў узровень гвалту з боку дзяржавы. На мой псіхаэмацыянальны стан таксама дрэнна паўплывалі ўбачаныя відэа з разгонаў 9–13 жніўня. Я быў шакіраваны, і мяне паступова пачаў захлынаць страх за сваю бяспеку. Тут жа дадам, што суд па маёй справе тэарэтычна мог пачацца ў любы дзень. Мой жа вырак, на маю думку, мог стаць помстай дзяржавы, у тым ліку за ўвесь той народны супраціў, які быў на вуліцах беларускіх гарадоў у той час. Я ўвогуле не разлічваў на міласэрнасць ці „дараванне" і таму не выключаў, што, застаючыся дома, я рызыкую зноў апынуцца за кратамі. Я пачаў сур'ёзна задумвацца пра эміграцыю.

Аднойчы напрыканцы жніўня мне патэлефанаваў сябар, з якім нас разам затрымалі, і сказаў, што хоча развітацца, бо з'язджае ў Польшчу. Мы сустрэліся, і ён расказаў пра сваю стратэгію і далейшыя планы. Праз некалькі дзён ён выехаў да Польшчы. Я вырашыў таксама ехаць у Польшчу і ўжо там вызначыцца з далейшымі планамі. Я заўсёды доўга абдумваю і намагаюся прадугледзець магчымыя наступствы ад сваіх учынкаў, але ў той раз мяне падганяла пачуццё трывогі і небяспекі, таму, хутка абмеркаваўшы дэталі і развітаўшыся з сям'ёй, я выехаў з краіны.

Зараз я знаходжуся ў Польшчы. Тут я жыву ўжо амаль тры з паловай гады. За гэты час я паспеў пажыць як у малых вёсках, так і ў прыгожых польскіх гарадах. Зараз я жыву разам са сваёй дзяўчынай ды працую на добрай пасадзе ў IT-фірме. Таксама нядаўна я вывучыўся на магістра па спецыяльнасці ў сферы кіравання якасцю, чым ажыццявіў сваю даўнюю мару аб другой вышэйшай адукацыі. На жаль, з 2020 года я не бачыўся ні з кім са сваёй сям'і, акрамя мамы. Увесь гэты час я таксама не быў у Беларусі. І хаця жыццё на чужыне зусім не простае, тут я адчуваю сябе спакойна і стабільна ды магу нармальна працаваць і планаваць будучыню. Зразумела, я вельмі сумую па доме, але да пэўных змен я, на жаль, не магу туды вярнуцца.

Матывацыя, высноўкі і будучыня

Даволі часта знаёмыя пытаюць, якой была мая асабістая матывацыя да ўдзелу ў падзеях 2020 года. Як я ўжо ўспамінаў раней, у самы адказны момант мной кіравала не столькі мая грамадзянская пазіцыя, колькі зацікаўленасць маладога чалавека да падзей вокал сябе, пачуццё неабыякавасці да свайго жыцця, да свайго выбару і свету навокал. Да таго ж я лічу, што калі ты дазваляеш іншым хлусіць табе ў вочы, то ты не паважаеш самога сябе.

Зразумела, акрамя маіх уласных абставін, былі і іншыя, больш сур'ёзныя прычыны быць у эпіцэнтры падзей таго жніўня. Здавалася, што нязломны дух беларускага народа, які да таго моманту быў у няволі ўжо не адно стагоддзе, быццам бы зайграў па-новаму і згуртаваў нас у непераможную сілу. Я, шчыра кажучы, ніколі не бачыў беларусаў настолькі пераканаными і аб'яднанымі ў сваім душэўным імкненні да свабоды, як у гэтыя дні, што натхняла мяне і многіх людзей навокал прымаць тыя ці іншыя рашэнні. На жаль, у тыя дні нам не ўдалося дасягнуць нашых мэтаў у імкненні да справядлівай Беларусі, але я перакананы, што наша будучыня непрадказальная і цікавая. Нягледзячы на тое што адкрыты пратэст даўно скончаны, мы пабачылі адно аднаго ў новым святле і зразумелі, што мы здольныя на ўчынкі і перамогі.

Зараз шмат беларусаў знаходзіцца за мяжой. Хтосьці мірна вучыцца альбо працуе і падтрымлівае актыўнасці дыяспары на месцах, хтосьці актыўна прасоўвае нашу культуру і нашыя каштоўнасці, а хтосьці зараз працуе над будучыняй нашай краіны і дамаўляецца пра падтрымку беларусаў як за мяжой, так і ў Беларусі. Але, нягледзячы на розныя „заданні", галоўнае, што мы робім сумесную справу, баронім сваю самаідэнтычнасць, застаёмся беларусамі адно для аднаго. Калі нехта спытае, што нам рабіць у гэтыя змрочныя часы, то, па-першае, адкажу паэтычна: „Людзьмі звацца", а па-другое, параю ўступаць у мясцовыя беларускія дыяспары і задзіночанні, пералічваць грошы на адкрыццё беларускіх школ і выданне беларускай літаратуры, праводзіць мірныя маршы і канцэрты ў падтрымку нашых землякоў, ствараць беларускае мастацтва і зберагаць сябе і сваіх блізкіх. На маю думку, гэта ўсё рэальна набліжае нас да Беларусі, дзе будуць мір і справядлівасць, дзе будзе роўнасць і шчырасць, дзе дыктатура ўсё ж такі будзе трактавацца як злачынства, а не як брэнд.

Калі падвесці рысу пад маёй гісторыяй, то хачу сказаць, што адзінства і падтрымка сёння нашыя самыя надзейныя саюзнікі. Няважна, студэнт ты ці выкладчык, айцішнік ці медык, рабочы ці мастак. Узаемная падтрымка можа змяніць ход гісторыі. Увесь мой шлях мяне падтрымлівала мая сям'я і сябры, давалі дапамогу калегі і розныя фонды, дапамагалі неабыякавыя беларусы як у Польшчы, так, нават, і з-за акіяна. І гэта толькі мой асобна ўзяты прыклад, таму можна ўявіць, наколькі насамрэч вялікая і шчыльная наша супольнасць па ўсім свеце. Падзеі 2020 года відавочна змянілі маё жыццё. Я стаў больш міласэрным, больш добразычлівым да людзей, але самае галоўнае, што я адчуў сябе яшчэ больш беларусам. І гэтае пачуццё і выгадаваную за гады выпрабаванняў самаідэнтыфікацыю я планую зберагчы і перадаць нашчадкам.

Варшава, чэрвень 2023
essaycontact2023@gmail.com

(НЕ) МАРЫ БЕЛАРУСКАГА СТУДЭНЦТВА

Каця

Мяне завуць Каця, у 2021 годзе я скончыла ўніверсітэт. Я нарадзілася ў Мінску і ў Мінску вучылася. Нягледзячы на магчымасць з'ехаць на вучобу за межы Беларусі і вельмі добрую базу ведаў, якую мне даў ліцэй, я вырашыла ісці далей, навучацца разам са школьнымі сяброўкамі і сябрамі і выціснуць максімум з беларускай вышэйшай адукацыі.

Успаміны пра ўніверсітэт

Абсурднасць той сітуацыі, якая склалася ў апошні год майго навучання ва ўніверсітэце, цяжка перадаць словамі. Анлайн-навучанне, забастоўкі ў анлайн-чатах разам з выкладчыкамі, „справа студэнтаў", абходныя лісты і адлічэнні — напэўна, гэтыя словазлучэнні лепш за ўсё могуць апісаць падзеі таго перыяду. Спачатку намі апанаваў дух свабоды, неабмежаваных магчымасцей, сапраўднага студэнцтва і самаарганізацыі, але потым усё змянілася на прыгнечанасць і жах. Нават тыя, хто пратэставаў, пачалі рабіць выгляд, што нічога не здарылася.

Я абрала для вучобы гуманітарны факультэт. Абрала менавіта яго, таму што заўсёды цікавілася сацыяльнымі навукамі, а тут яшчэ была магчымасць зрабіць упор на статыстыцы маркетынгу. Ну а калі казаць шчыра, мая найлепшая сяброўка ўжо падала туды дакументы. Я мала што памятаю са студэнцкіх гадоў, але некалькі момантаў усплываюць у памяці першымі, калі я думаю пра ўніверсітэт.

Па-першае, было вельмі нудна. Гэта асабліва адчувалася пасля навучання ў ліцэі. І калі зараз ліцэй, як і ўсё ўстановы адукацыі, трапіў пад рэпрэсіі, тады ён быў адным з найлепшых навучальных устаноў. Мне здаецца, што да трэцяга курса я ўвогуле не атрымлівала новыя веды, хіба што па асобных прадметах. Скажу шчыра, цікавасць да навучання ва ўніверы вельмі хутка знікла. Але з першага курса я знайшла сябе ў актывізме. Але пра гэта пазней.

Па-другое, беларускіх студэнтаў і студэнтак было вельмі складана матываваць удзельнічаць у чымсьці палітычна-філасофскім, прабеларускім, а песні ці сцэнкі з занадта філасофскім сэнсам на мерапрыемствах заварочвалі і не прымалі. Сістэма моцна прыгнятала такія ініцыятывы. Мае праекты ў студэнцкім актывізме сталі сапраўдным змаганнем з сістэмай. З другога курса я кіравала творчай студэнцкай ініцыятывай. Мы ладзілі Дні роднай мовы і адукацыйныя імпрэзы, і такія івэнты сталі навінкай для ўсіх. У той час іншыя лаяльныя стударганізацыі рабілі капуснікі, конкурсы „Містары і міс факультэтаў" — карацей, забаўкі. І ў выніку нам заставалася толькі марыць пра тую колькасць людзей, якая збіралася на „вясёлых імпрэзах", таму што кожны наш івэнт даваўся з боем, праз размову з дэканам, узгадненнем кожнага госця. Затое на нашых імпрэзах заўсёды прысутнічала адміністрацыя — назірала. На Дзень роднай мовы, напрыклад, мы запрасілі беларускага музыку з акустычным канцэртам. Нягледзячы на актыўную рэкламу і распаўсюд анонсаў, людзі так і не сабраліся. Прыйшлося прасіць выкладчыка адмяніць вечаровую пару, а аднакурснікаў — прыйсці на акустычны канцэрт і стварыць натоўп. Трэба адзначыць, што перад тым Днём роднай мовы нам пагражаў дэкан. Мы не ўзгаднілі з ім запрошанага госця, таму рабілі гэты івэнт „пад асабістую адказнасць". На наступны год мы не здаліся і зноў зрабілі Дзень роднай мовы. У выніку людзей сабралася больш, людзям станавілася цікавей, а мы станавіліся мацнейшымі ў прасоўванні і змаганні.

Ну і па-трэцяе, тое, што я даволі яскрава згадваю са студэнцкіх гадоў яшчэ да 2020 года, — гэта цэнзура і палітычная ангажаванаць адміністрацыі факультэта пры поўнай палітычнай абыякавасці аднакурснікаў. Вось некалькі прыкладаў.

Намесніца дэкана запрашала нас з сяброўкай на гарбату і пры гэтым казала, што мы робім правільныя рэчы і што яна нас ва ўсім падтрымлівае. Але ўжо ў 2020 годзе яна выступала сведкай з боку абвінавачання на судзе над маёй сяброўкай па справе студэнтаў.

На Днях роднай мовы адміністрацыя падыходзіла да нашых стэндаў з падарункамі і правярала, ці ёсць беларуская сімволіка. Некаторыя налепкі, значкі прасілі прыбраць.

Нас выклікалі безліч разоў на размовы да дэкана — праз спісы гасцей на нашы адукацыйныя мерапрыемствы і канцэрты. Патрабавалі кагосьці не запрашаць, пагражалі.

Агучваць у нашым універсітэце прабеларускі змест было даволі складана і вельмі няўдзячна. Мы рабілі выступленні з філасофскім падтэкстам, і яны ніколі не выходзілі ў фіналы конкурсаў. Але бывалі і прыемныя моманты. На занятках заставалася магчымасць распавядаць пра сацыяльныя праекты, а таксама праводзіць нацыянальныя мерапрыемствы. Трэба адзначыць, што была хоць нейкая ўмоўная свабода. З 2020 года такая магчымасць знікла.

Планы на будучыню і актыўнасць да 2020 года

Калі я паступала ва ўніверсітэт, я планавала ў далейшым працаваць у маркетынгу ці PR-менеджменце. Мне было цікава вывучаць эканоміку, псіхалогію, метадалогію. Я хадзіла на стажыроўкі ў камунікацыйныя і піяр-кампаніі, шукала сябе ў бізнесе. Я валанцёрыла паўсюль, дзе было магчыма. Лічыла сваёй мэтай наладзіць як мага больш карысных кантактаў. Сама не ведаю навошта, але лічыла гэта вельмі важным.

Спачатку мой грамадзянскі актывізм быў адным з варыянтаў занятасці ў вольны час. Я валанцёрыла на „Жывых Бібліятэках“, разносіла крэслы, рэгістравала гасцей. Так выпадкова я сустрэла шчырых, адкрытых людзей з вельмі моцнымі прынцыпамі і каштоўнасцямі. Даведалася пра новае, вучылася размаўляць з рознымі людзьмі з рознымі патрэбамі. Праз гэтыя кантакты каштоўнасці недыскрымінацыі, талерантнасці сталі маімі жыццёвымі. Я ўбачыла, што актывізм можа стаць стылем і справай жыцця. Адзін ці два разы на тыдзень я бегла пасля заняткаў на планёркі каманды некамерцыйнай арганізацыі, у якую ўладкавалася. Гэтыя сустрэчы сталі для мяне важнейшымі за лекцыі. Паралельна я шукала сябе ў камерцыйнай сферы, скончыла курсы майстра па манікюры. Я была звычайнай студэнткай, якая шукала сябе.

Зараз разумею, што маё жыццё змяніла летняя Беларуская праваабарончая школа, якую скончыла паміж другім і трэцім курсамі. Я пазнаёмілася з правамі чалавека, і гэты канцэпт стаў для мяне сэнсаўтваральным. Мне хацелася крычаць пра правы чалавека! Здавалася, што гэтыя веды могуць змяніць усё. Я ўжо не разумела, як можна ісці працаваць у рэкламу ці маркетынг. Самай галоўнай думкай, якая была ў мяне ў галаве ў 2020 годзе, было пытанне: „Як можна зараз прыдумваць, як прадаваць смятану, калі на вуліцах краіны адбываецца такое з правамі чалавека?" Гэтая праваабарончая школа вызначыла мой лёс і накіравала яго ў праваабарончы бок, чым я зараз і займаюся.

Пра 2020 год

У першай палове 2020 года, калі пачалася першая „трасяніна", я адразу пайшла валанцёрыць у праваабарончую арганізацыю, дзе дапамагала людзям, чыі правы парушылі. Вучыцца ўсяму давялося хутка. Ужо ў сярэдзіне жніўня здзівілася, што пачала добра арыентавацца ў адміністрацыйным і крымінальным праве. Мой дзядуля, напэўна, быў бы вельмі рады (калі б я не трымала ў сакрэце, чым займаюся), бо ён заўсёды марыў бачыць мяне юрысткай. Я магла адказваць на званкі з дзевяці раніцы да дзевяці вечара. Слухала гісторыі пра гвалт, пра страты, пра боль...

Немагчыма было паверыць, што менш чым праз месяц я зноў апынуся на студэнцкай лаўцы, што, нягледзячы на ўзровень рэпрэсій у краіне, адукацыйны год пачнецца як быццам нічога і не здарылася. Зразумела, навучанне ў беларускім універсітэце ніколі не нагадвала мне маю мару. Пачынаючы з няўтульных месцаў у аўдыторыі, зробленых пад казачнага Пінокіа (дзве дошкі: адна пад сядзенне, другая пад парту), завяршаючы

адукацыйнымі планамі і праграмамі. Усё як быццам было ство-
рана пад патрэбы аўтарытарнай сістэмы.

Толькі ў 2020 годзе я змагла адчуць сапраўдны дух студэнцтва. Калі прааналізаваць акцыі і дзеянні студэнтаў у 2020 годзе,
то можна вылучыць наступныя.

1. Страйкі

Вядома, яны выглядалі крыху спецыфічна, таму што бела-
рускаму студэнту не было адкуль узяць такі досвед. Таксама на-
клаўся фактар анлайн-навучання. Гэты навучальны год збольша-
шага праходзіў у анлайн, быццам праз COVID. Не магу казаць,
што я ў гэта веру. У Беларусі ў той момант COVID існаваў толькі
тады, калі гэта было зручна дыктатуры. Мы адразу здагадаліся,
што анлайн робіцца для таго, каб мы не збіраліся пратэставаць.
Нашы забастоўкі выглядалі як агучаная адмова ад удзелу ў занятках. На пачатку пары мы пісалі ў чат з выкладчыкам, што
не згодны з тым, што адбываецца ў краіне, не бачым зараз рэа-
лістычным працягваць навучанне, як раней, і адмаўляемся ад
удзелу ў адукацыйным працэсе.

Зараз я разумею, што гэта хутчэй рабілася для нашага сумлення, чым для набліжэння сістэмных змен. Сістэмныя змены
маглі б наступіць, калі б уся група, а лепей — факультэт і ўніверсітэт цалкам адмаўляліся ад заняткаў. На самай справе, ужо
спачатку ад заняткаў адмаўлялася толькі 5-7 чалавек, а потым
усё меней і меней. Здаецца, праз 2-3 месяца мы прыпынілі такую дзейнасць, таму што гэта не ўплывала ні на іншых людзей,
ні на выкладчыкаў, ні на заняткі. Калі вам цікава, як рэагавалі
выкладчыкі, то мой адказ — ніяк.

2. Маршы

Гэта мой самы добры ўспамін з пратэснага студэнцтва, таму
што першы ўсеагульны студэнцкі марш быў сапраўды моцны.
Мне было прыемна як ніколі ісці поруч з іншымі людзьмі. Я адчувала адзінства і нашу моц. Звычайна я не адчувала свой студэнцкі статус, мне было складана асацыіраваць сябе з універсітэтам
(магчыма, праз розніцу поглядаў, праз непапулярнасць сярод
студэнтаў нашых івэнтаў). На першым агульным студэнцкім
маршы я як ніколі яскрава адчула, што належу да гэтай групы
людзей. Я смяялася і крычала разнастайныя студэнцкія лозунгі

і глядзела на іншых людзей як на старых знаёмых. Вельмі шкада і балюча, што гэты марш, як і шмат якія іншыя, скончыўся гвалтам з боку міліцыі, затрыманнямі, штрафамі і арыштамі. Больш такая падзея не паўтарылася па прычыне рэпрэсій. Праз нейкі час студэнтаў пачалі запужваць, выносіць папярэджанні, адлічваць.

Быць студэнтам — даволі прэстыжна сярод беларусаў, у тым ліку ў беларускай моладзі. У нас яшчэ не прынята адразу кідаць універ, калі табе не падабаецца абраная спецыяльнасць. На вышэйшай адукацыі настойваюць бацькі, якім цяжка пярэчыць. Можна казаць, што беларускі студэнт быў непалітызаваны. Хутчэй за ўсё, гэтыя і іншыя фактары паўплывалі, сярод іншага, на прыпыненне вялікіх акцый і буйных пратэстаў. Але той шлях барацьбы, які заўсёды быў, ёсць і будзе ў беларусаў, — гэта партызанская дзейнасць.

3. Партызанская барацьба

Я не магу казаць шмат пра партызанскія дзеянні, таму што не брала ў іх удзел, але, на мой погляд, гэта цікавы момант барацьбы нашых студэнтаў. Студэнцкія ініцыятывы і арганізацыі актыўна прыдумлялі ўсё новыя і новыя спосабы прыцягнуць увагу да рэпрэсій, да фальсіфікацыі выбараў, да становішча беларускага студэнцтва. Я думаю, што без іх актыўнага ўдзелу сітуацыя з адлічанымі і рэпрэсіраванымі студэнтамі была б нашмат горшай.

4. Мітынгі і акцыі

Я прымала ўдзел у некалькіх вялікіх акцыях каля прыступкаў галоўнага ўваходу ва ўніверсітэт. Менавіта ў дзень акцый раптоўна распачынаўся рамонт каля рэктарата і нікога з адміністрацыі мы не маглі дачакацца. Але мы спявалі песні, абдымаліся, трымалі плакаты з палітычнымі заклікамі. Мы чакалі справядлівасці, мы яе жадалі.

Даволі шмат мітынгаў было на прыступках будынка майго факультэта. Звычайна там было пяць чалавек, але час ад часу збіраліся дзясяткі. На такіх акцыях нам пагражала адміністрацыя, а нават калі не пагражала — стаяла збоку і пільна назірала. На нас выклікалі міліцыю, што змушала хутка разыходзіцца. Да нас падыходзілі дзяжурныя ахоўнікі і лаяліся. Нас здымалі на камеру „ціхары“. Але я была рада, што першыя месяцы нас гэта не спыняла. Мы стаялі, мы выказваліся, мы патрабавалі перамен.

За ўдзел у адным з такіх мітынгаў я атрымала позву ў пракуратуру, якую мне перадала метадыстка дэканата. Гэты факт таксама варты таго, каб яго запомніць, бо супрацоўнікі ўніверсітэта сталі выконваць функцыю паштальёнаў, памочнікаў пракурораў, міліцыі, ваенкамаў і гэтак далей. Я не ведала дакладна, за што мяне выклікаюць у пракуратуру, таму што ў позве нічога не пазначалася. Я вельмі хвалявалася, думала, што там мяне забяруць на пяць год у калонію. Аказалася, што гэта было звычайнае папярэджанне пра тое, што ўдзел у недазволеных масавых сходах незаконны і пагражае адміністрацыйнай справай. Праз тое, што я ўжо займалася праваабарончай справай і добра разбіралася ў міжнародных стандартах рэгулявання мірных сходаў, я з задавальненнем абскардзіла гэтае папярэджанне.

5. Выхад з абавязковых (чытаць — прымусовых) студэнцкіх аб'яднанняў

Сапраўды, у 2020 годзе была хваля выхаду з прафсаюза і Беларускага рэспубліканскага саюза моладзі (БРСМ). Калі прафсаюз я яшчэ магла зразумець, то БРСМ заўсёды быў „ГОНГО“ і напружваў ва ўніверсітэце незалежныя моладзевыя аб'яднанні і саветы. Калі мы з сяброўкай прыйшлі з заявамі на выхад з гэтых арганізацый, памятаю, як на нас накрычалі. Нам у твар выказалі абвінавачанні ў тым, што нам прамылі мазгі, што мы робім нешта па ўказцы незразумелых людзей. Нас спрабавалі ўпэўніць, што гэтыя арганізацыі заўсёды за студэнтаў і нясуць толькі дабро. Карацей, ніякай свабодай дзеянняў і не пахла.

Я памятаю гэты час як перыяд салідарнасці, нават з боку тых, ад каго нічога не чакаў. Тады стала зразумела, хто ёсць хто, — праз дзеянне ці бяздзеянне. Кожны абраў свой бок.

Далей ёсць два перыяды, якія павярнулі мяне ад студэнцкага руху да праваабарончага. Па-першае, гэта 12 лістапада — „чорны чацвер“. Пачатак „справы студэнтаў“ — у той дзень затрымалі 12 чалавек, асуджаных на тэрміны ад двух да двух з паловай гадоў у ліпені 2021 года. Сярод гэтых людзей была і мая найлепшая сяброўка. Далей я памятаю бясконцыя суды, перадачкі, сустрэчы ў судах з выкладчыкамі (на жаль, часцей з боку абвінавачання). Ужо тады, пасля лістапада, было складана заахвоціць аднакурснікаў нават проста прыйсці на судовае адкрытае пасяджэнне, каб паказаць салідарнасць і падтрымку. Гэта быў момант фінальнага расчаравання і прыняцця рэчаіснасці. Другім вызначальным момантам, які перавярнуў мой светапогляд, сталі ператрусы 16 снежня ў праваабаронцаў.

Апошнія месяцы навучання на чацвёртым курсе я памятаю вельмі дрэнна, нават час ад часу забываюся, ці былі яны ўвогуле. Я не магу згадаць, якія былі прадметы, хадзілі мы на пары ці навучаліся анлайн. Нават экзаменацыйная сесія прабегла недзе міма. Да апошняга моманту я не хацела пісаць дыплом. Думала, навошта гэта мне? Хацела нават кінуць навучанне. І ўсё ж такі для мяне было складана сысці ў нікуды. Я закрыла ўсе „хвасты" і абаранілася. Вырашыла, што няхай дыплом будзе. Я ўжо цалкам да таго моманту сышла ў актывізм і праваабарончую дзейнасць. На працягу амаль усяго чацвёртага курса мая сяброўка сядзела спачатку ў СІЗА, а потым каля двух гадоў у жаночай калоніі. Час ад часу яе імя гучала ад настаўнікаў, калі яны правяралі прысутнасць на парах, на што я грубым тонам адказвала, што яна сядзіць у турме. Мяне злавала гэта адхіленасць ад рэальнасці. Я не разумела і, напэўна, ніколі не змагу зразумець, як працуе сумленне і свядомасць абыякавых людзей. Смутна памятаю, што другая палова навучальнага 2020—2021 года была не такой яскравай. Справа студэнтаў, адлічэнні, арышты і штрафы пужалі людзей (і я іх добра разумею), таму ў актыўных публічных дзеяннях быў заняпад, пачалася эміграцыя. У маёй душы пасялілася адзінота і адчуванне бессэнсоўнасці адукацыйнага працэсу.

Апошнія крокі ў барацьбе з сістэмай я зрабіла ў канцы навучальнага года перад атрыманнем дыплома. Тады я адмовілася запаўняць абходны ліст, нават вельмі доўга за ім не прыходзіла. Абходны ліст — гэта такая паперка, у якой ты павінен атрымаць подпісы з бібліятэкі, прафсаюза і БРСМ аб тым, што не маеш запазычанасці. Па беларускім заканадаўстве запаўненне абходнага ліста не павінна ўплываць на атрыманне дыплома. А на практыцы мяне нават не запрасілі на выпускны і сказалі, што там маё прозвішча не будуць агучваць. Я з вялікім сумам глядзела на фоткі з выпускнога — не таму, што хацела там прысутнічаць.

Мне хацелася, каб спыніліся рэпрэсіі. Зараз я разумею, што нават падчас вайны ідуць балі, і, можа, яны павінны быць, але тады мне было прыкра.

Адмова ад запаўнення абходнага ліста была маёй апошняй магчымасцю студэнцкага пратэсту і выказвання нязгоды ў сценах універсітэта. У чэрвені і ліпені 2021 года я з дапамогай юрыста намагалася забраць свой дыплом без абходнага ліста, друкавала вытрымкі з заканадаўства, хадзіла да метадыстаў і дэкана. Апошняй кропляй сталі словы дэкана, каб я „не прыкрывалася законам". Я была вельмі ўражана, таму што не была гатовая да такіх слоў — што закон будуць лічыць „прыкрыццём", а не зводам норм і правілаў, якія трэба выконваць.

Скажу шчыра: на той момант я здалася. Маю сяброўку судзяць, дэкан просіць не прыкрывацца законам, усе аднакурснікі ўжо атрымалі дыпломы і забыліся пра ўнівер. Я здалася і засынала 13 ліпеня з думкай, што на наступны дзень запоўню абходны ліст. Але раніцай 14 ліпеня да мяне прыйшлі з ператрусам.

Беларускі ўніверсітэт зусім не нагадвае мару студэнта. Няма магчымасці абіраць прадметы, адміністрацыя цэнзуруе любыя дзеянні, студэнцкія аб'яднанні з'яўляюцца прымусовымі. Калі ты беларускі студэнт, ты можаш быць адлічаны за меркаванне, арыштаваным за палітычную актыўнасць. Падзеі 2020 года для беларускага ўніверсітэта былі вельмі пазітыўным шокам. Я думаю, што мы змаглі шмат каго напужаць, паказаць сваю моц. Беларуская гісторыя ведае не вельмі шмат палітычных, адкрытых салідарных дзеянняў на ўзроўні ўніверсітэтаў, таму такі досвед дакладна стаў каштоўным для ўсіх, хто далучыўся. Каштоўным, хаця ў шмат якіх выпадках і вельмі сумным. На дадзены момант я жыву ў Еўропе і камунікую з людзьмі, якія тут жывуць. Гэтыя людзі добра ведаюць, што такое правы чалавека на практыцы і магчымасць дэмакратычных змен. І я думаю, што тыя веды і той досвед, які мы атрымалі ў 2020, дакладна даюць стымул цаніць самыя базавыя правы і свабоды. Гэтыя веды не даюцца проста так.

На дадзены момант я мару працягваць адукацыю. Калі ў мяне атрымаецца забраць свой дыплом, то пайду ў магістратуру. Я хачу зрабіць гэта, каб, акрамя атрымання ведаў, паглядзець на тое, якім можа быць свабодны ўніверсітэт. Час ад часу мне вельмі сумна, што ў мяне не было студэнцтва, як яго паказваюць у амерыканскіх фільмах (не тых, што пра пратэсты). Мне хацелася б паспрабаваць адчуць, як выглядае бесклапотная маладосць, калі ты не павінен увесь час змагацца з бяздушнай рэпрэсіўнай сістэмай. Я вельмі спадзяюся, што гэта яшчэ здарыцца, таму што я выразна бачу будучыню Беларусі як вольнай, дэмакратычнай, прававой і нашай краіны. Нам патрэбна быць гатовымі да такой краіны — ведаць асновы правоў чалавека, умець імі карыстацца і іх патрабаваць, разумець і адчуваць свабоду. Трэба стварыць яе ўнутры сябе, таму што потым, калі рэжым зменіцца, гэтыя веды і пачуцці не прыйдуць самі сабой. Каб прынесці новыя практыкі ў краіну, іх трэба назапашваць, іх трэба вывучаць, выбіраць для сябе лепшыя. Я апынулася ў эміграцыі і бачу менавіта такім сэнс свайго знаходжання не Дома.

Увесь час, які я прымала ўдзел у студэнцкіх салідарных дзеяннях, мяне падтрымлівала надзея на змены і разуменне, што па іншаму нельга. Гвалт, ціск, несправядлівасць нельга цярпець, нельга не заўважаць, нельга маўчаць — інакш гэта ніколі не спыніцца. Толькі праз гучнае выказванне сваёй незадаволенасці ці нягоды магчыма нешта зрабіць. У нас не атрымалася змяніць сістэму ў 2020 годзе, але я ведаю, што гэта вельмі моцна змяніла нас саміх, зрабіла нас больш моцнымі і ўпэўненымі ў тым, хто мы і чаго мы жадаем. І гэтыя змены стануць падмуркам для стварэння будучай Беларусі.

Горад N, студзень 2024

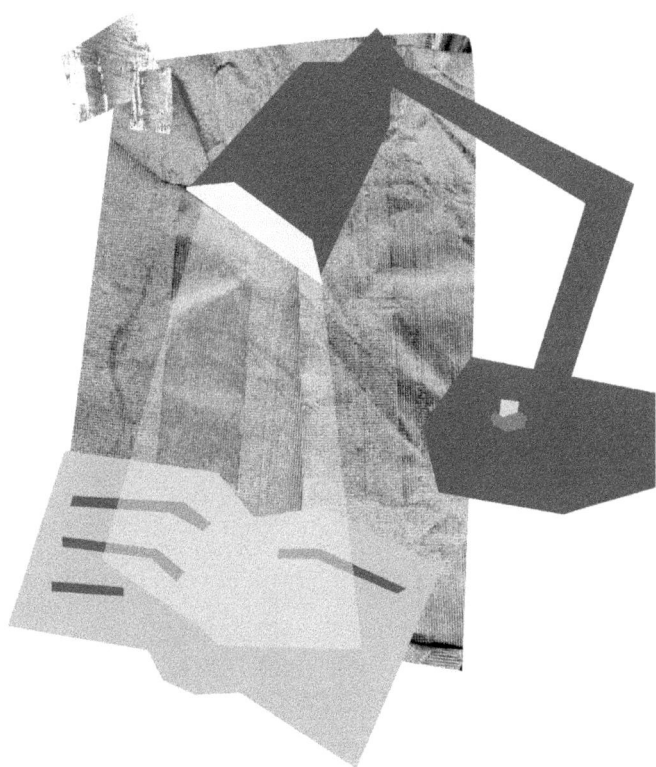

Я ОДНОЗНАЧНО НЕ СДАМСЯ

Анастасия

Меня зовут Анастасия. Мне 22 года. Я родилась в городе Могилеве. Закончила художественную школу. После школы поступила в областной лицей с углубленным изучением английского, истории и обществоведения. 11 класс заканчивала уже в лицее № 2 города Минска, в классе углубленного изучения языка и литературы.

Моя мама, бабушка и тетя в свое время учились на технических специальностях, поэтому я также решила попробовать себя в этой области, несмотря на увлечение творческими и гуманитарными сферами. Было интересно — справлюсь ли я с техническими науками. Именно по этой причине решила поступить в Беларусский национальный технический университет (БНТУ) на машиностроительный факультет, специальность — технологическое оборудование машиностроительного производства.

Проучиться успела лишь один полный курс, поэтому все нюансы специальности узнать не успела. Мы изучали материаловедение, инженерную графику, физику и высшую математику, а также общие предметы: историю, химию, английский, занимались физкультурой. На лабораторных работах по материаловедению я всегда добровольно вызывалась для участия в различных опытах. Этот предмет, несмотря на толстые тома теории, был интересным и увлекал динамичностью во время проведения практических занятий.

Учеба шла хорошо. В целом все давалось легко, пересдач не было. В группе я, единственная девушка, была старостой и активисткой. Вспоминая свою учебу в университете, хотелось бы отметить, что хватало и минусов. Нас обучали по старым программам, оборудование было очень старым. Мне запомнилась ситуация, когда на предмете «Введение в машиностроение» заведующий кафедрой показывал нам станки старых образцов, ни один из которых уже не использовался в Беларуси, а примера рабочего и функционирующего станка не было.

Саму систему обучения, когда студенты почти целый день сидят в аудитории, я также назвала бы устаревшей. Дистанционное обучение во время пандемии Covid-19 показало, что почти 50 % информации доступно для самостоятельного изучения.

Программа первого курса была достаточно общей. Также мой курс был вторым, который обучался по 4-летней программе (до этого на моей специальности учились пять лет). В начале учебного года нам заявили: «Мы в точности не знаем, кем вы будете по окончанию». В таких условиях было трудно искать мотивацию и строить какие-то конкретные планы.

Хотя, как я уже отметила, учеба шла без проблем, сильного интереса она у меня не вызвала, поэтому уже к концу первого курса я решила, что свяжу свою жизнь с чем-то более творческим.

Мое мнение — в беларуской системе образования не хватает современного подхода, прежде всего свободы как для студентов, так и для преподавателей.

Летом 2020 г. мне было всего 18 лет. На свою первую акцию протеста я вышла в июне, в день задержания кандидата в президенты Виктора Бабарико. После этого события я начала более активно интересоваться происходящим, читать независимые беларуские медиа, общаться со знакомыми на различные политические темы. Это, в свою очередь, помогло мне сформировать свое личное мнение по поводу событий в стране.

9 августа я с белой лентой на руке поехала в Могилев, чтобы принять участие в своих первых президентских выборах. На следующий день я вернулась в Минск, где стала свидетельницей событий возле станции метро «Пушкинская». После увиденного там я пришла домой уже «другим» человеком. До этого я видела лишь нарушения закона и, как я считаю, нечестные выборы, но

подобные зверства против мирных беларусов были выше моего
понимания. Мир в моих глазах просто перевернулся. С тех пор
я ежедневно выходила на женские цепи солидарности, воскресные марши, присоединилась к студенческому протестному дви-
жению.

Когда начался учебный год, я подумала: «Как можно ходить
на пары, когда такое происходит в стране?» Первого сентября
я присоединилась к студенческому маршу. Мне хотелось продемонстрировать, что я, студентка, не поддерживаю действия
власти. Я считала важным протестовать именно как студентка,
потому что студенты — это важная и активная часть общества.
В каком-то смысле студенты — движущая сила общества, которая имеет право голоса и должна иметь возможность им пользоваться. Я считала и считаю, что мы должны быть услышаны.

В тот день студенческая колона из БНТУ и других университетов планировала идти к Министерству образования с
петицией поддержать студентов в трех основных требовани-
ях — новые выборы, прекращение насилия и освобождение политзаключенных. Однако дойти к министерству мы не смогли,
как и не смогли получить аргументированный ответ со стороны
представителей «властей» на вопрос, почему наши требования
неправильные. Почему нас разгоняли по пути к министерству?
Почему министерство не дало публичный комментарий по нашей петиции и студенческому маршу?

Позднее студенты моего и других вузов продолжали собираться на акции, при этом не нарушая правила университета.
Мы собирались в свободное от учебы время (на перерывах) и
проводили мирные акции без использования символики, так
как это было запрещено на территории вузов. Однако, мы все
равно столкнулись с репрессиями со стороны администрации
университета. Только после национальной забастовки из моего
университета отчислили более 50 студентов. Я в то время от-
бывала административный арест за участие в «Марше молодости», за что меня тоже отчислили.

После освобождения и отчисления я снова была задержана сотрудниками КГБ уже в качестве подозреваемой по статье
342 УК РБ и стала фигуранткой «дела студентов». В него входи-
ло 11 студентов и 1 преподаватель. Нас обвинили в организации

студенческих акций по всей территории Беларуси, грубом нарушении общественного порядка и даже во введении санкций со стороны ЕС и США (хотя санкции были введены гораздо позже, в апреле 2021 года)! В итоге нас осудили на 2 года и 6 месяцев лишения свободы.

Настоящим моральным испытанием для нас стало то, что на суде в качестве свидетелей стороны обвинения выступали наши преподаватели, деканы, ректоры. Те немногие, что пытались нас защитить и говорили правду, насколько мне известно, не задержались в университете надолго. Большинство свидетелей пытались говорить нейтрально, но при малейшем давлении судьи соглашались с абсолютно идентичными письменными показаниями, которые подписали за несколько месяцев до начала судебных заседаний. Это была ужасная картина. Мой декан вообще сказал, что не знает меня, хотя в 2019 году присылал моей маме письменную благодарность за воспитание дочери.

Мое мировоззрение перевернулось с ног на голову. Когда ты делаешь что-то правильное, честное, а за это попадаешь в тюрьму, приходится пересмотреть все свои принципы, идеалы и взгляды на жизнь. Когда люди, которые должны тебя чему-то научить и помочь в отстаивании своих прав, нагло врут в суде, а ты сидишь в клетке — приходит понимание, что не все в этом мире устроено так, как следует.

В тюрьме я столкнулась с ворами, мошенниками, убийцами. Я старалась смотреть на происходящее как на удивительную возможность, будучи невиновной, узнать, как устроена вся эта карательная система. Было страшно. Первый год заключения я все еще отчаянно верила, что нас всех вот-вот отпустят, что справедливость восторжествует и кошмар закончится, но этого не случилось. В 2020 году, в начале протестов, большая часть людей верила в скорую победу над диктатурой, но с каждым месяцем эта вера угасала. Я знаю, что сейчас многие люди уже не верят в быстрые перемены и ничего хорошего от будущего не ждут. Для меня также очевидно, что этот процесс освобождения Беларуси от жестокой диктатуры займет годы, но я все же верю, что ужасный беспредел в стране закончится. Ведь история циклична.

После того, как в 2020 г. я столкнулась с такой жестокостью, насилием и очевидной несправедливостью, пришлось многое переосмыслить. Я думала, что функция университета не только научить тебя каким-то профессиональным навыкам, но и помочь стать человеком, поддержать твою инициативу и стремления. Однако к своему разочарованию я узнала, что в реальности все совсем не так. Я всегда верила, что человек стремится к свету, поэтому мне невозможно было поверить, что в мире бывают настолько злые и жестокие люди. Раньше мне казалось, что в тюрьме сидят только преступники, а оказалась там сама, будучи невиновной. Я много думала о жизни и происходящем в целом. В своем последнем слове на приговоре я сказала, что больше не верю людям, но никогда не перестану верить в людей.

Сейчас колючей проволоки стало больше, она не только в СИЗО, колониях и тюрьмах. Вся Беларусь в колючей проволоке. Вся Беларусь — тюрьма. Тысячи людей остаются в заключении. Тысячи людей освободились из заключения, но продолжают оставаться в неволе. Тысячи людей пострадали и не знают, как жить дальше. Именно поэтому я не оставила все в прошлом, именно поэтому я не хочу забывать о том, что произошло со мной и моей семьей.

После освобождения я получила запрет на выезд из Беларуси. О восстановлении в университете не могло идти и речи, потому что в приказе о моем отчислении отсутствовала строчка «с возможностью восстановления», которая обычно есть во всех приказах (во всяком случае, я видела эту фразу в других приказах своего вуза). Пять месяцев в Беларуси я работала, учила язык, занималась танцами.

Чтобы отменить запрет на выезд из Беларуси, я обратилась в суд, но снова оказалась в заключении на 30 суток. После этого мне все же удалось уехать в Литву.

В этом учебном году я не успела поступить учиться. Я оказалась 22-летней девушкой без образования и каких-либо специализированных навыков, что очень непросто. Однако я не сдаюсь. Сейчас активно занимаюсь творчеством: пишу картины, создаю украшения из эпоксидной смолы, занимаюсь танцами, прохожу курсы СММ и вот-вот начну посещать курсы графического дизайна. Не уверена, что в будущем вернусь в техническую сферу. Но я уверена, что в жизни я однозначно не сдамся!

Літва, студзень 2024
ogurchikovaa@gmail.com

ГОРИ, ЧТОБЫ СВЕТИТЬ!

Ангелина

> Помогая другим, мы поможем себе,
> потому что все добро, которое мы отдаем,
> замыкает круг и возвращается к нам.
> *Флора Эдвардс*

Непростая история с хорошим началом...

Меня зовут Ангелина, я родилась в маленькой деревушке. В школе я часто подвергалась буллингу. Меня пытались унизить за то, что у меня не такая модная одежда, как у других детей. В скромных финансовых условиях родные старались одевала нас по принципу: главное, чтобы одежда была чистой и целой. Все, что они получали, тратилось на еду и наше обучение. Поэтому летом мы собирали в лесу ягоды и грибы, чтобы накопить денег на школьные принадлежности и еще какие-то свои «желания». С ранних лет нас приучили к труду и твердому правилу: если хочешь что-то купить, можешь на это заработать.

Буллинг в школе заставил меня усвоить еще одно четкое правило: никто тебе не поможет, кроме меня самой. Я стала защищать себя и детей, которые были слабее других. Скорее всего, с этого момента определилась моя дальнейшая жизнь и мои базовые принципы. Тогда же я осознала, что насилие в любом проявлении — это плохо. Если ты видишь насилие и ничего не делаешь, молчаливо соглашаешься с этим, то это не про меня. Пришла также твердая убежденность, что каждый человек имеет право на свободу слова.

Завышенные ожидания

Когда я поступила в университет, я очень обрадовалась, ведь я так старалась. К этому долго шла и упорно готовилась.

Мои «розовые очки» исчезли с началом учебы. В университете я, к сожалению, не почувствовала желаемой атмосферы, не было взаимопонимания между студентами и преподавателями. Очень многому пришлось учиться самостоятельно, постоянно искать современные учебные материалы, чтобы получить и повысить свои знания. Несмотря на то что за стенами аудитории шел XXI век, некоторые лекторы продолжали учить студентов по старым учебникам, выпущенным еще в советское время. Очень напрягало отношение части преподавателей к студентам, ведь они хотели, чтоб студенты уже были обучены некоторым вещам. Я отвечала, что пришла учиться в университет, чтобы получить новые знания и навыки. В конце концов я доказала своим критикам и себе лично, что могу больше, так как у меня есть цель и желание добиться высоких результатов. Я быстро влилась в студенческую жизнь, стала писать научные работы, изучать зарубежную практику, учиться и сдавать все на отлично. В общем, была очень настойчива и упряма в своих желаниях.

Хочу поблагодарить моих преподавателей, которые мотивировали студентов на работу, очень интересно преподавали свой предмет, постоянно знакомили с различными веб-страницами с полезными штуками. К сожалению, после 2020 года многих хороших преподавателей уволили или они ушли сами, так как не могли больше работать в системе, где арестовывают студентов и увольняют их коллег. Это грустно и несправедливо...

Я очень хотела закончить университет и стать хорошим специалистом, хотела работать в нашей стране на благо общества. Но осенью 2020 года меня, как и еще 124 студента из разных университетов, отчислили по политическим мотивам.

Нет насилию и несправедливости

Все началось 18 июня 2020 года, когда задержали Виктора Бабарико. Для меня это было максимально возмутительно. Как такого доброго и хорошего человека могли посадить в тюрьму или, скажем, как можно кого-то задержать на улице, если человек просто проходил мимо? О насилии в отношении мирных людей я вообще молчу, я пацифист и всегда осуждаю насилие и войну. Я не понимаю, как один человек может ударить другого, как можно издеваться или унижать кого-то.

Скоро стали арестовывать студентов и сажать их на сутки, но администрация университета никак этому не противилась, наоборот, она еще и делала акценты на необходимости задержаний. Угрожала, что протестующих ребят отчислят, под эти репрессии попали и преподавали, многим пришлось уйти еще до начала учебного года.

Вначале я находилась в депрессии: видела все, что происходит, но не знала, как могу помочь пострадавшим. Очень хотелось что-нибудь сделать. Собравшись с силами, я решила, что могу стать посредником между администрацией и студентами, так как была активной студенткой.

Стала искать в списках из ИВС (изолятор временного содержания) студентов технического университета и сообщать родственникам, что их ребенка задержали. Потом я и другие небезразличные студенты стали пробовать достучаться до администрации, что нельзя отчислять студентов за их мнение, а также за их несправедливое задержание.

Все чаще я стала получать угрозы от администрации университета, но, как правильно на них реагировать, я не понимала ни тогда, ни сейчас. В день знаний я, как и многие студенты, была задержана. Так бывает, когда ты неугоден в своем университете. Впоследствии администрация университета дала против меня основные показания. В сентябре меня арестовали на 7 суток, судили по ст. 23.34 административного кодекса (участие в несанкционированном мероприятии). В обвинении было записано, что я кричала «Жыве Беларусь!» и «Ганьба!», размахивала флагом, хотя на записи моего задержания этого не было. Стало ясно, что трудно бороться с системой, где все нагло врут.

После освобождения я вернулась к учебе. Мое задержание стало большим стимулом для других ребят, меня начали воспринимать в качестве символа свободы и правды в университете. Многие студенты стали меня узнавать, обращаться с вопросами. Появилось больше единомышленников, оказалось, что мой поступок их вдохновлял, хотя мне этого не хотелось. Ведь я решила идти на неизбежные риски сама. Это были мои принципы и идеи, я не думала их кому-то навязывать. Со стороны студентов было очень много поддержки и внимания, заботы. Потом это все вышло за рамки университета, мне стали звонить родители других студентов. Они приносили в университет всякие вкусняшки, помогали финансово, писали обо мне посты. Была такая волна солидарности!

Кроме университетских акций, вспоминаю и то, что было на минских улицах.

Я очень радовалась, когда видела, что люди выходят на мирные акции, берут с собой детей. Море цветов, улыбок и позитива. В эти три месяца (август — октябрь) 2020 года я встретила много хороших людей из разных сфер. Приятно, когда выходишь на улицу и чувствуешь вокруг себя любовь, взаимопонимание и помощь. Многие участники мирных манифестаций приносили воду или что-нибудь сладенькое. Были и такие, которые готовили даже супы или салаты, раздавали их во время маршей. Но это не только об угощениях. Люди пытались защищать других участников демонстраций от милицейских ударов: девушки закрывали парней, бабушки — молодежь. В эти минуты отчетливо чувствовалось единение беларусов — когда ты начинаешь думать не только о себе, но и о тех, кто рядом.

В такие моменты я чувствовала, что внутри меня все горит. Наконец люди стали проявлять доброту друг к другу, как мне этого всегда хотелось.

Я думаю, что нас объединила общая беда и надежды на свободную жизнь. Конечно, я, как и любой беларус, думала, что люди смогут все поменять и решить, ведь это наша страна и наша жизнь. Но получилось все не так...

28 октября 2020 года меня отчислили из университета. В этот день было много отчислений из всех учебных заведений. О своем исключении я узнала раньше всех, так как мне позвонили

из деканата и сказали прийти за документами. Я не расстроилась, так как ожидала такого развития событий и уже начала искать место для учебы за границей.

Чтобы не терять время, я пошла работать, так как не могла жить без развития.

«Все могло бы быть и хуже!»

Эту фразу я повторяла на протяжении всего своего заключения. Многие меня не понимали, как я так могу улыбаться всем, сотрудникам СИЗО, конвою, сотрудникам колонии. А это была моя инстинктивная защита против всех неприятностей, именно такой была моя реакция в стрессовых ситуациях.

В тот роковой четверг 12 ноября 2020 года, который позже назовут «черным четвергом беларусского студенчества», около 18 часов я возвращалась со своим коллегой с работы. У меня было какое-то плохое предчувствие, и оно оправдалось. Когда мы проходили темный переулок, к нам приблизились два человека в черном. Они предъявили документы и попросили пройти в машину, на что мой коллега запротестовал. Я даже не успела испугаться, ведь эти незнакомцы были вежливы и отнеслись ко мне не так, как люди из ГУБОПиКа. Уже в машине я узнала, что они являются сотрудниками КГБ. Когда машина тронулась, я подумала, что меня везут в СИЗО на Володарского. В тот момент я еще не знала, что у КГБ есть свой СИЗО — известный в народе как «американка». Проезжая одну из улиц, я поняла, что мы едем ко мне домой. Когда приехали на квартиру, начался обыск, первый допрос, а потом переезд в «американку». Самое интересное, что сотрудники ничего особо в доме и не искали и не забирали. Их даже не смутил мой флаг на стене, мои рассуждения о насилии и обращения к ним с вопросом, почему люди так ужасно себя ведут. Мне кажется, что они все понимали. И от этого мое сердце болело еще больше. Эти сотрудники понимали, но ничего не сделали для изменения ситуации. Один из сотрудников даже в своем роде проявил заботу обо мне. Меня арестовали сразу же после работы и знали, что я еще не успела поесть. Так как я уже не успевала на свой тюремный ужин, мне было предложено или взять с собой еду, или поесть дома. Но остались и плохие воспоминания. В тот день у меня в квартире находилась кошка, которую я месяц прокапывала из-за вируса в крови, и ей нельзя было получить еще одну инфекцию. Из-за больной кошки я попросила сотрудников снять обувь, но они этого не сделали.

После обыска мы поехали в КГБ, а после выяснения всех обстоятельств в «американку».

Это очень странное строение имеет форму цилиндра, где по кругу находится 18 камер, в четырех из которых есть туалет (мне повезло, что он у меня был), в остальных — лишь обычное ведро. В изоляторе существуют особые правила. Например, нельзя громко смеяться — это нарушение правил внутреннего распорядка (ПВР), нельзя делиться вещами, нельзя громко называть свою фамилию. Когда тебя выводят из камеры и указывают пальцем, ты обязана назвать свое имя и отчество.

Проблема была и в пользовании туалетом, который не имел какой-либо стенки или шторки. Когда заключенный пользуется туалетом, то охранники могут зайти в камеру или заглянуть в нее через открытую «кормушку» (окошко для выдачи еды). Для нормального человека это большой стресс, поэтому первые три дня я не могла пользоваться туалетом в течение дня и ждала ночи. Камеры в «американке» очень маленькие, где-то 5-6 квадратных метров, поэтому все находятся очень близко друг к другу. Я оказалась лишней в камере, потому что была четвертой в помещении, которое рассчитано на три человек. Когда меня заселили, выдали деревянную подложку, на которую уложила матрас. Тюремное здание сделано из бетона, поэтому зимой очень холодно, а летом очень жарко. На стенах собирается и течет обильный конденсат. С первых дней от холода у меня стала болеть спина, я не могла уснуть, боялась, что отморожу почки. Днем перебиралась на кровать выше, чтобы как-то отогреться и поспать. Чтобы как-то отвлечься от того, где я нахожусь, часто спала целый день. Повезло, что правила СИЗО это позволяют. Таким образом, мой день начинался в шесть часов утра, уборка, завтрак и сон, потом пробуждение, обед и снова сон. Вечером могла что-то почитать, затем ужин и снова сон. Так продолжалось практически все восемь дней, пока я там была. Все эти восемь дней я думала, что скоро все закончится, переживала за родных. Верила, что все прояснится и меня отпустят домой.

Даже если бы мне кто-то сказал, что мое заключение будет продолжаться так долго, мне было бы легче. Потому что сложнее, когда знаешь начало, но не видишь конца.

20 ноября 2020 года нашу группу перевели в СИЗО на улице Володарского. Там я познакомилась с ребятами, с которыми нас объединили в одно уголовное дело. Да. Это произошло впервые, мы узнали, кто и чем занимался до ареста. Возникло странное чувство лжи и обмана: нам вменяли, что мы организованная группа, а мы познакомились только в СИЗО. Только в заключении я поняла, что нас 11 человек, мы представляем разные университеты, все были арестованы за участие в студенческих акциях.

Дальше все происходило как продолжение страшного сна: выдали белье и с сумками повели в камеру. Там я встретила Марфу Рабкову — волонтера правозащитного центра «Весна». У меня был шок, ведь еще две недели назад я писала ей письмо, а сейчас сижу с ней в одной камере. Только потом я узнала, что Марфе по ложному обвинению присудили 14 лет и 9 месяцев лишения свободы.

Страха я не испытывала, был только шок от всей несправедливости со мной и тысячами других честных беларусов. Новые правила, новые люди, новые условия. Через две недели стали приходить письма от родных и незнакомых людей — это уже была следующая часть моей круто изменившейся жизни.

«Немного о чувствах»

Уже в СИЗО на Володарского я почувствовала, что такое поддержка. Письма разных людей — это было мое спасение и утешение в этом смешении событий. За время моего пребывания под следствием мне пришло более 1500 писем. Это лишь то, что я получила. Все остальное было безвозвратно потеряно. Не знаю, по какой причине уничтожали письма. Может, тюремщики завидовали, что нас считали героями. Или они хотели показать, что мы никому не нужны. Это была их любимая «песня»: вас забыли, вы никому не нужны. И далее в том же духе. Самое интересное, что многие авторы писем были очень настойчивыми, некоторые написали мне более 20 писем. Случалось, что человек написал мне 20 писем, не получил ответа, но все равно продолжать писать. Позже стали приходить посылки, бандероли, присылали передачи и витамины. Это было очень приятно, так как родным становилось все сложней из-за роста цен собирать посылки. Я очень благодарна всем людям за оказанную помощь, за то, что не оставили мою семью один на один с нашей бедой.

Среди моих адресантов были постоянные собеседники, были даже целые группы. Например, мне писали и несколько семей с одной площадки многоквартирного дома, и клуб бабушек, которые рассказывали о своем жизненном опыте. Я очень радовалась таким письмам, когда кто-то чем-то со мной делился, присылал фото и даже стихи. Была одна девушка- экскурсовод, которая в письмах проводила для меня заочные экскурсии. Одна девушка написала, что представляет меня «огнем огней».

С некоторыми друзьями по переписке я смогла встретиться после освобождения и поблагодарить их лично.

Однако вспоминаются и грустные моменты, они наступали неожиданно и сильно изматывали меня. Лежишь и тихо плачешь от обиды, от безысходности. И только теплые письма и поддержка сокамерниц помогали не сойти с ума. Ведь камера — это твой временный дом, четыре стены стали уже привычными, ты помнишь все их изгибы и впадины. Когда тебя закрывают, самое сложное — смириться с тем, что эти четыре стены отделяют тебя от всего мира. Конечно, прогулки — это как отпуск в другую страну. Новые люди — это тоже своего рода прогулка во внешний мир. Новые истории и разговоры. Бывает, когда тебя переводят в новую камеру, — все начинается сначала: новые люди, новые стены и новая история. К новому приходится привыкать в очередной раз. Голубое небо как глоток свежего воздуха, солнце как свет в конце туннеля. Зелень или одуванчики как история всего твоего мира. В такие моменты ты начинаешь ценить все то, что у тебя было в обычной жизни и чему ты раньше не придавал большого значения. Я начала себя искать в книгах. Повезло, что фантазия у меня развита, — я представляла все, что читала, а потом в письмах описывала прочитанное людям и родным. Писала о том, что чувствую. Когда было тяжело на душе, не хотела ничего писать, чтобы не передавать свое настроение другим.

Имитация суда

Потом начались суды, встречи с родными на заседаниях. В последнем слове постаралась передать главные чувства: «Я не могла и не буду мириться с необоснованным насилием в отношении мирных граждан, закрывать на это глаза и делать вид, что все в порядке. Я все так же верю в честь, достоинство и справедливость людей. Я не собираюсь признавать то, чего не делала».

После суда нас ожидал этап в колонию. За два года заключения как самое тяжелое вспоминается именно этап. Ты с тяжелыми сумками бежишь из автозака в поезд, а вокруг тебя стоят люди с автоматами, которые криками подгоняют тебя, а на этом фоне слышен собачий лай. Забегаешь в узкий проход вагона, тебе указывают место, где сидеть. Это стандартное купе, рассчитанное на 6 человек, а едут в нем 20 заключенных. В воздухе витает запах табака, пота, мочи. Свежего воздуха нет совсем. В какой-то момент я стала плакать от того, что вспомнила похожие кадры из старых художественных и документальных фильмов, когда людей везли в лагеря и колонии. Это страшно. Я никогда не испытывала столько страха, боли, унижения и стыда за то, что выпало мне пройти. Когда приехали в колонию и нас вывели из автозака, я смогла поставить сумки на землю и вздохнуть полной грудью. Подумала, что удалось не умереть в этом аду. А прошло всего лишь каких-то 10 часов.

748 дней

Колония — это место встречи разных людей из разных социальных слоев. Мне было там легче, чем в СИЗО. Все-таки хоть какая-то свобода. Ты можешь услышать и увидеть своих родных. Первые полгода ты привыкаешь к режиму. Эти месяцы проходят довольно быстро. А потом время как будто замирает. Тебе даже начинает казаться, что ты попал в петлю времени. Ты живешь от посылки к посылке, от похода к походу в магазин. И так дальше по кругу. Письма в колонию стали приходить реже, и в какой-то момент остались только сообщения от родных. Но это уже было не так важно, так как у тебя всегда есть поддержка от таких, как ты. Я познакомилась с разными людьми, которые сидели «по политике», они стали моей поддержкой и опорой в стенах колонии.

Колония — это место, где напрочь убивают твою человечность, стирают тебя как личность, хотят указать тебе на твои недостатки и убедить в том, что ты отброс общества. Когда ты только приезжаешь в колонию, знакомишься под подпись с ПВР. Там есть такое правило: нельзя ничем делиться и нельзя помогать другим осужденным. А как так, если меня всю жизнь учили отдавать последнее нуждающимся и помогать другим? Я много раз из-за этого привлекала к себе внимание, на меня постоянно жаловалась, что я поделилась конфетой или кому-то помогла с работой. Не понимаю до сих пор, как так... Со временем, конечно, ты и к этому привыкаешь, привыкаешь не обращать внимания на оскорбления и сам начинаешь отвечать. В моей первой бригаде была бригадир, у нее часто было очень переменчивое настроение. Если настроение плохое, то тот, кто не может за себя постоять, первой попадал под раздачу. Я упорно терпела первый месяц, закрывала глаза, пыталась держать язык за зубами. Пока в один день у меня от всего этого не сдали нервы и я не начала кричать, заступившись за девушек. Дошло до того, что даже мастер (гражданский человек со свободы) ничего мне не сказал. Я кричала о том, что здесь все женщины, мамы, чьи-то сестры и дети, а ведут себя как чудовища. Все молчали. Конфликт прошел. Но хватило лишь двух недель, чтобы все началось сначала. Самое тяжелое в таком негативе и потоке эмоций сохранить себя: я плакала и писала письма домой, что я становлюсь агрессивной, что для меня превратиться в бездушную личность — хуже тюрьмы.

За неделю до освобождения я получила свое первое взыскание. Знаете, за что? Да! За то, что заступилась за девушку, на которую в течение смены орали и сбивали с работы. Я молча сидела четыре часа, а потом не выдержала и высказалась. Но это не оправдание для администрации, я нарушила правила.

А еще колония — это место, где ты можешь умереть и никто тебя не спасет. За мой срок умерло около шести человек. Я сама не раз оказывалась в состоянии, когда нужна была экстренная помощь. Но я же зэчка. Мне не нужна помощь, я могу терпеть давление в 220 на 160 или ужасную головную боль (у меня мигрень) или упасть в обморок от жары. Сколько было моментов, когда девочек заедали мошки, а они с ужасной аллергией и опухшими ногами шли на работу, когда в обычной жизни в таких случаях людей госпитализируют.

У тебя нет прав, нет голоса и мнения, ты, как стадо, должен следовать за всеми. Тебе запрещают молиться, посещать библиотеку, заниматься спортом, отдыхать. Теперь я понимаю, почему в Беларуси много рецидивов. Просто человека «убивают» за время пребывания в заключении. После освобождения человеку сложно вернуться в нормальную жизнь, ему сложно определиться в желаниях, привыкнуть к изменениям в мире.

Когда я освобождалась, самое трудное было попрощаться с девочками. Я чувствовала и продолжаю чувствовать вину за то, что я на свободе, а они там. Я много раз прорабатывала этот момент с психологом, но это как нарыв: только заживет, как тебя снова начинает беспокоить эта мысль.

Даже после нахождения в колонии я считаю, что беларусский народ очень сильный и что нам надо продолжать бороться за свою свободу и свободу тех, у кого ее несправедливо забрали. Два года ничего не поменяли, наоборот, я стала больше и лучше понимать. В том числе — что уголовный кодекс — это просто очередная книжка, которая не несет никаких законодательных решений — приговоры судов выносятся согласно «телефонному праву».

Сейчас я уже учусь в Чехии, имею стипендию и новых друзей. Легко ли это? Скажу, что нет. Душа и сердце тянутся домой, а дом — это Беларусь. Пока сложно дается изучение языка, но это всего лишь маленькие проблемы по сравнению с тем, что выпало мне пережить после лета 2020 года.

Прага, чэрвень 2023

ОТПЕЧАТОК МИРОВОЗЗРЕНИЯ

Аноним

Представьте себе ветку дерева, тяжелую, кривую и шершавую. Нанесите на нее краску того цвета, который вам больше всего нравится, и отпечатайте на бумаге. Что получилось? Поместилось ли все на ваш листок? Видны ли все изгибы веток? Заметны ли все детали коры? Возможно, краска где-то случайно капнула и залила фрагмент отпечатка? Можно ли по отпечатку понять, как выглядит ветка на самом деле?

Так создавалось это эссе.

Рассказывая свою историю, мне хочется быть предельно искренней, но при этом не погружаться в детали. Хочется описать то, что случилось со мной, о чем я думала и мечтала, что происходит сейчас, при этом сохранив самое сокровенное для себя.

Это эссе написано в турбулентности. Я задаю себе вопросы, переосмысливаю личный опыт и лишь начинаю формировать свою оценку. Это не автобиография, а отпечаток моих воспоминаний и переживаний. Думаю, в этом и есть суть моего эссе. И мне очень интересно, что из этого получится.

Меня всегда увлекало творчество

Я любила узнавать новое и постоянно искала себя. Соломоплетение, изобразительное искусство, керамика, журналистика, музыкальная школа и театральные постановки — все это и не только я успела попробовать до окончания школы.

Мне никто не мешал. Всегда находились люди, которые верили в меня, поэтому моя тяга к творчеству сохранилась. Когда пришло время выбирать университет, я не знала точно, чем хочу заниматься. Я решила, что рисование точно не помешает, поэтому искала место, где бы преподавалось изобразительное искусство.

Вуз, в который я в итоге поступила, не был университетом моей мечты. И не стал им. Он слишком обычный. Мало кого там интересовало настоящее творчество, а бессмысленных правил оказалось очень много — вероятно, второе выводится из первого.

Я часто замечала, что не только студенты не были заинтересованы в учебе, но и педагоги с администрацией не понимали, зачем им нужно стараться. Особенно меня расстраивало такое отношение со стороны администрации.

Однако чего ждать от университета, в котором не всегда закрывается вступительный набор, то есть мест для поступления больше, чем людей, которые хотели бы там учиться?

Многие идут в этот университет лишь потому, что просто не смогли поступить в другой. Моя подруга говорила, что это «картонный университет», в котором от настоящего университета только название. Беларусские студенты поймут, о чем идет речь.

Когда я читала программу обучения, надеялась, что будет много интересных предметов. Но приятные воспоминания оставили только пары по скульптуре и живописи: преподаватели хотя бы пытались чему-то научить и поддержать нас. С остальными преподавателями не получилось практически ничего.

Я не знала, кем хочу быть и что буду делать после выпуска. В шутку говорила, что в крайнем случае пойду работать учителем в школу. Все, что я слышала о работе в школе, — это то, что там мало платят и учителям трудно сохранить здоровую психику. Перспективы были не очень радужные, хотя с детьми мне работать нравилось.

В какой-то момент я познакомилась с общественными инициативами. Меня это безумно заинтересовало. Мне нравилось то, как построено взаимодействие в таких организациях. Мне нравилось ощущение свободы. Я чувствовала, что люди вокруг заинтересованы в результатах общего дела и не боятся нового. Мне показалось это чем-то очень близким. Я увидела, что мое желание делать мир лучше, удобнее и приятнее можно попробовать реализовать здесь. Это желание стало решающим в двадцатом году.

2020 год тогда и сейчас

Мне кажется, что массовые мирные протесты повлияли на мою жизнь позитивно. Я увидела в них пример того, как можно действовать, пример смелости.

Мне не нравился существующий порядок вещей, не нравилось то, как работает система. И я надеялась, что смогу что-то поменять. Для меня было важно действовать. Массовые мирные протесты стали отличной площадкой для выражения своей точки зрения, громко и заметно. Не могу представить себе лучшую ситуацию для изменений себя и страны.

Воскресные акции были местом, где я убеждалась в том, что проблемы действительно существуют и что не одна я хочу их решить. Видеть рядом столько людей, видеть, что они свободны, ощущать их энергию — это заряжало меня уверенностью и смелостью.

Мне кажется, что к протестам 2020 года систему государственного управления привела жажда власти и страх ее потерять. Для меня это было убедительным доказательством того, что систему следовало менять. Страх не должен быть руководящим фактором.

Признаюсь, иногда в моей голове мелькали мысли: «А может, мне показалось? Может быть, в Беларуси все хорошо, а мы просто не знаем? Может, не хотеть ничего менять — это нормально, а я еще маленькая и ничего не понимаю?» Мысли появлялись, но быстро исчезали, когда я думала о том, как жестоко обошлись с людьми, которые просто видели ситуацию по-другому.

Я все еще сомневаюсь в некоторых действиях мирных беларусов, которые выходили на протесты, в их эффективности и целесообразности. Пока у меня нет ясной оценки того, что произошло. Ощущаю, что эта история еще не закончена, поэтому мне сложно ее объективно оценивать.

Для того, чтобы увидеть полную картину, ее нужно рассматривать на достаточном расстоянии. Однако я надеюсь, что беларусам удалось увидеть друг друга, осознать то, что мы сделали вместе и поодиночке.

Испытания

Заключение было очень тяжелым периодом моей жизни. Мне пришлось столкнуться с изоляцией, лишением прав, потерей контроля над своей жизнью, разрушением личного пространства и представлений о мире вообще, всех принципов и моральных ориентиров.

Спецслужбы делали все, чтобы заключенные стали руководствоваться инстинктами самосохранения, потому что так проще разъединять людей, так проще управлять. Это вселяло страх и даже ужас. Для того чтобы как-то устоять перед разрушающим опытом, психика искала возможности выстоять.

В первый день моего задержания я начала искать в этом пользу. Первое, что мне пришло в голову, была мысль: «Я, по крайней мере, занимаю место какого-то более активного человека». После этого пришла идея: изоляция полезна тем, что... у меня теперь есть время для наблюдения за собой и окружающим миром. После добавилась мысль, что можно из наблюдений делать выводы, которые могут помочь мне жить дальше. В конце концов я поняла, что кроме пользы от моего ареста, которую, быть может, я сама себе придумала, я смогу сохранить воспоминания. Мне хочется верить, что эти воспоминания смогут повлиять на беларусское общество в лучшую сторону.

Мои наблюдения помогали справляться не только с изоляцией. Они помогали смотреть на ситуацию шире и адекватнее.

С лишением прав и потерей контроля помогали справиться ритуалы. Занятия спортом, уход за телом, написание писем, чаепитие в одно и то же время вместе с сокамерницами. То, где я могла полностью контролировать свое тело и сам процесс.

На мировоззрение довольно сильно могла влиять пропаганда. Она пыталась убедить тебя: все, что ты знаешь о мире, — это ложь. И иногда я чувствовала себя сумасшедшей.

Когда меня посадили в тюрьму, то в новостях почему-то начали говорить про диалог со студентами и совместную работу с ними. Тогда мне было немного обидно, что я оказалась не на месте тех, с кем разговаривают, а той, кому затыкают рот. Но потом сокамерницы мне объяснили, что все, что говорят по телевизору, нужно фильтровать. И эта новость означала то, что в среде студентов проводятся чистки.

В какой-то момент я научилась фильтровать новости, и это помогало мне не расстраиваться из-за них. Сначала мне было тяжело смотреть провластные каналы, но потом захотелось смотреть и читать, чтобы найти то, что меня поддержит. Так, некоторые политзаключенные любили читать статьи Муковозчика. Он каждый раз затрагивал какую-то протестную сферу. Оттуда точно удавалось выхватывать некоторые подробности и факты о том, чем занимаются сейчас те, кому не все равно.

Из провластных статей я узнала про НАУ, созданное Павлом Латушко, и другие инициативы эмигрировавших беларусов, про то, что вводят новый пакет санкций и про то, кого задержали в этом месяце.

А еще я помню, как стала пропадать реклама и некоторые телешоу. А по вечерам стали крутить одни и те же фильмы. Помню, три раза за зиму показали один и тот же сезон «Ледникового периода».

Письма были довольно важным источником информации о реальной жизни. Они замедляли процесс распада и делали период слома мировоззрения более щадящим.

Я получала письма от семьи с рассказами, как съездили на дачу или праздновали Пасху, с фотографиями и рисунками. Мне особенно нравились рисунки потому, что, рисуя, люди чаще дают себе свободу, чем когда излагают мысли вербально.

Какое-то время мне приходили письма от незнакомцев. Я хорошо запомнила женщину, которая сначала присылала мне очень хорошие стихи, а потом стала присылать фотографии с выставок. Я часто просила об этом тех, кто писал мне письма. Некоторые стихи я заучивала.

Картины я показывала сокамерницам — мы устраивали просмотры и обсуждали смыслы, говорили об искусстве. Так мы поднимали довольно важные вопросы, о которых просто так в тюрьме вряд ли бы заговорили. Мы рассуждали об экологии, когда рассматривали рисунок с пчелами, и о внутренних ощущениях, когда обсуждали работу, на которой были изображены камни в темном круге. Мы пытались, не имея доступа к интернету, разобраться в сложных терминах, которыми художники называли свои работы. Это было забавно и интересно.

Для меня это очень ценные воспоминания. Я получала письма с хорошими стихами, рассказами, с детскими рисунками, с рецептами и маленькими историями о городах, в которых живут те, кто писал. Не так важно было, что написано в письме. Я понимала, что люди старались меня поддержать. Я бы не сказала, что все эти вещи сделали мое заключение простым, но они помогли мне хоть капельку сохраниться, они были одной из веревочек, на которых все держалось.

Будущее

Мне кажется, чтобы получить что-то новое, нужно создавать новое. Поэтому я слежу за новыми инициативами. И сама хотела бы делать что-то полезное.

Я много размышляю о том, как улучшить положение тех, кто сейчас находится в заключении. Часто думаю о реформе пенитенциарной системы Беларуси. Нынешняя система не справляется с заявленной функцией исправления и только калечит людей. Нужно сделать ее более гуманной и эффективной.

В Беларуси исполнением приговоров занимается Департамент исполнения наказаний, а учреждения, в которые обычно помещают осужденных, называются исправительными.

Наказание мне кажется довольно сомнительным инструментом исправления. Мне также кажется, что перевоспитать человека без его желания не сможет никакая система. Нет смысла тратить ресурсы на угрозы. Я вижу смысл в том, чтобы создавать среду, в которой человек мог бы жить по-другому, не угрожая свободе других людей. Идеальный вариант — это система, где с человеком работали бы сотрудники, которые не считают его плохим или хорошим. Нужен системный подход. Мало изменить условия содержания. Важно, чтобы отношение к людям изменилось. Чтобы люди перестали бояться, манипулировать и угождать. Не имеет значения, сколько лет кроватям, на которых ты спишь, или вообще какие вокруг декорации, когда ты уверен, что находишься в безопасности, — когда я думаю об этом, то вспоминаю лето в деревне.

В моем окружении мы поднимаем вопросы восстановления справедливости, люстрации и судов. Я переживаю из-за того, что беларусское общество не будет готово к тому, чтобы восстановить справедливость, или, наоборот, станет чрезмерно жестоким и воссоздаст такую же ужасающую систему.

Я часто размышляю о страхе и влиянии его на общество. Я видела, как страх может влиять на личность. Я ощущала эти изменения в себе. Я видела это в сокамерницах и в тех, кто был причастен к моему заключению.

Страх действует деструктивно как на человека, так и на общество. Он помогает управлять людьми, чем пользуются авторитарные режимы. Но в долгосрочной перспективе общество, управляемое страхом, деградирует.

Страх — это антипод прогресса. Система, построенная на страхе, мне чужда. Я хочу, чтобы в будущем беларусы никогда не переживали того, с чем столкнулись теперь беларусские политзаключенные.

Серьезной реформы требует система образования Беларуси. У меня нет конкретного плана реформ, но я чувствую, что нашей системе образования не хватает свободы и гибкости. Надеюсь, что смогу поучиться в разных странах и увидеть, какие подходы и методы они используют. Тогда, может, я смогу чуть яснее сформулировать то, что хотела бы видеть в Беларуси.

Сама я планирую восстанавливаться и развиваться, получить хорошее образование. Думаю, что только так я смогу повлиять на будущее, может быть, не только свое, но и всей Беларуси.

Нам предстоит долгий путь. Даже если Лукашенко уйдет завтра, то общественный диалог будет продвигаться медленно, но, возможно, только в более конструктивном русле.

Я надеюсь, что мы окажемся способны построить лучшее и более справедливое общество — Беларусь, в которой опять захочется жить!

Горад N, студзень 2024
ottisk637@gmail.com

ТРЫ ГАДЫ
Я ТУШУ ПАЖАРЫ

Аляксандр Паршанкоў

Азірацца назад не заўсёды лёгка, але неабходна. Наперадзе мяне чакае змрочная гадавіна — тры гады з моманту, калі маё жыццё змянілася поўнасцю і беззваротна. Я гісторык, і мой удзел у любых падзеях ніколі не адбываецца без першаснага аналізу з гістарычнага боку. Ужо чатыры гады я вяду дзённік, куды запісваю не толькі падзеі свайго жыцця, але і тое, што адбываецца ў нашым грамадстве. На падставе дзённікаў, якія я найбольш актыўна і паслядоўна вёў у 2020–2021 гадах, я заўсёды магу аднавіць увесь ход падзей і разабрацца для сябе — а чаму? Чаму увесь гэты час я тушу пажары: дапамагаю людзям знайсці месца ў свеце, падтрымліваю з апошніх сіл, шукаю грошы, кожны месяц даведваюся, што асудзілі ці затрымалі кагосьці з маіх шматлікіх сяброў, кожны тыдзень з жахам бачу, як павялічваецца лічба палітвязняў? Чаму мне даводзіцца жыць як на гарачай патэльні ў вымушанай эміграцыі? Не толькі мне, вядома. Чаму, чаму, чаму?

Прычыны падзей, сведкам і ўдзельнікам якіх я стаў, сягаюць у глыбіню вякоў. Я не з тых, хто адмаўляе мінуламу ў яго праве ўплываць на нас сённяшніх. Я не з тых, хто лічыць, што ўсё залежыць толькі ад іх і толькі імі можа быць зменена. Але я і не магу назваць сябе і наша грамадства закладнікамі сітуацыі.

Перад маімі вачыма вечар 9 жніўня 2020 года ў Гомелі — пратэставаў я, студэнт на вакацыях, зразумела, у родным кутку. Не вельмі шырокая цэнтральная вуліца Савецкая, запоўненая людзьмі, якія ідуць кудысьці наперад па тратуарах. І крык „ЖЫВЕ БЕЛАРУСЬ!»... Я памятаю, як у адзін са жнівеньскіх дзён залунаў над галоўнай плошчай Гомеля бела-чырвона-белы сцяг. Неверагодныя эмоцыі! На дзень мне здалося, што мы перамаглі, што я жыву ў будучыні. Больш шчасця адчуваў я толькі 1 верасня, калі давялося быць адным з арганізатараў калоны гістфака на агульным шэсці студэнтаў па Мінску. Нас разганялі, затрымлівалі, але мы былі здольныя сабрацца і прайсці па нашым горадзе, у НАШ дзень.

У першы тыдзень пратэстаў з вялікім спазненнем пасля таго, як гэтая думка прыйшла мне ў галаву, у свой дзённік я запісаў: „Мы — народ... Першы страх і першая перамога над страхам... Тры першыя дні былі страшнымі. Гэты страх выціскаўся па кроплі. Усе — свае, і ўсе — на пратэстах. Мы валілі натоўпам... Спачатку мы беглі проста ад гуку. Хтосьці крыкнуў: „АМАП!" — і мы ўсе адбеглі... Мы не ведалі, навошта мы выходзілі, мы не разумелі, як гэта...». Калі я быў у Гомелі, для сябе ставіў задачу любым коштам адцягваць сілы ад Мінска. Не даць магчымасці задушыць сталіцу, бо тое, што мы выходзілі кожны дзень, не дазваляла перакінуць усе сілы міліцыі на Мінск.

І размовы, размовы, размовы з усімі аб усім. Як прыемна было чуць ад тых, каго я лічыў элітай грамадства, нязгоду з лукашэнкаўскай дыктатурай. Усе ў адзін голас сцвярджалі, што надышлі новыя часы. Людзі такога высокага культурнага ўзроўню, якога дасягнуць вельмі цяжка. Ветэраны руху сцвярджалі: нешта павінна адбыцца! Нешта, што кардынальна зменіць сітуацыю. Дадаткова да пратэснага жніўня. Дадаткова да нашай рэвалюцыі. Памятаю, факт рэвалюцыі прызнаў нават былы міністр адукацыі, светлай памяці Пётр Брыгадзін, які тады чытаў нам лекцыі па гісторыі Беларусі. Час праходзіў, сябры апынуліся за кратамі, а гэта загадкавае „нешта" не з'яўлялася на сцэне.

Мітынгі змяніліся перадачамі і лістамі ў турму. Вось ужо сяброў пачалі судзіць. Нанізваліся адна за адной даты маіх уласных затрыманняў — 18.10.2020, 02.03.2021, 05.03.2021... Разуменне, што месца для манеўру няма. Адзін крок — і ты сам будзеш „баланду хлебаць", як казалі мне „афіцэры" ў ГУБАЗіКу...

Было страшна? Было вельмі страшна. Апошнія месяцы на радзіме, калі я пераязджаў з кватэры на кватэру, чакаючы станоўчага адказу чэшскай амбасады, мне пачалі сніцца кашмары. Але звычайна было страшна не за сябе. Памятаю, як у турэмнай чарзе на перадачу я пабачыў маці сябра. Яна старанна рыхтавала прадукты на перадачу. У гэты момант сэрца спынілася. „Гэта мая маці", — падумаў я. Тое самае можа быць з маёй маці! У гэты момант праз маю душу прайшла чырвоная рыса. З'явілася пачуццё паразы і канца. Не тое, што на гістарычным факультэце мяне пачалі называць гэбістам, не тое, што тры разы затрымалі і пужалі пакараннем. Не праслухоўка ці цікаванне з боку адміністрацыі універсітэта. А вось гэтая маленькая жанчына ў пакоі для перадач у турму.

Ці было цяжка? Было. Пастаяннае змаганне і арышты. Ціск з боку адміністрацыі. Пагрозы. Чорная (заказная) рэцэнзія на магістарскую працу. Ледзь абараніўся. А я да таго і кіраўнік незалежнага прафсаюза студэнтаў Беларускага дзяржаўнага ўніверсітэта. Самаабвешчаны лідар, якім я ніколі не хацеў быць. Узяў адказнасць, бо ніхто не хацеў яе браць. Не гатовы да тых падзей чалавек. Студэнт без вопыту і падрыхтоўкі. І такіх нас было... Легіён.

Але мне ніколі не было так добра, як тады. У бясконцым змаганні кожны дзень. Тады было разуменне, што кожны дзень, пражыты на волі ў змаганні, — на карысць. Толькі тое, што ты жывеш у Беларусі і думаеш свабодна, — было добрым вынікам, дастатковым вынікам. А калі атрымлівалася абараніць студэнта, сабраць перадачу, наклеіць стыкеры з бел-чырвона-белым сцягам, даслаць ліст у турму... Ну шчасце!

„Я не понимаю этих ваших цепей солидарности. Мне что Лукашенко, что Тихановская — все равно! Буду работать", — казаў нам, затрыманым, у Фрунзенскім РУУСе мент. А мы добра разумелі, за што мы выходзім і супраць чаго. Мы, студэнты, грамадой і паасобку. За тое, каб вольна можна было збірацца і казаць уголас праўду (у нас ёсць голас!). Супраць таго, каб ва ўніверсітэце панавалі саўковыя традыцыі і падыходы. Хацелася свабоды, як кожны яе разумеў. Ілюзія! Утопія! Але ж мы не мелі канкрэтнага плана, бо такой неверагоднай здавалася магчымасць атрымаць волю.

Раніцай 2 сакавіка 2021 года мяне вывозілі з інтэрната ў ГУБАЗіК. Паўтузіна чалавек уваліліся ў пакой і патрабавалі сабраць рэчы і паехаць з імі. Да такога я не здолеў падрыхтавацца, але ўзяў сябе ў рукі. „Вы с нами общаетесь, как будто мы грязь под ногтями", — казалі мне у сумна вядомым доме па вуліцы Рэвалюцыйнай. Але ж перажыў і гэта, пераадолеў свой страх і слабасць.

Студэнтаў баяліся. Да нас прыязджала Качанава, якая спрабавала дамовіцца з галоўным універсітэтам краіны. Нас выклікалі ў генеральную пракуратуру. КДБ сачыў за кожным крокам. Дарэчы, у ГУБАЗіКУ з мяне хацелі зрабіць інфарматара; напэўна, таму не затрымалі і не кінулі на содні на хлорку і ваду, як майго суседа-сябра.

Студэнцкія пратэсты ва ўсіх краінах паказваюць грамадству, куды рухацца. Яны абуджаюць, запальваюць народ, які ўжо немагчыма спыніць. Выкладчыкі гістфака, якія „сядзелі ў кустах" падчас пратэстаў, казалі нам: „Мы пойдзем за вамі. Ідзіце, мы вас падтрымаем". Але падтрымалі адзінкі. Студэнцкі пратэст быў моцным, што б зараз некаторым з прадстаўнікоў дэмакратычных сіл ні хацелася паказаць. Мы рабілі мітынгі не толькі на факультэтах, а наўпрост пад Акрэсціна! Былі спробы нават ставіць намёты. Але ўсё гэта згасла, сышло ў падполле, з якога дагэтуль не выйшла.

Пішу гэтыя радкі і перагортваю старонкі сваіх дзённікаў. Пяць сшыткаў падарожжаў у сваё мінулае, пяць сшыткаў падарожжаў у мінулае сваёй Радзімы. І ці разумею я чаму?

Сон розуму нараджае пачвар. Сон нацыі дазваляе рабіць з зерня гэтай нацыі муку любога памолу. Я чытаю зараз успаміны нашага набеліста Алеся Бяляцкага, з асалодай глытаю найкаштоўнейшыя фрагменты яго памяці. Даведваюся аб тым, як групкі беларусаў гуртаваліся вакол свайго: беларускай мовы, культуры, гісторыі. Як дзесяць гадоў пэўнай адлігі сфарміравалі пакаленне, якое гатовае было ўзяць незалежнасць. Але як узялі, так і аддалі. Грамадства цалкам (не кажу пра асобных, выбітных, разумных) было негатовае працягваць змаганне. Шмат хто сыходзіў з актывізму ў бізнес, у выкладанне, у спакойнае звычайнае жыццё. А трэба было змагацца!

Чаму апаненты нас называюць змагарамі? Менавіта таму, што баяцца змагання як з'явы. Змагарства — гэта ідэя. Той, хто гатовы змагацца, заўсёды абароніць сябе і дапаможа тым, хто побач. Але нас на гэта не хапіла. Людзі стамляюцца. Яны хочуць абаперціся, як на кій, на сяброў, палітыкаў, лідараў, адчуць побач родныя душы. А побач страх, нядоля, цяжкая праца, выгнанне, турма… Усё гэта не з'явілася пазаўчора і не знікне паслязаўтра. Мы частка працэсу, які ніяк не можа скончыцца. Мы народ, які хоча стаць нацыяй. Але побач стаіць вораг такой моцы, што ад разумення гэтай моцы можна ашалець.

Тым не менш, калі я аналізую прычыны нашай сітуацыі, прычыны пратэснай актыўнасці, думаю пра будучыню, — разумею, што застаюся аптымістам. Не таму, што пасля цёмнай ночы надыходзіць раніца — гэта банальнасць ужо не задавальняе таго, хто бачыць чаканне даўжынёй амаль у тры дзесяцігоддзі. Я застаюся аптымістам, таму што ведаю: вечнае будзе вечным заўсёды. А што будзе важным праз 30 гадоў? Для беларусаў, для Беларусі. Рабі гэта ўжо зараз, рабі, як можаш, і ты выратуешся. Так я і жыву тут у Празе, у вельмі цяжкіх псіхалагічна ўмовах эміграцыі. Будучага папу рымскага Паўла VI аднойчы запыталі, што ён будзе рабіць, калі рускія ўвойдуць у Рым? А ён адказваў: „Я буду служыць імшу, як раблю гэта кожны дзень". І гэта зусім не аб пакорлівасці!

Дык усё ж — чаму? Чаму ўсё так, як ёсць? На гэтае пытанне я адказваю так. Рака, якая выйшла з берагоў, можа вярнуцца назад, але чалавек, які скінуў з сябе ярмо рабства, ужо амаль ніколі не захоча быць рабом. Тыя, хто абудзіўся, будуць мяняць сваю пазіцыю, гэта нармальна. Некаторыя нават пашкадуюць, што „ўляпаліся" ў гэта, але гэта не мяняе галоўнага. Вярнуцца не атрымаецца. Мы расплачваемся — хто за сваё маўчанне, а хто за маўчанне сваіх сваякоў. Пакуль Лукашэнка прыходзіў да ўлады, хто будаваў лецішчы, хто зарабляў на хлеб, каб пратрымаць сям'ю, хто наладжваў сваё жыццё? Простыя беларусы. Амаль усё грамадства падтрымала чалавека, які не павінен быў заняць тую пасаду, якую заняў. Паверылі, што змаганне можна спыніць, што ўсё будзе добра. Няма прарокаў у той момант, калі іх гатовыя слухаць. Дэпутаты незалежнасці не былі абаронены і падтрыманы. Пасля сістэма жорстка пакарала ўсіх — і тых, хто змагаўся, і тых, хто проста праходзіў міма. Дубінкі АМАПа не шкадуюць нікога. І не пашкадуюць.

Я згадваю і сваё жыццё да ўсяго. Лаўрэат стыпендыі прэзідэнта, выдатнік, дыплом з адзнакай, два зборнікі вершаў, сустрэчы з чытачамі, пастаўленыя спектаклі, дошка гонару ўніверсітэта. Фальшывыя каштоўнасці, якія я асабліва не шанаваў ніколі. Усё гэта засталося ў мінулым. Усё гэта засталося за бортам. А на важным месцы — сваякі, з якімі амаль і не сустрэнешся цяпер, сябры (ва ўзросце ўжо), якія не могуць з'ехаць з Беларусі, якіх я не магу пабачыць, якія сыдуць у іншы свет да таго, як я вярнуся ў Мінск. Мая бабуля, якая так чакае, так просіць, каб я прыехаў, і не можа зразумець, чаму я не вяртаюся. Усё мае свой кошт, а чалавек, які разумее кошт, становіцца больш адказным, больш шчырым і больш сумленным. 2020 год падарыў мне магчымасць развіваць мае найлепшыя якасці. І гэта перакрывае ўсю горыч таго, праз што давялося прайсці, што знікла ў віхурах і што яшчэ знікне. Чалавек павінен імкнуцца быць чалавекам.

Колькі нашых людзей зараз у Еўропе асэнсоўваюць і пераасэнсоўваюць сябе? Мы атрымалі магчымасць прымусова пазнаёміцца з культурамі іншых народаў, вывучыць мовы і атрымаць багаж ведаў, аб якім можна было толькі марыць. Але гэта і выпрабаванне для нас — ці здолеем мы застацца тымі, хто мы ёсць? Ці будзем мы беларусамі? Калі так, то што гэта для нас значыць? Я заўсёды смяюся, калі чую пра праект Лукашука „Беларуская нацыянальная ідэя". Але, з іншага боку, пошукі папараць-кветкі часам адсоўваюць ад сумных думак і дазваляюць больш свабодна марыць. Можа, сапраўды, у XXI стагоддзі трэба задаваць пытанне, на якое адказвалі ў XIX стагоддзі, і гэта не толькі спроба самапіяру?

Я перачытваю свае дзённікі, ліставанне з сябрамі з-за кратаў і знаходжу ў гэтым сілу да жыцця, маральную падтрымку. Яны — там, а я „по ту сторону решетки, которую почему-то называют свободой" (А. Фядута). Мой сябар Аляксандр Фядута асуджаны на дзесяць гадоў калоніі і цяпер знаходзіцца ля Магілёва. Я атрымаў ад яго каля 50 лістоў. У лісце, датаваным 3 кастрычніка 2021 года, ён напісаў такія словы: „Мне, кстати, как Вы догадываетесь, тоже грустно. С той разницей, что мне вот-вот исполнится 57 лет, что отмечать их я буду вполне по-„американски". А в остальном моя жизнь прошла еще быстрее. И хотя что-то я сделать успел (по крайней мере, в науке), изменить мир мне к лучшему так и не удалось. Это предстоит уже Вашему поколению, Александр Андреевич". Жыць трэба, трэба жыць, як пісаў класік. Жыву ў тым ліку і за тых, хто ў няволі, каб сапраўды змяніць свет. Можа, атрымаецца?

Тры гады я тушу пажары, тры гады майго жыцця падпарадкаваныя рытмам майго народа, маёй краіны. Я побач у думках і тэлефонных гутарках з роднымі палітвязняў, якіх катуюць і фактычна забіваць у турмах і калоніях, побач з тымі, хто вучыцца ва ўмовах моцнага ціску ў Беларусі, побач з тымі, хто шукае магчымасці выжыць тады, калі гэта амаль немагчыма... Я спрабую спрычыніцца да пабудовы новай сістэмы, новай Беларусі, якая магла б паспрачацца са старой за месца пад сонцам. Толькі ў гэтым я бачу выратаванне. Спрэчкі будуць заўсёды, а вось ці захаваецца наша краіна — гэта залежыць толькі ад нас, якія сёння па ўсім свеце ўголас кажуць: „Жыве Беларусь!" І я веру, што Беларусь застанецца!

Прага, чэрвень 2023
aliaksandr.parshankou@seznam.cz

ОТ РАЙОННОЙ ДОСКИ ПОЧЕТА ДО СТЕНДА «ИХ РАЗЫСКИВАЕТ МИЛИЦИЯ»

Алексей С.

Сначала я хотел извиниться, что пишу на русском языке, а не на своем родном беларусском. Когда я заканчивал Лицей Министерства чрезвычайных ситуаций, то очень хорошо знал беларусский язык и мог свободно на нем разговаривать. Я постоянно читал книги по-беларусски. Для поступления в высшее учебное заведение необходимо было сдавать письменный экзамен (централизованное тестирование) на русском или беларусском языке. Естественно, я выбрал беларусский. Сейчас, когда из-за угрозы быть арестованным я вынужден был уехать в Польшу, в моей голове начали путаться польские, беларусские и украинские слова.

Немного о себе. Мне 25 лет, я родился в маленьком поселке городского типа на границе с Украиной. Я был очень активным ребенком. Любил знакомиться и общаться с разными людьми. Любил читать, мне всегда нравилось и нравится узнавать что-то новое о мире, в котором я живу. Я хорошо учился в школе и постоянно принимал участие в районных олимпиадах по разным предметам. За успехи в учебе, а также за призовые места, занятые на различных олимпиадах, мою фотографию разместили на стенде «Ими гордится школа».

Лицей

Хотя все было хорошо в моей жизни, я понимал, что в родном поселке я могу получить не самое лучшее образование. Поэтому после шестого класса я принял твердое решение перейти в другую школу. Так как моя семья жила небогато, то было очевидно, что давать мне деньги на жизнь в городе никто не сможет. Кроме того, моя мама очень бы переживала за меня. Идеальным решением в данной ситуации оказалось поступление в Лицей МЧС. Я знал, что у меня будет крыша над головой, я буду под постоянным присмотром офицеров, а также буду заниматься у хороших педагогов.

В лицее я учился пять лет и закончил с отличным баллом аттестата. Во время учебы моя активность никуда не пропала: я участвовал в областных и республиканских олимпиадах, а также принимал участие в научных конференциях по всей Беларуси.

Когда пришло время определяться с дальнейшим поступлением, то у меня было два варианта: пойти по пути наименьшего сопротивления и продолжить учебу в университете МЧС, куда меня брали без сдачи ЦТ и каких-либо экзаменов, или поступить в лучший университет Беларуси — БГУ. Я выбрал Белорусский государственный университет, потому что мое любопытство и тяга к знаниям перевешивали все «прелести» стабильной жизни в силовой структуре. Мне хотелось и хочется самореализовываться, становиться лучше и умнее, а также приносить людям пользу, а не отчитываться «на ковре» у офицера, почему плохо вымыт пол или почему недостаточно хорошо тяну носок во время строевой подготовки.

Сейчас я невероятно счастлив, что сделал правильный выбор, поступив на специальность, к которой у меня лежит душа и где все зависит от меня и моих навыков, а не от офицера, который не может написать мне характеристику без орфографических и грамматических ошибок.

Факультет философии и социальных наук

Учеба в БГУ была восхитительной: ты сам за себя несешь ответственность, у тебя умнейшие преподаватели (в большинстве), тебя окружают интересные и талантливые однокурсники. Просто филиал рая на земле какой-то!

В университете я уже не был отличником, но все равно учился хорошо. Большую часть времени я посвящал студенческом союзу: участвовал в организации самых разных мероприятий для студентов факультета и БГУ в целом. В студенческом союзе мы с лучшим другом занимались поисками спонсоров для проведения мероприятий. Наверно, главным моим достижением в этой сфере стало то, что на последних двух курсах мы организовали любительский турнир по футболу среди студентов БГУ. Со скрупулезностью проработали все мельчайшие детали организации соревнований, сумели найти крутые призы победителям. В итоге в первом турнире приняло участие 150–170 человек, а на следующий год количество участников возросло до 250 человек. Забегая вперед, скажу, что мы планировали провести и третий турнир, но помешало то, что из-за преследований за участие в мирных протестах я уже находился не в Беларуси.

Я занимался привлечением спонсоров и партнеров на студенческие мероприятия неспроста, а потому что хотел после окончания университета пойти работать в сферу спонсоринга в футбольный клуб. Я с детства люблю футбол и другие командные виды спорта, всегда хотел работать в футбольном клубе. Сначала не представлял кем, но за время учебы в университете понял, как правильно совместить хобби и профессиональные навыки таким образом, чтобы работа была в кайф и давала деньги на жизнь.

В университете было много такого, что хотелось бы изменить. Например, было абсолютно неприемлемым отсутствие лицензионного программного обеспечения и вообще нормальных компьютеров для работы с базами данных, вторая смена для выпускного курса (когда 90 % студентов на последнем курсе уже работает), проведение занятий по физкультуре в субботу (когда студенты планировали самостоятельно поиграть в футбол субботним вечером). Возможно, так было только на моем факультете, но я сомневаюсь в этом. Однако перечисленные недостатки меркнут по сравнению с плюсами, которые дала мне моя альма-матер.

Поэтому после получения степени бакалавра я планировал поступать в магистратуру на свой факультет, чтобы повысить профессиональный уровень. К сожалению, этому не суждено было сбыться. 9 августа 2020 г. авторитарный правитель снова решил, что он самый хитрый, и решил в очередной раз сфальсифицировать результаты выборов, предварительно задержав всех своих основных конкурентов. С этим я был категорически не согласен.

Выборы без выбора

На самом деле перед выборами президента Беларуси 9 августа 2020 г. я был настроен максимально пессимистично. Существовала уверенность, что Лукашенко опять сфальсифицирует выборы, нарисует себе заветные 80 %. На площадь выйдет максимум несколько тысяч человек, которых ОМОН по отработанной схеме будет избивать дубинками, а потом их посадят в тюрьму. Кому повезет, того обвинят в административном правонарушении: судья назначит сутки или штраф. А кому не повезет, те поедут в тюрьму на 3 года или более. Я был уверен, что все произойдет по такому сценарию. Многие мои друзья собирались идти протестовать, потому что вся страна знала, что Лукашенко — вор и мошенник, и точно не сможет удержаться от фальсификации. Я отговаривал знакомых и друзей идти на протесты, потому что думал: это ничего не изменит, а участники могут потерять здоровье или свободу.

Но вечером 9 августа я был реально шокирован. Я не ожидал, что так много моих друзей поедет в центр Минска протестовать против фальсификации. Впервые в жизни я подумал, что у нашей родной страны есть шанс на нормальное демократическое будущее. В тот вечер и ночь ходили слухи, что где-то люди заставили силовиков сложить щиты. У меня появилась эйфория, что еще чуть-чуть — и мы сможем добиться новых честных выборов в стране, а Лукашенко по примеру Януковича улетит куда-нибудь в Ростов и никогда не вернется в Беларусь. Хотя я бы хотел, чтобы Лукашенко ответил перед судом за все свои злодеяния, а потом был приговорен к пожизненному заключению. Это был бы самый объективно честный и справедливый вариант.

В состоянии эйфории я начал собираться на площадь, потому что впервые в своей сознательной жизни понял, что народ проснулся и что я, как часть моего народа, обязан поддержать своих сограждан. Я лично обязан бороться за наши гражданские права, высказать свое возмущение обманом со стороны режима.

Одевшись и собрав самые необходимые вещи (воду, деньги и паспорт), я попытался вызвать такси до центра города, потому что я жил очень далеко. Неожиданно обнаружилось, что связи нет, интернета нет. Мне позвонил друг, находившийся в центре города, и сообщил, что ОМОН и внутренние войска начали разгонять и избивать честных беларусов, которым было небезразлично будущее страны. Поздно ночью появилась информация, что на Немиге было задержано около 2 тысяч человек, а информация о том, что где-то ОМОН перешел на сторону народа, оказалась фейком.

В тот момент я снова потерял надежду на демократические перемены в Беларуси.

Поэтому, когда 10 августа телеграм-каналы и мои друзья снова пригласили проявить свою гражданскую позицию, я отказался, подумав, что после массовых задержаний на протесты выйдет человек 300 и только в одном Минске.

Но и в этот раз я ошибся: вышло много людей и снова в моей голове поселилась надежда. Тогда 10 августа я пообещал себе: что бы ни случилось, сколько бы людей ни арестовали, но 11 августа я обязательно выйду на улицу и покажу, что я против воровства результатов выборов, против повсеместной коррупции, которая в Беларуси поставлена на конвейер, а также против добивания и так покалеченной экономики в стране. Это не были мои голословные утверждения, так как на выпускном курсе я работал в консалтинговой компании и принимал участие в проектах с государственными компаниями. Там творился такой неимоверный беспорядок! Если я напишу, что там считали выручку тоннами произведенной продукции, а не деньгами, то, скорее всего, мне не поверят. С 2016—2017 годов почти 90 % открытых акционерных обществ (ОАО) перестали размещать годовые финансовые отчеты, и с того же периода из около 1700 действующих ОАО к лету 2021 года осталось лишь 900. Так не должно быть в моей стране. И если я, зная все это и будучи недовольным диктатурой Лукашенко, останусь дома, то это будет означать, что я согласен с этим и являюсь предателем своего народа. Я не мог мириться с несправедливостью и беззаконием. Я — гражданин Беларуси и мой голос нельзя украсть, а меня обмануть!

Выход на протест

11 августа 2020 г. я вышел на улицу. У меня не было сомнений, я твердо осознавал, куда иду и с какой целью. Я не собирался драться или делать что-либо незаконное, я хотел выйти и просто показать, что не согласен с происходящим. Изначально я планировал с друзьями поехать в центр Минска, на Немигу, с историческим флагом Беларуси и стоять там до победного. Но выяснилось, что в тот день мои друзья решили сделать перерыв в беге от ОМОНа и остались дома. Тогда я написал о своем плане еще одной группе друзей. Мы договорились встретиться на станции метро «Пушкинская». Как я уже сказал, наш план был прост: выйти на улицу и стоять с бело-красно-белыми флагами, собирая вокруг себя таких же возмущенных выборами граждан. Стоять столько времени, сколько нужно для того, чтобы нас услышали. Когда я шел по дворам, заметил микроавтобусы с тонированными стеклами, наполненные людьми в масках. На борьбу с мирными беларусами был направлен ОМОН. Омоновцы со щитами и дубинками были одеты в форму, напоминающую космических рейнджеров. Они явно были возмущены тем, что какие-то непонятные граждане заставляют их работать вечером. Очевидно, что намерения у омоновцев были куда менее пацифистские, чем у меня и народа. Начались задержания протестующих. Весь вечер я убегал от ОМОНа: сначала на Пушкинской, а потом на Каменной Горке. Но ночью меня задержали и отвезли во Фрунзенское РУВД. Если честно, я предполагал, что если меня задержат, то будут бить. Но то, что случилось ночью 11 августа во Фрунзенском РУВД, я не мог даже представить! Огромное количество людей, стоящих на коленях лицом в пол, разбитые головы, унижения, удары электрошокером ни за что! Нельзя поднимать голову, нельзя ходить в туалет, нельзя просить воды. Это было ужасно и страшно! Я боялся, что меня могут убить! Тем более что так нас пугали, когда везли в РУВД. Милиционеры отказались от этой идеи не по соображениям гуманности, а, вероятно, просто потому, что им было лень. Я простоял на коленях до самого утра, на голове к этому времени образовался огромный синяк. Колени болели так сильно, что это не с чем сравнить; надеюсь, что никогда подобного больше не испытаю.

Утром сменились надсмотрщики и нас начали готовить к отправке. Тогда я думал, что нас должны везти в суд, где выпишут штрафы или дадут сутки, но нас повезли в ЦИП (Центр изоляции правонарушителей), который находится в переулке Окрестина. Вспоминать о том, что там было, у меня нет никакого желания, потому что это было еще ужаснее, чем в РУВД! В тот вечер я понял, что некоторые существа, внешне похожие на людей, совершенно могут ими не быть ментально и что человеческой жестокости нет предела. Забегая вперед, могу сказать, что моя теория подтвердилась, когда еще один престарелый маниакальный диктатор решил устроить войну в Украине.

На Окрестина я был трое суток. Меня выпустили по всеобщей амнистии 14 августа. Все это время меня искали по всей стране родители и друзья и не могли найти, потому что в милиции им никто ничего внятного сказать не мог. Компания, в которой я работал, наняла мне адвоката и психолога. Психолог помог не очень сильно, если честно. Я предполагаю, что мне он и не нужен был вовсе, потому что с раннего детства я люблю рефлексировать над своей жизнью и самостоятельно прорабатывать травмы. А вот адвокат помог. После выхода из ЦИПа я увидел вокруг себя новую Беларусь. Пускай власть до сих пор удерживает усатое шкловское чудовище, но мой народ проснулся. И пусть мы проиграли битву, но война с диктатурой продолжается.

Вынужденная эмиграция

Сейчас я уже третий год живу в Польше. Мы с моим лучшим другом открыли бизнес по производству спортивной экипировки, морально и материально поддерживаем Украину в борьбе против агрессии России во главе с ее кровавым диктатором. К сожалению, в Беларусь я вернуться не могу, потому что каждый месяц приходят участковые милиционеры к родителям, родственникам и соседям и спрашивают обо мне. Мою фотографию убрали с доски почета и повесили на стенд «Их разыскивает милиция». Получается, что все предыдущие заслуги можно перечеркнуть, если ты не согласен с диктатором.

Но я не теряю оптимизм и верю, что рано или поздно мы победим и народ Беларуси будет жить в свободной стране, так же, как и народ Украины.

Жыве Беларусь! Слава Україні!

Варшава, июнь 2023

ПОТЕРЯШКА

Тодар Шпак

...Но и тогда, и сейчас я не знал и не знаю, чего хочу. Для чего получаю с каждым годом все больше и больше бумажек, картонок, пластиковых карт. Люди, которых встречаю, дают работу, мимолетное увлечение собой. Кто-то дает приют, кто-то наполняет энергией и теплом, но все они рано или поздно уходят. К этому, наверно, привык каждый из нас еще со школы, а возможно, и с детского сада: рядом остаются лишь единицы людей. Незнание и одиночество — это боль эмигранта.

Мое окружение

На момент начала событий 2020 года я был студентом университета, домашним ребенком, хорошим сыном и внуком, бариста, человеком с большим количеством знакомых и ясным будущим в каком-нибудь офисе, где нужно было бы перекладывать бумаги с места на место.

После окончания гимназии я очень хотел поступить на юридический факультет, но Бог и родители уберегли. Я поступил в один из частных вузов страны на гуманитарную специальность и окончил первый курс практически с отличием. В частных вузах это было не очень тяжело. К большому сожалению, по моему мнению, многие преподаватели не имели базовых знаний, чтобы учить, а студенты — даже базовых школьных знаний. Это достаточно важное замечание, которое впоследствии дало возможность выйти из своего мыльного пузыря, где я был в конце списка умных людей, а в университете стал умнейшим среди глупцов.

На втором курсе я перевелся в БГУ. Мне вкратце рассказали, как работает университет, как выглядит правильная система образования, где и в чем я могу поучаствовать. Так началась интересная студенческая жизнь. Но тогда, в 2018 г., я даже представить не мог, что жизнь из интересной студенческой может превратиться в описанную в исторических книгах. Я до сих пор не могу понять, где нахожусь. В учебнике истории, в аннотации к социальному эксперименту или в дешевом боевике, где уровень абсурда зашкаливает.

Проблем с адаптацией после перевода в другой вуз не возникло. Мне очень повезло с преподавательским составом, сотрудниками деканата и однокурсниками. Мне улыбались с первого и до последнего дня, чему я очень благодарен по сей день. Академическую разницу в 12 предметов я пересдал за неделю, после чего полноценно приступил к учебе.

Чтобы понять, в каком окружении я учился, коротко опишу своих одногруппников. Они представляли разные социальные группы, разные города и деревни и даже разные страны, в том числе Китай и Туркменистан. Хотя, судя по отношению к людям, Беларусь и эти две страны мало чем отличались друг от друга; это же касается любви к культам, твердой вертикали власти и большого количества мужчин в форме на улице. Несмотря на колорит группы, никто не позволял себе хамского поведения по отношению к менее обеспеченным студентам, даже наоборот, все старались помочь друг другу. Каждый по возможности показывал свой мир, в котором он рос. Что характерно для факультета международных отношений — неуспевающих студентов было мало. Конечно, были спортсмены, которые поступали на факультет по специальной квоте. Встречались люди, которые много лет изучали английский язык, но читали по слогам. Все всё понимали, но даже эти люди не были отделены от группы. Сказать, что мы были дружными? Да, в какой-то мере даже очень дружными, но дружба в университете зачастую строилась на понимании пользы. Этим и был прекрасен университет. Мы учились жить во взрослом мире, потихоньку снимая розовые очки. Я был в этой компании харизматичным потеряшкой. Я был человеком для всех и ни для кого. Чтобы пройти из курилки до любого кабинета в университете, мне нужно было обнять минимум 10 человек. Не кривя душой скажу, что меня знал почти весь университет, однако близких друзей я не имел.

Что касается преподавателей и администрации университета, то нам очень повезло: у нас была относительная свобода, была возможность вести дискуссии. С деканатом у меня были прекрасные отношения. Иногда я приходил за советом именно к этим заботливым женщинам. Мне всегда улыбались, помогали и иногда даже угощали едой. До 2020 года преподаватели практически все были добры и вежливы, с достаточно хорошим чувством юмора и умением правильно расставить границы. Были и преподаватели, от которых «страдали» почти все студенты. Нужно отдать им должное: предметы этих преподавателей я знаю до сих пор. Это были мастодонты своей специальности, и это вызывало уважение. Именно к таким преподавателям меня всегда направляли первым: при опоздании, на сессии либо при возникновении каких-либо вопросов. Они не могли на меня злиться и всегда начинали улыбаться, чем пользовались другие мои одногруппники.

2020 год многое поменял

Университет — это место, где одни используют свои сильные стороны для выживания, а другие используют твои сильные стороны в личных интересах. Я тоже использовал сильные стороны своих одногруппников.

Что касается политики, то ее мы обсуждали на лекциях, на семинарах, постоянно читали новости и изучали характеристики разных политических систем. Однако про внутреннюю политику высказывались единицы преподавателей. Скорее всего, опасались. Одногруппники в неофициальной обстановке очерчивали свои позиции более четко и ясно. Однако те из них, кто больше всего рвался проявить свою позицию в «мирное время», впоследствии вели себя во время выборов «ниже травы», боялись проявить хоть какую-то смелость. Я же, как и большинство одногруппников не сильно разбирался, как функционирует политика и экономика. Часть из нас уже работала, часть искала работу в сфере IT, часть хотела уехать за границу. Нас мало интересовало происходящее с предпринимателями, мало интересовали заработные платы в селах, мало волновало, как работает пенитенциарная система в стране, а также чьей зоной влияния мы являемся. Нет, мы не были дураками, мы прекрасно понимали в каких условиях живем, понимали, что у нас автократия, понимали, что советские стереотипы передавали из поколения в поколение даже после распада советской империи. Понимали, что, если хочешь жить хорошо, нужно уезжать или искать возможность пробиться в верхи. Можно сказать, что, пока нам давали жить, мы жили и наслаждались студенчеством.

Для меня студенчество закончилось с началом ковида

Вместе с другими студентами я участвовал в конкурсе, который проводился факультетом. Один студент из нашей команды заболел, так я официально попал в зону риска. На следующей день мне позвонил санитарный врач и спросил, в какое время меня будет удобно госпитализировать. Я стоял недалеко от станции метро «Октябрьская» со своей подругой, которая давала мне уроки французского. Собственно, это было наше третье и, как оказалось, последнее занятие. В головах у нас в тот прекрасный солнечный день была только одна мысль — «конец всему». Никто на тот момент не представлял, насколько опасен ковид, как он реально передается, какие симптомы. Даже самая маломальская статистика смертности отсутствовала. У нас в стране в принципе проводится политика «умиротворения» по отношению к психике населения. Если взрывается АЭС, идет революция, случилась пандемия, то ты, скорее всего, никогда не узнаешь всей правды. В худшем случае в застенках на Володарского тебе объяснят, что твоя правда никого не интересует. Эта истина стала явной для нашего поколения начиная со времени ковида.

Через три часа ко мне приехала скорая помощь, правда, без специального бокса, куда клали зараженного ковидом человека. Пока я измерял температуру, девушка-фельдшер гладила моих котов. Я просто паниковал — на всякий случай. Когда я позвонил родителям и сказал о госпитализации, мама рыдала в трубку и умоляла не умирать! Если честно, я и не планировал.

Кожвендиспансер, в котором я лежал вместе с другими студентами и преподавателями факультета, контактировавших с заболевшим, казался мне чем-то вроде парка развлечений. Мне разрешали курить в туалете, друзья передавали коньяк в термосе, а родители — вкусную еду из дома. Вечерами я высовывался из окна и слушал истории про Китай от старшего знакомого с факультета. Мы играли в онлайн-игры со всем факультетом. И держали нос по ветру.

Меня выписали через пять дней. Я был одним из первых «на свободе», но мне никто ничего не объяснил, просто сказали: «Собирай вещи». И больше никакой информации.

Скорее всего, ковид меня больше не коснулся бы напрямую, но мои родители — врачи. То, что тогда происходило с медициной, можно сравнить с сущим адом. Не было сменных комплектов защиты, все стиралось по несколько раз. Масок было лимитированное количество — одна, максимум две на смену. Крутись как хочешь. Так было везде: от стационара до скорой помощи и реанимации. По телевизору говорили, что у нас все хорошо: медики всем обеспечены, никакой помощи не нужно. Государство практически бросило медиков, да и всех беларусов, на произвол судьбы. Медицинские работники рисковали жизнью. Так вот, мои родители заболели и более 50 дней провели в больнице с двусторонним воспалением легких. По этой причине мне нужно было находиться 14 дней на домашнем карантине: я не мог навестить родителей и каждый день боялся их потерять.

Вот именно тогда я начал ненавидеть пропаганду, правительство, милицию, судей, прокуроров и всех остальных так называемых слуг народа. Чиновники с разных этажей вертикали власти боялись вызвать панику и поэтому заставляли всех вокруг умирать или лишаться здоровья с «кляпом во рту». Тогда я впервые желал смерти ничтожествам, которые из-за страха за свою шкуру делают все, чтобы люди страдали.

Все предыдущие события начали перерастать в очередное антиутопическое событие — предвыборную гонку. Опираясь на опыт предыдущих выборов, я знал, что приятного будет мало, но в этот раз на стороне добра был общедоступный интернет, сильное недовольство и дикая усталость от пандемии.

Все понимали, что начинается игра без правил. Было очень интересно, как власть будет действовать в отношении оппозиции, что будет в этот раз делать с людьми и будет ли это похоже на 2010 год.

Описание предвыборного процесса достойно отдельной книги

Если быстро пробежаться по основным моментам, то первые аресты оппозиционных лидеров были ожидаемы. 29 мая 2020 г. в Гродно задержали Сергея Тихановского. То, что это будет так грубо и нагло, что это будет за несколько месяцев до выборов, а тем более что власть будет использовать комбинацию, где пожилая проститутка станет полноценной коллегой молодых милиционеров-симулянтов, — это было «вау».

Такие длинные очереди при сборе подписей я видел впоследствии только для получения апостиля, чтобы выехать из страны. Километровые цепочки людей, которые искренне улыбались, когда увидели, сколько таких же беларусов, как и они. В тот момент начинался праздник.

Следующим этапом стала полная зачистка кандидатов: убрали почти всех. Власть издевательски бросила народу «кость»: оставила жену Сергея Тихановского Светлану в списках для голосования, чтобы сделать из нее куклу для битья. Но и оппозиция, и простые люди увидели в Светлане единственную возможность! Телефон из рук не выпускал ни я, ни любой другой беларус, чтобы не пропустить следующую новость.

После была череда митингов со своими героями и шлейфом абсурда

А потом состоялись выборы. Наблюдатели стояли за дверями участков, члены избирательных комиссий, больше похожие на скукоженных ящериц, сидели внутри и дрожащими руками начинали подделывать первые протоколы.

Я ездил к друзьям, которые стояли на пунктах «защиты здравого смысла» на территории школы, а точнее между входом в учебные заведения и пивным ларьком с завсегдатаями, и привозил им воду. Тогда я увидел, как «блюстители закона и правопорядка» проявляют крайний гуманизм, я бы даже сказал — какую-то особую любовь к представителям нетрезвого населения нашей столицы. Что касается независимых наблюдателей — людей с высшим образованием и биноклями в руках — то такие люди нашему государству явно были не нужны.

9 августа 2020 года — день выборов. Столько людей в белых рубашках, с белыми браслетами на руках и с искренними улыбками на лицах до этого я не видел ни разу. Соседи наконец, спустя много лет, узнали, что с другими соседями можно разговаривать и получать от этого удовольствие, а не только кивать головой при встрече. Кажется, в тот день люди по всей стране познакомились друг с другом.

Что касается самой процедуры, то милиция нагло смеялась людям в лица: мол, ничего у вас не получится, вы черви, а мы короли. Лица у членов избирательных комиссий были соответствующие. Но люди были счастливы и уверены: вот-вот, буквально через несколько часов, они снимут с себя кандалы, ибо невозможно обмануть столько человек. Все же видят, что победила Тихановская.

Вечером я пришел на участок, чтобы посмотреть предварительные результаты выборов. Туда также пришли несколько сотен соседей. В школе, где находился мой избирательный участок, окна были завешены плакатами про бравых пионеров. Потом начали выключать свет, чтобы мы ничего не видели. Несколько раз приходила милиция, чтобы отогнать нас от окон. Мы же пели, смеялись над их трусостью и получали первые смс от знакомых: «На соседние участки приехал ОМОН и пакует людей. Берегите себя!» Действительно, в гимназии, в которой я раньше учился, в момент, когда мы пели песни, начались первые задержания, но делалось это почти без применения силы. Этим людям повезло; вернее, повезло больше, чем другим пяти тысячам задержанных в ту ночь.

Около девяти вечера полностью погасили свет на избирательном участке. Результаты так и не вывесили. Вышла сотрудница милиции и сказала всем расходиться. Люди требовали выполнить их законное право — увидеть протокол с результатами голосования. Комиссия к собравшимся так и не вышла.

Я вернулся домой, собрался к выходу в город. Ночь должна была показать, что люди увидели наглый обман. В центр города начали стекаться группы людей: студенты, рабочие, врачи, архитекторы, байкеры... Мы все шли к стеле. По всему пути стояли патрули по два-три человека. Они тряслись, когда видели, сколько людей идет в центр. У нас же был дикий азарт, глаза горели. Беларусь начала оживать!

Немига нас встретила грохотом. Никто не понимал, откуда этот звук: дикий звук, как будто сотни отбойных молотков одновременно разбивают асфальт. Автозаки в огромном количестве ехали по мосту. Не прошло и трех минут, как дорогу к стеле перекрыли несколько десятков одинаковых черных тел со щитами. Если вы когда-нибудь слышали, как сотня человек стучит твердой резиной по металлу, вы никогда не забудете этот звук. Люди начали убегать. Рядом со мной стоял человек, который громко кричал: «Мы не куропатки! Конфетами нас тут угощать не будут. Мы либо идем вперед, либо нас перебьют». Люди остановились, развернулись и пошли на ОМОН с белыми лентами на запястьях. Сразу скажу, это оказалось не лучшим оружием в борьбе со злом. Передо мной ударили девушку. Удар был такой силы, что скатал ткань на ее байке. Девушка от шока замерла и ожидала следующего удара по маленькому хрупкому телу. Я выдернул ее из толпы и посадил на бордюр. Со мной в толпе остался только один друг, остальные друзья убежали. Я оттаскивал друга от ОМОНа. В эти секунды мы увидели и услышали первые взрывы светошумовых гранат. Я сказал, что нужно отходить. Спорить со мной никто не стал, все понимали, что нас либо будут брать в тиски, либо у нас есть несколько минут и мы успеем уйти. Мы начали уходить дворами, через какие-то кусты, слыша, как в соседних закоулках «доблестные» представители власти охотились на людей. Мы вышли к проспекту, там нас ждал друг на машине. Интернета в стране уже не было три часа. Я впервые за лет семь отправлял СМС. Проспект гудел: это был сплошной длинный гудок. Из окон машин девушки размахивали бело-красно-белыми флагами. Они праздновали и даже не знали, что в километре во дворах началась бойня. Оставшуюся часть ночи мы не отрывались от телефонов, читали новости в независимых каналах: кого-то задержания, кого-то переехал автозак. Писали о взрывах, о том, что в Пинске на улицах закончились скамейки и ОМОН, о том, что застрелили человека.

Утром наступила пугающая тишина. Только по телевизору на кухне передавали новости о победе Лукашенко. С самого утра мы с друзьями сидели в кофейне. Город жил в обычном ритме, как будто ночью ничего не происходило. Потом я с другом поехал в строительный магазин, ибо ночь обещала быть такой же, как и предыдущая, возможно и хуже, поэтому хотелось иметь хотя бы каски. Так и оказалось. Мы договорились, что будем оказывать медицинскую помощь пострадавшим и развозить людей по больницам. К вечеру многие водители начали вешать на свои машины надписи с красными крестами, грузить аптечки и выезжать в город. Около девяти вечера мы начали получать сообщения, что на Пушкинской начиналась чуть ли не гражданская война. Начало выходить Уручье. В Серебрянке ОМОН боялся подойти к протестующим. Мы стояли между двумя станциями метро, «Петровщина» и «Малиновка», у скульптуры зубра — на одной из крупных стоянок. У парка начали собираться люди. Сначала было около 30 человек, а через каких-то полчаса парк и прилегающая территория заполнились людьми. Мегафон без перерыва повторял кричалки и давал понять всем, что никто не сдастся. Еще через двадцать минут парк начали окружать автозаки. Около четырех сотен форменных тел с дубинами наперевес беспощадно били людей, кидали гранаты, стреляли резиновыми пулями. Мы стояли через дорогу и не понимали, что делать дальше. Начали развешивать на столбы аптечки. Позже за спинами услышали стрельбу. Выехал черный джип с вдребезги разбитыми стеклами и помятым кузовом. Из него вышло четыре бледных как смерть мужика. Они попросили нас проверить безопасную дорогу для отъезда. Одна машина поехала проверять дорогу, а мы остались на месте, чтобы в случае чего запрыгнуть в машину и увезти оставшихся пятерых. Мужики сказали, что они, как и я с друзьями, стояли с красными крестами на машине, когда прилетели первые удары и вопросы от сотрудников ГАИ: «Кого вы, суки, собрались спасать?» К часу ночи мы разъехались по домам. Следующие ночь и день мы сидели дома.

VPN дал возможность выхода в интернет, это было день на четвертый после выборов. Тогда содрогнулись все: сотни видео, где люди кричат от боли за стенами РУВД и Окрестина, фото людей с кровоподтеками, переломами. В четвертую ночь появились страх, боль ужас и гордость. Волонтерский лагерь и солидарность... Мы узнали, что наши друзья, бывшие одноклассники, коллеги с работы пережили пытки. Следующим утром я созвонился с одноклассницей, и мы поехали в БСМП, где увидели полностью переломанного друга. Никто не сдерживал ни слез, ни злости.

В воскресенье 16 августа в центр города стекались уже целые реки с бело-красно-белыми флагами. Это был самый счастливый день 2020-го года. Улыбки, отсутствие страха, уверенность в победе, на лицах у людей было все. Красота и гордость, которой я не встречал ни до, ни после. Я никогда не считал себя патриотом, однако всегда был пацифистом. После первых новостей с Окрестина я понял, что в этом случае патриот и пацифист — это один и тот же человек.

Дальше был незабываемый месяц — ежедневные посиделки с соседями, еженедельные марши по воскресеньям. Нелепые новости, в которых бывший президент бегает без рожка в автомате, так что даже собственная свита над ним смеется. Выступления по телевизору, где во всеуслышание бывший президент признался, что давал приказы убивать людей... И постоянное вранье, вранье, вранье...

Люди начали самоорганизовываться, создавать независимые профсоюзы, собирать деньги, искать возможности для помощи друг другу. Так мы всей страной подошли к началу нового учебного года. Первого сентября студенты не сидели в аудиториях. Студенты гуляли по городу, гуляли громко.

Четвертого сентября в МГЛУ ОМОН решил провести задержания. Пятого сентября студенчество с плакатами вышло на улицу, чтобы дать понять, что мы не мясо, с нами нельзя поступать как с рабами. Я отпросился с французского, буквально минут на пятнадцать, чтобы спеть песни во внутреннем дворе университета. Преподаватель очень не хотел меня отпускать, потому что сильно за меня волновался. Я заверил, что все будет хорошо и я обязательно вернусь на пару. В следующий раз мы встретились через 10 дней.

Каждый раз, выходя на протест, я хотел, чтобы прекратилось насилие, чтобы людей уважали и перестали унижать.

Впоследствии мой декан говорил: «Я смогу призывать студентов и преподавателей выйти на улицу только тогда, когда смогу обеспечить их полную безопасность». В тот день часть преподавательского состава вышла на улицу вместе со студентами. Около полутора сотен знакомых лиц с разных факультетов пытались попасть на проспект, чтобы присоединиться к общему студенческому маршу. Однако пять серых микроавтобусов «Спринтер» исключили для нас такую возможность.

Первую атаку наша сцепка сдержала, даже несколько минут удалось поговорить с сотрудниками подразделения о тотальной несправедливости происходящего. Как только сцепку начали рвать, я отдал вещи своей преподавательнице и попросил в случае задержания отдать их родителям. Преподавательница с сыном смогла спрятаться в кафе, недалеко от магазина «Глобус». Когда передо мной флагом пытались удушить младшекурсника, у меня в первый раз пропал страх и пришло понимание, что тела в масках — это всего лишь люди. Я сильнее их! Я одной рукой смог спасти от удушения товарища. Сцепку рвали минут пять, но никакого успеха. Мы выстояли. Бусы уехали, часть студентов пошла обратно в университет, часть продолжала движение к колонне. Микроавтобусы вернулись через несколько минут. Нас было гораздо меньше, чем в первый раз. Оставшиеся стояли вдоль стены ресторана, где нас вырывали из шеренги по одному. Девушка рядом упала в обморок. В эту секунду страх пропал окончательно. Я начал кричать на ОПГ (организованную преступную группировку), которая нас задерживала, чтобы они вызвали скорую. Я помню глаза, которые смотрели на меня из-под маски. В тот момент сотрудник просто стоял и трясся в оцепенении. Однако его коллеги начали заламывать мне руки сзади. Последние две фразы, которые я успел сказать на свободе: «Ни хрена, пацаны, никуда я с вами не пойду… Меня мама дома убьет». Я попросил незнакомую девочку, стоящую передо мной, поцеловать меня, ибо неизвестно было, через сколько я увижу милые мне лица. Девочка поцеловала меня, я улыбнулся. Сзади несколько огромных ладоней с силой оттаскивали меня от девушки. Меня и коллегу по несчастью задерживали шестеро матерых мордоворотов. Мы держали друг друга под руку. Мы чувствовали себя мешками с картошкой, такая национальная черта — сравнивать себя именно с этим корнеплодом. Руки нам так и не смогли заломить, поэтому просто толчками впихнули в микроавтобус и поставили на колени. Я пытался симулировать сердечный приступ, чтобы вызвали скорую помощь и не везли в тюрьму. Парень, с которым нас задерживали, начал говорить по-французски, я перестал держаться за сердце и начал подыгрывать: «Это студент по обмену, из самой Франции приехал, а я переводчик». Так следующие 40 минут мы и ехали, перешептываясь на французском. Когда один из милиционеров начал кому-то жаловаться по телефону, что у него очень тяжелая работа, один из задержанных громко поинтересовался: «А не пожалеть ли тебя, сука?» Это был самый напряженный момент задержания.

После задержания нас привезли в Ленинское РУВД, где сфотографировали, сделали опись имущества. Меня вызвали к начальнику и сказали, что будут судить за организацию массовых протестов. Но я был лишь простым участником, что впоследствии показала проверка телефона и видео с камер сотрудников.

Через час под стенами РУВД стояли родители, одногруппники, СМИ. К нам приехали деканы, которые принесли нам соки, печенье и, что было очень иронично, сухари. Они смогли договориться, чтобы большую часть студентов отпустили. Однако меня не отпустили и обещали показать все прелести работы пенитенциарной системы.

Перед тем как нас посадили в автобус для поездки в одно из самых непривлекательных мест города, мы успели поперекрикиваться с родными, поблагодарить декана за еду и поддержку, пообещав, что с нами все будет хорошо. Я решил узнать у майора, что он будет делать, если протест победит. В ответ он сказал, что заявления на случай смены режима уже лежат у каждого милиционера дома: «Просто скажем, что мы очень хотели уйти, но нас обещали посадить. Мне кажется, что нам поверят... А вам удачи, пацаны». Нас еще несколько раз сводили покурить, и мы отправились в путь. Картина была жалкой: худой парень в балаклаве — конвоир, рядом несколько студентов-бугаев и водитель с отвратительным музыкальным вкусом и мерзким чувством юмора. Ехали мы под песню «Кайфуем» — до сих пор не хочу знать, кто ее автор.

На Окрестина нас поставили по 2-3 человека в бетонные стаканы. Потом выводили по одному, раздевали, просили проверить вещи: сходится ли все с протоколами описи, спрашивали про хронические болезни и возвращали в стаканы. Процедура прошла достаточно быстро, на все ушло около получаса. Мы за это время успели нанести одну из сотен надписей на стены стакана, что-то вроде: «Студенты по 23.34 передают привет следующим сидельцам» — и дата. Весь стакан был исцарапан подобным. Потом повели в камеру. Мы начали лепить четки из заплесневелого хлеба, который лежал на полу, попросили туалетную бумагу и сигарет, смогли выпросить еще ручку и пару листиков бумаги, играли в мафию. Нам повезло: молодому конвоиру было очень интересно с нами говорить. Парень был совсем зеленым — по ощущениям, даже младше меня.

Кормить нас, к сожалению, в тот день не стали и прикурить принесенные сигареты было не от чего. Мы просто много говорили. Следующим вечером пришел этот же молодой конвоир, принес свою ссобойку из дома. Он давал нам прикуривать каждый час...

Допрос проводили крайне мерзкие люди. Я не знаю, что они хотели узнать, имея такой скудный словарный запас с превалирующими выражениями, начинающимися с «бля». После допроса нас вернули в камеру. Когда мы спросили у молодого конвоира, что он тут делает, то услышали: «Если бы меня тут не было, вам было бы легче?» Вопрос был, естественно, риторический. Почти ночью пришла первая передача, в которой мама передала книгу, где между строк на 19-й странице было одно сообщение: «Будет адвокат».

На следующий день начался суд. Я был в рубашке, жилетке, брюках — одним словом, одет с иголочки. Ну а что хотели? Задержали личность. Суд проходил по «Скайпу»: я — на Окрестина, суд — никто не знает где. За моей спиной сидел явно понимающий весь контекст участковый. За все время в комнате он ни разу не смог посмотреть мне в глаза. Ко мне на суд пришли все, кого я ждал и не ждал: родители, лучшие друзья, одногруппники, журналисты. Около 50 человек в общей сложности. Судья, судя по ее лицу, не понимала, кого будут судить. Суд длился три часа. Родители и ребята из университета сделали все, чтобы меня выпустили в тот же день. Они принесли три ноутбука для того, чтобы показать видеозаписи, взяли характеристику из деканата, которой позавидовал бы любой специалист. На тот момент мне было важно увидеть родителей: убедиться, что с ними все хорошо и они держатся. Мы успели перекинуться несколькими предложениями, и я успокоился. Суд хоть и шел три часа, но вердикт был написан у судьи заранее — 10 суток. Я услышал, как мама спросила: «За что?» Одногруппницы начали плакать. Я закрыл ноутбук и вышел в коридор. Меня никто не останавливал. Я просто вышел, сходил умыться и остался ждать, когда меня заберут обратно в камеру. Как только я уселся на лавку в коридоре, вошел человек, который с порога спросил: «Ну что, всем фашистам дали сутки?» Тогда впервые моя интеллигентность дала сбой: я спросил, кто эта сука такая и где ее научили так разговаривать. Его речь была даже не трасянкой, а каким-то неведомым языком. Сразу было видно, что учился он крайне плохо и не знал даже базовых правил русского языка, о правилах этикета даже говорить не нужно. У нас произошла перепалка, в которой на мою сторону встали двухметровые задержанные по административному делу и даже следователи, которые находились в тот момент рядом. Они просили меня не трогать юродивого. Юродивый же, поджав хвост и уши, спешно удалился. Оказалось, что это был следователь, и я осознал, что нашу судьбу решает тотальное быдло. В эту ночь нас перевели в ЦИП (Центр изоляции правонарушителей). Мы несколько часов стояли в прогулочном стакане. Я украл из личных вещей сигареты и спички и все это время мы курили. Тринадцать незнакомых людей в небольшом пространстве. Были ведущие с БТ, известные люди с забастовок и никому не известные студенты. Нас привели в камеру только двоих: меня и младшекурсника, с которым нас вместе задержали. Это была самая холодная ночь в моей жизни. Окно, которое невозможно закрыть, мышь, грызущая пол. Кого-то бьют в коридоре, и слышны стоны. А два студента обнимаются, чтобы согреться, и ждут, когда придут бить их. От страха мы так часто ходили в туалет, что в конце концов ничего, кроме воды, из нас не выходило.

Утром нас этапировали в Жодино. Я успел познакомиться с будущими сокамерниками, перекрикиваясь из стакана в автозаке. По приезде — очередная процедура с оголением тела и проверкой личных вещей и передач. Потом формирование камер и расселение. Лагерь совсем не детский, а очень и очень взрослый. Со мной сидели двое ребят, которых задержали вместе со мной, несколько айтишников, маркетолог, рабочие и один зэк, который явно был «ушами». За семь дней мы успели провести несколько курсов для общего развития, кто-то учил программированию на бумаге, я учил английскому, а в конце дошло даже до мастер-класса по пикапу. Остальное время мы читали, учили феню и разгадывали кроссворды. В душ нас не водили. На прогулке за все время были 15 минут. Однако благодаря баландерам (заключенные, которые разносили еду) мы могли относительно свободно курить. Со мной сидели очень приятные люди, очень воспитанные, с образованием, многих из которых я встретил потом в Варшаве. Дни тянулись медленно, но я держался, в особенности благодаря маминым запискам в книгах; я их читал как мантру и каждый раз, прочитывая перед сном, улыбался во все 32 зуба. Что важно отметить — за это время я перевидал много разных конвоиров, но запомнил надолго лишь одного, к которому начальство и коллеги обращались: «Миша, бля, как ты задолбал, иди сюда». Мне кажется, что это был самый известный конвоир в Жодино. Одним словом, каким вы себе представляете чмо, так и выглядел Михаил.

Из тюрьмы я выходил с широкой улыбкой. Меня встречало четыре машины: мама и папа, родственники, друзья. Меня встречали, как героя. Мама и вообще говорила, чтобы я лимон съел, ибо люди после тюрьмы с улыбкой не выходят. Из самого запоминающегося: мама спросила, курил ли я. На что услышала ответ на чистой фене: «Когда баландер чиркала на тормоза передал, смолили, а потом бычковали». От сленга я избавился достаточно быстро, а вот руки за спиной держал еще полгода...

За десять дней родители состарились на десять лет...

Во дворе меня встречали, как самую радостную весть, я был одним из первых, кто отсидел. После меня отсидел почти весь двор. Я столько лет не знал, что рядом живут такие прекрасные люди. Меня встречала почти сотня человек. Это был праздник. Наш флаг развевался везде. В университете меня тоже встретили, как легенду из сказок: обнимали все, даже декан и администрация, что уж тут говорить о студентах.

Мама каждый раз, отпуская меня в город одного, впадала в истерику, если я не брал трубку через два гудка: бралась за сердце и валидол. Поэтому в январе 2021 года я эмигрировал. Потом ненадолго вернулся в Беларусь, наверно, на предпоследнем самолете, защитил диплом и уехал обратно.

Я выучил язык, работал в ночные смены уборщиком в ночном клубе, хотя мне раньше говорили, что дворников с высшим образованием не бывает. Несколько раз попадал в передряги, где мое и без того замученное лицо заливали перцовым газом. Затем поступил сразу в четыре университета. Выбрал специальность, связанную с политологией, и уехал из Варшавы.

Потом началась война. Беларусь оказалась ее непосредственным участником, причем со стороны агрессора. Я делал все возможное, чтобы отстоять свое имя и племя. Я ездил на границу, где готовил еду, волонтерил на вокзалах и в общежитии, помогал финансово и морально всем, кому мог помочь. Собственно, этим я занят до сих пор. Я видел столько опустошенных взглядов, что через их призму посмотрел на жизнь от и до. Многие за всю жизнь не смогли бы увидеть такое количество горя и боли, сколько видели эти глаза. Почти четыре года беспрерывных приключений и событий, каждое из которых достойно отдельной книги, были лишь легким шлепком, который мне дала Судьба в сравнении с тем, что пережили эти люди.

Что же в итоге? Рад ли я такой жизни? Вижу ли я будущее? Смогу ли когда-нибудь вернуться домой?

А в итоге я рад, что моя жизнь стала действительно неповторимой, я рад, что вижу жизнь такой, какая она есть, — многогранной, прекрасной и уродливой одновременно.

Я маленькая, но неотъемлемая частичка истории мира. Будущее я вижу не дальше, чем на неделю, однако планы стараюсь строить. Тоска по дому крепко сидит во мне. Я думаю об этом слишком часто. Разумом я понимаю, что я представитель далеко не первого поколения беларусских эмигрантов, которые надеялись на скорое возвращение домой, но не смогли вернуться.

Я лишь хочу навещать могилы своих родственников, ибо почти все близкие живые также покинули Родину. Поэтому я буду продолжать лелеять надежду на возвращение.

Я прекрасно понимаю, что, даже вернувшись домой, я так и останусь эмигрантом

Пока я не понял: выиграл ли я золотой билет в светлое будущее или проклятье остаться навсегда вне дома. Пока не могу делать выводы. К сожалению, еще не так много опыта. Я знаком с лидерами оппозиции, пусть даже мельком. У меня очень большое уважение к людям, которые стараются сделать наше будущее светлым. К 2035 году я сделаю все возможное, чтобы стать значимой фигурой в моей родной и прекрасной стране, я приложу все усилия, чтобы вернуться домой.

Как же я могу помочь сам себе и другим беларусам, находясь в эмиграции? Я получаю образование и рассчитываю только на свои способности. Я стараюсь как можно быстрее обрести работу в международных организациях, которые имеют возможность влиять на ситуацию в нашей стране. Я уже являюсь ассистентом европейского посла. Дальше буду стараться попасть в приближенные к ПАСЕ структуры и быть полезным своей стране. И работать, работать и еще раз работать. Развиваться во всевозможных направлениях, чтобы, вернувшись домой, быть полезным.

Чего же все-таки хочу? Я хочу чистой любви, счастливых родителей, друзей рядом, вернуться домой, справедливости, хочу, чтобы быдло, которое издевается над людьми, получило по заслугам, хочу счастливой и обеспеченной жизни, а в конце — самый длинный и яркий некролог в мире.

Я буду гореть и светить, я буду гореть и греть.

Сейчас мне 23 года. Я эмигрант, студент магистратуры, сын, ассистент европейского посла, бармен, переводчик, европеец, беларус, одновременно инфантильный и очень ответственный. Таких, как я, называют потеряшками. Но благодаря таким, как я, человечество найдет путь.

Польша, июнь 2023
todarszpak@yahoo.com

МЫ НЕ ВЫБИРАЕМ ВРЕМЕНА, МЫ В НИХ ЖИВЕМ

Pan Robak

Мы не выбираем времена, в которых нам жить. Но мы выбираем путь, который нам предстоит пройти. Так говорил в своей видеоавтобиографии Виктор Дмитриевич Бабарико, наиболее популярный в обществе кандидат в президенты Республики Беларусь.

Я, как и многие другие беларусы в 2020 г., выбрал путь противостояния беззаконию, лицемерию и наглости режима. Этот год стал поистине знаменательной главой в истории современной Беларуси, временем, когда сотни тысяч неравнодушных людей сообща бросили вызов диктатуре и начали борьбу за свои права. Миллионы наших соотечественников с замиранием сердца следили за событиями и всячески поддерживали друг друга, веря в скорую победу. Это время, когда беларусское общество продемонстрировало свою зрелость, готовность к переменам и демократии, стремление к государству, где соблюдается закон и учитывается воля народа. Однако такой народный подъем был не всегда: еще за полгода до выборов мало кто мог представить ход событий.

Я постараюсь проследить хронологию стремительной эволюции не только беларусского общества, но и себя как неотъемлемой части этого общества, вспомнить, какие эмоции меня наполняли, проанализировать идеи и цели народного протеста. Поговорим о том, с какими трудностями сталкиваются молодые беларусы сейчас, спустя три года после событий 2020 г., будучи вынужденными искать новый дом на чужих землях. Постараемся представить, что еще нам предстоит испытать и сделать.

Пандемия

Начало 2020 года стало тяжелым испытанием для всего мира. Человечество столкнулось с вызовом, к которому оказалось совершенно неготовым: переполненные больницы и пустые полки аптек, отмененные рейсы и закрытые границы, сотни тысяч жертв и локдауны. Международные организации и правительства стран по всему миру объединяли усилия, чтобы противостоять пандемии коронавируса.

В то же время авторитарный режим в Беларуси оказался совершенно некомпетентным перед лицом непривычной угрозы. Именно это стало поворотным моментом для беларусского общества. Чиновники и руководители на местах в большинстве своем бездействовали: они просто не умели принимать решения и ждали указания сверху. Пока беларусы самостоятельно искали возможности минимизировать распространение коронавирусной инфекции — старались перейти на удаленную форму обучения и работы, проводили время на карантинах и переживали за своих близких — власть не просто игнорировала существование проблемы, а своими действиями фактически усугубляла положение. С экранов телевизоров и из газет беларусы слышали наглую ложь и откровенную глупость. Пока Лукашенко не замечал в воздухе вирусы и сгонял стадионы бюджетников, чтобы потешить свое самолюбие, гражданское общество объединялось и действовало. Волонтеры и обычные люди собирали деньги, средства индивидуальной защиты. Коммерческие организации закупали сотни тысяч респираторов, препаратов и прочих необходимых вещей для врачей, организовывали их доставку в больницы. Тем временем Минздрав занижал или вовсе не публиковал данные по количеству новых случаев заболевших и умерших. Пока студенты отстаивали право не посещать занятия в целях безопасности, администрации учебных заведений пытались найти компромисс между преступными указаниями сверху и объективной реальностью. Совместными усилиями общественные инициативы и бизнес за считаные недели смогли наладить бесперебойную работу и, таким образом, просто заменили собой государство в этой сфере. Именно тогда многие смогли воочию убедиться в единстве, стойкости и непоколебимости нашего общества. Беларусы без труда доказали, что они в состоянии без «вождя» решать любые, даже самые сложные задачи. В то же время власть вновь и вновь выступала с абсурдными заявлениями, которые быстро распространялись среди населения, лишь усиливая недовольство и злость.

Я отчетливо помню, как сильно тогда ощущалась усталость среди моих друзей, однокурсников и знакомых. Не было ни сильного страха, ни сомнений, ни веры в светлое будущее, лишь усталость. Хотя мы все ясно осознавали, что перемены необходимы, не было четкого понимания, как это осуществить. Многие больше не видели для себя перспектив внутри страны и планировали отъезд. В какой-то момент я тоже был в их числе. Я понимал, что если и в двадцатом году не получится ничего изменить, то мне придется уехать учиться и строить карьеру в другой стране. Именно вынужденно находясь за рубежом, многие беларусы почувствовали, что это такое — быть лишенными Родины.

Избирательная кампания

Май 2020 г. принес не только ощущение приближающегося лета. Он наполнился чредой неожиданных и волнительных событий. Сначала все внимание оказалось приковано к заявлению Сергея Тихановского о намерении принять участие в президентских выборах. Не буду скрывать, что я впервые узнал о нем лишь после этого видео. Харизматичный оратор, бизнесмен и блогер, он, несомненно, пользовался популярностью у части населения, но этого было недостаточно. В то же время я надеялся, что появятся и другие кандидаты, которые смогут заручиться поддержкой большинства населения. Шансы были невелики:

все понимали, что режим ради сохранения власти не остановится ни перед чем. Но такой кандидат все же нашелся.

Решение Виктора Бабарико участвовать в президентской кампании изменило все. Успешный банкир, талантливый управленец, интеллигентный и образованный, он соответствовал всем критериям лидера, который мог объединить и вести за собой беларусов. Пользуясь уважением среди знакомых и коллег, Виктор Дмитриевич быстро собрал эффективную команду и приступил к делу. Безусловно, некоторые не верили в искренность его намерений, считали этот шаг хитрым планом режима или и вовсе Кремля. Но время все расставило по своим местам, и абсурдность этих заявлений сейчас уже ни у кого не вызывает сомнений. К сожалению, для этого Виктору Бабарико пришлось заплатить слишком высокую цену.

События развивались очень стремительно. Каждый знал, что его вклад будет полезен. Мы распространяли информацию среди родных и близких, убеждали сомневающихся в необходимости решительных действий, вступали в инициативные группы, собирали и оставляли свои подписи. В тот момент у меня больше не было мыслей о переезде в другую страну. Стало совершенно очевидно, что я нужен здесь, что я хочу остаться и менять Беларусь к лучшему. В одночасье я увидел, какой огромный потенциал есть у беларусского общества, как много мы можем добиться и чем я могу быть полезен. Требовалось лишь одно — отстоять свои права и свободу, построить систему государственной власти, которая будет для, а не против народа.

Началось время, которое надолго останется у меня в памяти. Дух свободы и надежды буквально витал в воздухе. Люди были счастливы и полны уверенности, строили планы на будущее. В свободное время мы обсуждали перспективы развития беларусской государственности, преимущества и недостатки перехода к парламентской или парламентско-президентской республике, реформы систем здравоохранения и образования, необходимость люстрации. Для меня особый интерес представляла внешняя политика. Не было сомнений в том, что для снижения колоссальной зависимости Беларуси от России нужно сфокусироваться на развитии взаимодействия со странами Запада при сохранении отношений с основными восточными партнерами. Изменения в законодательстве, отмена смертной казни, введение системы сдержек и противовесов позволили бы быстро снять действующие санкции и увеличить объемы торговли с развитым миром. Демократические преобразования усилили бы стабильность системы и, в свою очередь, привлекли бы новых инвесторов. Талантливая молодежь оставалась бы в Беларуси, а опытные управленцы из частного сектора могли бы использовать свои знания и многолетний опыт на благо нашей страны.

Для всего этого предстояло справиться с наиболее сложным вызовом — одержать победу на выборах. Мало кто представлял, как именно этого достичь. Несмотря на впечатляющие масштабы мобилизации общества, ему все еще не хватало смелости и решительности. Помню, как трудно сначала было убедить знакомых принимать участие даже в согласованных с властями и разрешенных массовых мероприятиях. Людей пугали увольнениями и отчислениями в случае их участия. Поступали сообщения о планирующихся провокациях и даже терактах. Эти заявления никому не казались чем-то невообразимым. Режим не скупился в выборе средств и методов борьбы. За 26 лет авторитарного правления у людей сложился образ всесильности репрессивной машины. Я, в свою очередь, не раз убеждался, что за многие годы силовой аппарат деградировал, поэтому изо всех сил старался мотивировать других на большую вовлеченность.

Лето и осень 2020 года стали временем, о котором будет написана еще не одна книга и множество сценариев для фильмов. Это было время невиданной в истории Беларуси солидарности, стремительного взросления общества. От 60 тысяч человек на разрешенных митингах мы перешли к полумиллиону неравнодушных беларусов на улицах Минска, которые рисковали свободой, здоровьем и карьерой, чтобы выразить несогласие с диктатурой.

Весь мир воочию наблюдал решительность и в то же время миролюбие беларусов, которые смогли доказать, что Беларусь — это не режим Лукашенко. Встречи возле тюрем со слезами на глазах задержанных близких, передачи для незнакомых людей, цепи солидарности и дворовые инициативы, дежурства возле избирательных участков и честные результаты считаных избирательных участков — все это помогло укрепить любовь к Родине и моим соотечественникам.

Каждый раз, выходя на митинг, я был морально готов к задержаниям, а у близких был четкий порядок действий на случай ареста. С друзьями мы создавали системы коммуникации во время тотальных отключений интернета, не брали личные телефоны на протесты, чтобы их невозможно было запеленговать. Добираясь до мест сбора, я часто знакомился с участниками протестов, мы шутили и пели песни, а водители общественного транспорта отказывались брать деньги за проезд. Было интересно наблюдать за тем, каких разных людей объединила общая проблема. Помню телефонный разговор молодого парня с матерью во время его первого митинга. Сын с удивлением рассказывал матери о том, что все совершенно не так, как показывают по телевизору: люди доброжелательные, на улицах бесплатно раздают воду. К сожалению, этот митинг, как и многие другие, закончился взрывами светошумовых гранат у наших ног и брутальными задержаниями. В итоге вечер я провел в незнакомом подъезде, предусмотрительно оставленном открытым жильцами дома, пока вокруг дома бегали милиционеры, которых из-за их экипировки беларусы называли «космонавтами».

Для митингов мы рисовали плакаты, а когда митинги заканчивались, убирали за собой мусор. Заранее планировали пути «отступления» в случае облав и не раз ими пользовались. Мы бескорыстно помогали незнакомым людям с таким же энтузиазмом, как если бы они были нашими самыми близкими. Во время дворовых акций, куда мы приходили с чаем и угощениями, люди общались и читали стихи. Я наконец-то познакомился с соседями, с которыми жил рядом не один год. Мы многое прошли и многому научились за это время.

Но все же нам многого не удалось достичь. Не удалось привлечь представителей силовых органов на свою сторону. Полная вседозволенность, постоянное психологическое давление и страх потери их положения — все это послужило катализатором беспрекословной лояльности и беспрецедентной по масштабам жестокости силовиков. Многолетний отрицательный отбор принес свои плоды: представители силовых органов не только слепо выполняли все преступные приказы, но и проявляли инициативу в вопросах выбора методов насилия. Получив карт-бланш на использование насилия, они вымещали на протестующих свою злость из-за отсутствия отпусков и выходных, постоянных тренировок и общей усталости.

Нам также не удалось консолидировать имеющиеся ресурсы, устранить разногласия среди лидеров демократических структур и предложить конкретный план действий. Не удалось вовремя заручиться поддержкой извне, а первые действенные санкции против режима были введены лишь через год. В конечном итоге это и привело к тому, что голос инакомыслия в Беларуси оказался полностью заглушен, а протесты были брутально подавлены.

К сожалению, среди студентов тоже находились те, кто поддерживал власть, но их было немного. В основном, это люди, которые не представляли свое будущее вне системы: они просто были некомпетентны и неконкурентоспособны на свободном рынке. Принадлежность к системе позволяла им почувствовать себя частью чего-то большего и важного, придавало смысл их существованию. А кто-то и вовсе хотел воспользоваться отсутствием конкуренции для быстрого карьерного роста и обогащения.

Отъезд

Я до последнего откладывал отъезд и лишь недавно покинул страну. До сих пор не смирился с тем, что еще очень нескоро смогу вернуться. Сегодня, находясь в безопасности за границей, я вновь и вновь размышляю о том, какие эмоции и идеи наполняли меня в тот момент и что можно было сделать иначе. Тем временем репрессивная машина беларуского режима работает на полную мощь. Более 1500 политических заключенных находятся в неволе. Ежедневно узникам тюрем приходится буквально бороться за свою жизнь. Десятки тысяч беларусов прошли через задержания, штрафы и сутки. К сожалению, все чаще поступают сообщения о стремительном ухудшении состояния здоровья или смерти заключенных. Виктор Бабарико попал в больницу со следами избиений. В течение почти трех месяцев о его состоянии достоверно ничего не было известно. Эдуард Бабарико получил восемь лет колонии лишь за то, что поддержал своего отца, а его процесс длился более трех лет.

Но хрупкая надежда на лучшее все еще мерцает в моем сердце. Несмотря на все трудности, связанные с эмиграцией, — проблемы с легализацией, поиском жилья и работы, необходимость изучения нового языка, сложности с продолжением образования — нужно действовать. Необходимо искать возможности поддержать политзаключенных и их семьи. Важно освещать беларусскую проблему за границей в публицистике и в научных работах. Надо непрерывно искать пути ослабления режима и, безусловно, поддерживать Украину.

В текущих реалиях независимость и будущее нашей страны прямо связаны с успехами Вооруженных сил Украины на поле боя. Совершенно очевидно, что беларусский режим продолжает существовать исключительно из-за экономической и силовой поддержки Кремля, который в последнее время не скрывает намерений по включению нашей страны в состав Российской Федерации.

Поражение России в этой войне существенно изменит текущее положение дел и подарит нам новую возможность для осуществления демократических преобразований в Беларуси. Это вовсе не значит, что кто-то сделает всю работу за нас. Даже после полного поражения России процесс не будет простым.

Тем, кто остается в Беларуси, нужно постараться сохранить свои идеалы, ценности и убеждения, не терять надежды и быть готовыми к решительным действиям, как только появится подходящий момент.

После успешной смены режима в нашей стране беларусам предстоит решить множество сложных задач. Критические проблемы в экономике и отток мозгов, полное отсутствие международного имиджа и нестабильная обстановка в регионе — для преодоления этих и многих других проблем потребуется решительность, упорный труд и готовность принимать трудные решения.

Город N, январь 2024

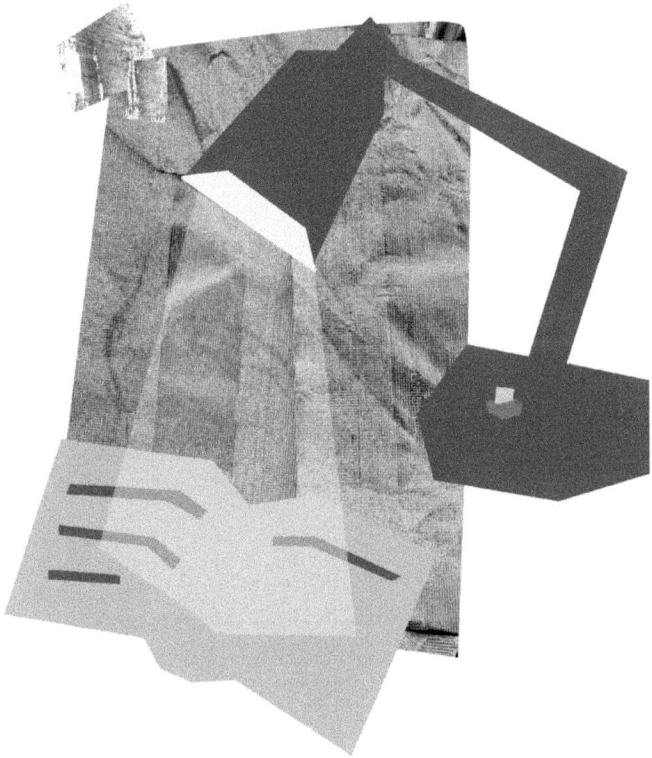

(БЕС)КУЛЬТУРНАЕ ЭСЭ

Паліна

Cёмы клас. У мяне быў вельмі складаны пераходны ўзрост, поўны разнастайных эмоцый. Я пачынаю цікавіцца псіхалогіяй, праз што ўсё больш і больш даследую сябе, сваю псіхіку. Памятаю, што я любіла праходзіць розныя знойдзеныя ў інтэрнэце псіхалагічныя тэсты, у тым ліку тэсты на прафарыентацыю.

„Чалавек — чалавек" ці „чалавек — мастацкі вобраз" — нешта такое атрымлівалася ў тых тэстах. Інтуітыўна я выдатна разумела гэта сама, але планаванню будучыні гэта ніяк не дапамагала: маляваць я не ўмела, танцаваць таксама, музыкай займалася занадта несур'ёзна, бо грала ў аматарскім аркестры, а не вучылася ў музычнай школе. А што яшчэ? Ды нічога, толькі шмат ідэй у галаве, імкненне да творчасці і любоў да людзей.

Яшчэ я марыла аб падарожжах. Шчыра, хацела — ды што тут казаць, усё яшчэ хачу! — аб'ехаць увесь свет. Любіла вольны час бавіць у тэматычных суполках „УКантакце", разглядаць фотаздымкі з розных месцаў планеты ды марыць, куды я паеду ў першую чаргу.

Восьмы клас. Мама актыўна дапамагала мне знайсці месца для будучага навучання, бо стаяла пытанне, ці хачу я сыходзіць са школы пасля дзявятага класа ці буду заставацца далей і паступаць адразу ва ўніверсітэт.

Аднойчы маці абсалютна выпадкова прачытала пра Беларускі дзяржаўны ўніверсітэт культуры і мастацтваў. „О, глядзі! Нейкі „Менеджмент міжнародных культурных сувязяў“, — не адрываючыся ад камп'ютара, сказала яна.

Гэта ж зусім пра мяне! І мастацтва, і культура, і нават падарожжы, то-бок вывучэнне розных культур. Я загарэлася тым, што хачу паступіць менавіта на гэтую спецыяльнасць. Усе наступныя гады я ні на кропельку не змяніла сваё меркаванне.

Чатыры шчаслівыя гады

Паступіла я зусім без праблем, калі не ўлічваць стрэс ад усіх гэтых „цэнтралізаваных тэсціраванняў“. Праўда, пасля дзявятага класа я ўсё ж сышла са школы і паступіла ў гімназію ў самым цэнтры Мінска. Нам з маці здалося, што там мне будзе лепей: гімназія знаходзілася ў адным будынку з юрыдычным каледжам і раней пазіцыянавала сябе як юрыдычная, што азначала паглыбленае вывучэнне грамадазнаўства і гісторыі — прадметаў, так патрэбных мне для паступлення ва ўніверсітэт.

Я добра памятаю сваю эйфарыю тым летам, калі мне паведамілі, што я паступіла. Дый не проста так, а на запаветны „бюджэт“, ды яшчэ і адна з першых у спісах.

Першы год прайшоў адносна спакойна. Вядома, першая сесія была трывожнай, бо была нечым такім невядомым. Але насамрэч усё было даволі проста, нават цікава. Увогуле, з самых першых хвілін навучання, з першых лекцый і семінараў я адчувала сябе на сваім месцы. Творчасць, свабода, натхненне — вось тыя тры словы, якімі я магу апісаць увесь працэс. Сумую зараз па гэтым пачуцці.

Акрамя вучобы, я займалася многімі іншымі рэчамі. Напрыклад, я была валанцёркай на розных культурных мерапрыемствах, дапамагала з іх арганізацыяй. У школьныя гады я пачала цікавіцца палітыкай. Шукала сваё месца ў розных палітычных рухах.

Зразумела, пра беларускую дзяржаўную палітыку я ведала даволі даўно. Што „нешта не так“ — можна было ўбачыць, як кажуць, няўзброеным поглядам — аб чым сведчаць тыя ж школьныя паборы, прымус да падпіскі на ўсялякія „чырвона-зялёныя“ газеты і інфармацыйныя гадзіны для ўсяго класа, на якіх распавядаюць пра веліч аднаго святога („Христос воскресе, Александр Григорьевич!" — „Спасибо!").

Агулам я не ведала, што з усім гэтым рабіць, таму ў школьныя гады і на пачатку навучання ва ўніверсітэце аўтарытарная палітыка проста існавала дзесьці побач. Я ж старалася больш вучыцца. Зарабляла грошы напісаннем усялякіх работ для сваіх аднагрупніц ды назапашвала досвед, які спатрэбіцца мне на будучай працы — якую я, дарэчы, бачыла вельмі туманна. Дакладна разумела, што гэта будзе чымсьці, што ў народзе завецца проста — „па спецыяльнасці".

Мая адносная „апалітычнасць" доўжылася нядоўга. Другі семестр універсітэта прыйшоўся на пачатак 2017 года — той самы год, калі дэкрэт саманазванага „святога" „Аб папярэджанні сацыяльнага ўтрыманства" набраў моц і пачаў патрабаваць з беспрацоўных людзей грошы. Для мяне сітуацыя была шокам: я ведала, што ў іншых краінах тым, хто не працуе, дзяржава выплачвае грошы — проста каб гэтыя людзі маглі нейкім чынам жыць. У нас жа ўсё наадварот: выкручвайся як хочаш. Эмпатыя і інтэлект не дазволілі мне зразумець, як беспрацоўныя могуць жыць, калі ім трэба плаціць штраф з грошай, якіх у іх няма.

У Беларусі пачаліся масавыя пратэсты. Я вырашыла, што мне трэба туды пайсці.

Першыя дэманстрацыі прайшлі даволі спакойна для мяне. Так, шмат людзей, так, дзесьці побач аўтазакі, але без затрыманняў. Памятаю Мікалая Статкевіча, які чытаў прамовы. Памятаю апладысменты, якія ліліся ў яго бок. На гэтым усё.

Тым не менш атмасфера ў краіне — ці, хутчэй, сярод прадстаўнікоў і прадстаўніц дзяржавы — была адчувальна напружанай. Планаваўся вялікі пратэст 25 сакавіка, на Дзень Волі, а нам — якое супадзенне! — паставілі суботнія пары па нейкім абсалютна надуманым прадмеце, якога ў раскладзе ніколі не было. Яшчэ памятаю, як на занятках па фізкультуры нас паставілі ў лінейку і пачалі распавядаць, што пратэсты — гэта дрэнна, а калі мы туды пойдзем, то нас адлічаць.

Мяне гэта не спыніла. Я напісала заяву на імя дэкана, што еду на вяселле сястры (ніякай сястры і тым больш вяселля, вядома, не было) і не магу наведаць заняткі па толькі што прыдуманай дысцыпліне, — прашу адпусціць, свабоду папугаям! На здзіўленне, мне паверылі, ну ці зрабілі выгляд — і з заняткаў адпусцілі.

25 сакавіка 2017 года. У свае 18 гадоў я ўпершыню пабачыла, як гвалтуюць тыя, хто ад гвалту павінны абараняць. У той дзень я пабачыла, як амапаўцы б'юць абсалютна бездапаможнага дзядулю, які ляжыць на зямлі. Сама я ледзь паспела збегчы. Пасля ўсяго, што я пабачыла, я доўга не магла адысці. Я плакала…

Тады маё жыццё змянілася. Я ўсё яшчэ дакладна не ведала, што магу рабіць, каб усяго гэтага гвалту і прымусу не было, але пачала рабіць тое, што прыходзілася. Неяк выпадкова ўсё станавілася палітычным. Напрыклад, для розных дысцыплін ва ўніверсітэце трэба было пісаць тэксты, і я абавязкова ўключала туды тэму палітыкі. Аднойчы мне трэба было напісаць выступ на тэму маёй нянавісці да памідораў, і я напісала тэкст пра тое, што не люблю таматы з-за сіньёра Памідора, які ствараў дурныя законы. Калі мае аднагрупніцы і выкладчык гэта пачулі, яны доўга смяяліся. Усім было зразумела, каго я маю на ўвазе.

На другім курсе я працягвала вучыцца, зарабляць грошы, атрымліваць досвед і пакутаваць з-за дыктатарскага рэжыму. Было прыемна, што ва ўніверсітэце былі такія прадметы, як, напрыклад, беларуская літаратура. Было прыемна, што некаторыя выкладчыкі і выкладчыцы размаўлялі толькі па-беларуску. Я працягвала адчуваць сябе на сваім месцы, калі прыходзіла ва ўніверсітэт, калі рабіла „дамашку" ці ўдзельнічала ў нейкіх творчых актыўнасцях па-за асноўнымі заняткамі. Проста тады я ўжо вельмі добра разумела, што існуе вонкавы свет — гвалтоўны свет дыктатуры.

Восенню 2017 года да ўсёй маёй дзейнасці дадалося яшчэ адна — вырашэнне праблем з ментальным здароўем. Здарыўся мой першы дэпрэсіўна-трывожны эпізод, на развіццё якога паўплывала раптоўная смерць свака і абсалютная адсутнасць адпачынку. Я працягвала вучыцца выдатна, але прыйшлося зменшыць тэмпы. Тым не менш у гэты час мне прапанавалі стаць валанцёркай „Зялёнай сеткі", і я пагадзілася. Тады я і зразумела, што на палітычных каардынатах я дзесьці сярод зялёных.

У той жа час я паехала на свой першы праект Erasmus+. Аказалася, што ўніверсітэт даволі добра падтрымліваў удзел студэнтаў і студэнтак у падобнага роду мерапрыемствах, таму мяне без праблем адпускалі з заняткаў. Далей я яшчэ шмат разоў кудысьці ездзіла. Напэўна, менавіта тады пачаўся той самы перыяд майго жыцця, аб якім я марыла з дзяцінства, — перыяд бясконцых падарожжаў. Ён працягваецца і зараз.

Наступныя гады нічым яркім не запомніліся. У 2019 годзе я стала актывісткай Беларускіх Маладых Зялёных і паглыбілася ў экаактывізм яшчэ мацней. Маё ментальнае здароўе пагаршалася, асабліва дрэнна мне станавілася прыкладна кожныя шэсць месяцаў — вясной і восенню. Але вучобе гэта не перашкаджала, проста я ведала, што мне трэба быць асцярожней.

У кавідныя часы я напісала дыпломную работу і атрымала чырвоны дыплом. Разам з чырвоным дыпломам я атрымала свае першыя антыдэпрэсанты — і не, дрэнна мне станавілася дакладна не з-за вучобы; хутчэй, вучоба, наадварот, прыносіла мне нешта прыемнае. Настолькі, што я вырашыла працягнуць вучыцца.

Ішоў 2020 год.

Культура пад гвалтам

Я вырашыла, што хачу выкладаць. Хачу выкладаць менавіта ў сваім універсітэце, бо неймаверна моцна палюбіла яго. Гэта было маім месцам сілы.

Маёй сілай таксама была беларуская культура.

Паступіць у магістратуру было крыху больш складана: трэба было здаць экзамен, які прымала камісія з трох чалавек. Вучыць нешта на той момант было няпроста: антыдэпрэсанты выклікалі моцныя пабочныя рэакцыі, з-за чаго мне трэба было шмат адпачываць і агулам не перанапружвацца. Тым не менш пытанні да іспыту я неяк вывучыла і здала на „8“ — быў добры ўрок вучыцца прымаць штосьці, акрамя „9“ і „10“, і не патрабаваць з сябе зашмат.

Дзесьці ў той жа час у Беларусі ўжо адбываліся пратэсты з-за затрымання Ціханоўскага і Бабарыкі. Смешна, бо я памятаю, як даведалася аб тым, што паступіла ў магістратуру, — дзесьці на шляху на мірную дэманстрацыю ў Браславе, дзе я на той момант адпачывала.

У паветры было шмат надзеі. Людзі верылі, што вось зараз адбудуцца выбары — і ўсё, не будзе Лукашэнкі. Было бачна, што нас многа. Але мне здавалася, што не ўсе разумелі, што будзе гвалт, які я бачыла яшчэ ў 2017 годзе.

Я зарэгістравалася незалежнай назіральніцай на ўчастку ў сваёй мінскай школе, у якой вучылася дзевяць класаў, — у той самай школе, дзе я зразумела, кім я хачу быць. У той школе, дзе я ў першы раз адчула, што ў краіне нешта не так, дзе былі школьныя паборы, прымусовая падпіска на „чырвона-зялёныя" газеты і ідэалагічныя інфармацыйныя гадзіны для ўсяго класа. Я верыла, што там, дзе я пачала разумець пра існаванне рэжыму, ён для мяне і скончыцца. Але гэтага не здарылася.

Я назірала фальсіфікацыі, але не змагла з імі нічога зрабіць. У першы дзень датэрміновых выбараў я налічыла 28 чалавек, якія прышлі галасаваць, тады як у пратаколе было напісана 97. На наступны дзень камісія на ўчастку паказала лічбу ў 400 чалавек, чаго ніяк не магло адбыцца. Я пытала, чаму яны падманваюць людзей, але мне не далі адказу.

8 жніўня, за дзень да асноўнага дня галасавання, мяне ледзь не затрымалі проста за тое, што я была назіральніцай. У мяне зноў атрымалася збегчы.

А потым пачаўся гвалт, да якога я была гатовая. Я добра разумела, што гэта адбудзецца, — нічога іншага я не магла чакаць ад гэтай дзяржавы. Здаецца, да мірных пратэстаў пачало далучацца больш людзей не проста з-за таго, што яны супраць рэжыму Лукашэнкі, а з-за таго, што яны супраць гвалту. Людзі былі ў шоку.

У канцы жніўня, перад пачаткам вучобы, пачалі адбывацца „тэматычныя" пратэсты. На дэманстрацыі пачалі выходзіць цэлымі ўніверсітэтамі, ля майго таксама быў ланцуг салідарнасці. Мяне гэта ўразіла, было прыемна бачыць сваіх выкладчыкаў і выкладчыц. У мяне нават плакат быў — „Культура супраць гвалту".

Праўда, не ўся „культура" так думала. Пачалася вучоба, а з ёй — адлічэнні і звальненні. Нашу цудоўную рэктарку звольнілі, дэканцы прыйшлося таксама сысці з пасады. Замест іх паставілі ці кагосьці з Міністэрства культуры, ці проста з адкрытай пралукашэнкаўскай пазіцыяй. Актыўных студэнтаў і студэнтак, у тым ліку мяне, пачалі запрашаць на „размовы". Аднойчы на падобную размову я схадзіла і ў Кастрычніцкае РУУС.

Праз некалькі месяцаў здарылася страшнае. Затрымалі майго блізкага сваяка, а потым у аддзяленні яго згвалтавалі дубінкай і збілі настолькі, што два тыдні ён праўёў у рэанімацыі. Гэта быў шок і вялікі боль для мяне, я не магла прыняць тое, што здарылася. У той жа час у зняволенні знаходзіліся мае сябры.

Хутка мне пачало станавіцца горш ментальна. Пазней, бясспрэчна, я даведалася, што гэта ПТСР, аднак вучобе мой стан перашкаджаў. Мне было складана факусіравацца, не хацелася выходзіць з дому, быў падсвядомы страх за жыццё. Разуменне, што ва ўніверсітэце я больш не магу быць той, кім я з'яўляюся, стала тым самым „адным крокам" ад любові да нянавісці — я адчула, што вучыцца там больш не хачу.

Тым не менш я давучылася і скончыла магістратуру. Гэта стала для мяне сюрпрызам, бо я шчыра чакала таго самага моманту, калі мяне ўсё ж адлічаць, але гэтага не здарылася. Вядома, ціск у мой бок працягваўся, што, магчыма, было часткай нейкага іх рэжымнага плана — паздзекавацца з ментальна слабых студэнтаў і студэнтак так, каб ім больш не хацелася жыць.

Пра мае праблемы са здароўем ведалі добра. Мне прыходзілася прапускаць заняткі, пасля чаго я прыносіла даведкі ад псіхатэрапеўткі — але іх не прымалі. Маўляў, новыя ўнутраныя правілы ўніверсітэта патрабуюць таго, каб бальнічныя лісты прыносілі на працягу трох дзён пасля выхаду на вучобу. А я гэтага зрабіць не магла, бо ўсе даведкі ад псіхатэрапеўткі рабіліся праз дыспансер, што займала як мінімум пяць дзён. Праз гэта аднойчы мяне нават пазбавілі стыпендыі на адзін месяц, але гэта было хутчэй смешна, чым страшна. Адбываўся нейкі цырк.

Што было пасля?

Пасля — невядомасць. Я ўсё яшчэ не разумею нічога, што са мной здарылася, і, здаецца, усё яшчэ адыходжу ад ПТСР.

У Беларусі я больш не жыву. Я з'ехала ў Латвію, а праз два месяцы супрацоўнікі КДБ прыйшлі па месцы маёй рэгістрацыі ў Мінску. У мяне атрымалася з'ехаць своечасова. Шчыра, я не ведаю, ці была б жывая зараз, калі б засталася ў Беларусі і трапіла ў турму. Ментальна я б дакладна гэтага не вытрымала.

На абавязковае размеркаванне пасля ўніверсітэта я проста не паехала. Спачатку я думала проста праігнараваць яго, але пасля пэўных пагроз прыйшлося ўсё ж заплаціць. Я вельмі рада, што дзякуючы экаактывізму і падарожжам у мяне ёсць многа знаёмых у розных краінах, якія ўсяго за чатыры дні дапамаглі мне сабраць усю суму, каб я заплаціла за навучанне. Экаактывізм, дарэчы, ператварыўся ў маю працу. Культура? Яна пакуль існуе толькі ў сувязі з экалогіяй, экамастацтвам. Бясспрэчна, я хачу вярнуцца ў гэтую сферу, але пакуль не знайшла нічога прыдатнага для сябе.

Я вельмі моцна хачу ў Беларусь, дадому. Нават пасля ўсяго я не губляю надзеі, што гэта здарыцца. Праўда, цяпер ужо і не спадзяюся, што гэта будзе так хутка, як я думала раней. Але я не здаюся, працягваю змагацца і натхняю іншых рабіць тое ж самае — праз экаактывізм, крыху праз культуру, і многа — праз любоў да людзей і да таго месца, дзе нарадзілася.

Я сумую, Беларусь.

Горад N, студзень 2024
polbrk99@gmail.com

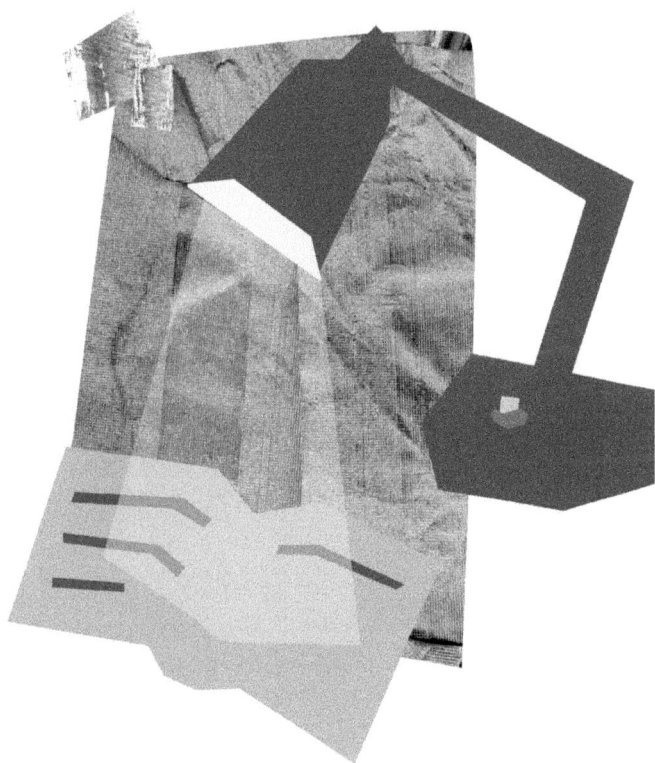

ИСТОРИЯ ПОЛНА СЮРПРИЗОВ

Ne_avtor

Шестерка по «мове»

Я родилась в самом лучшем беларусском городе (название которого я не могу раскрывать в целях безопасности). Я не очень люблю вспоминать детство, но могу сказать, что благодаря многим событиям именно с тех лет у меня выработалась стрессоустойчивость, которая не раз меня выручала. Я интересовалась литературой и проглатывала огромное количество книг, думала связать свою жизнь с филологией. Однако также мне нравилась история. Бабушка учила меня ей в своей интерпретации, и поэтому в детстве у меня были дискуссии на достаточно специфические темы: кто прав в Гражданской войне, преступник ли Николай II и герои ли белые генералы?

Темы эти, как можно заметить, касались российской истории. О беларусской истории в детстве я мало что знала; часть моей семьи — украинцы, а часть — русские, поэтому я не сразу осознала себя беларуской.

Тем не менее лет в десять мне показалось странным, что в Беларуси все говорят на русском. Бабушке я сказала примерно следующее: если мы совсем не будем говорить на беларусском, он умрет. Бабушка, родившаяся в России и считающая себя русской, беларусский знала (и знает) на уровне понимания. С ролью языка соглашалась и говорила, что беларусский очень красивый.

Признаюсь, что мне было стыдно в детстве говорить на беларусском, потому что это считалось «колхозом». Сейчас, когда я говорю о роли родного языка, мама припоминает мне «шестерку» в средней школе.

Беларусский как один из способов коммуникации в моей жизни появился в университете. В конце школы я была типичной «ябатькой». Как-то учительница устроила дебаты на тему декрета о тунеядстве. Я, основываясь на том, что слышала в семье, доказывала всему классу, почему это правильный закон. Искренне надеюсь, что время стерло это событие из памяти моих одноклассников и одноклассниц.

Изначально я не планировала связывать жизнь с историческим факультетом, но как-то у нас был урок истории, и на замену пришла учительница, энергия и рассуждения которой меня поразили. Поэтому, как и многие важные решения в моей жизни, выбор поступать на истфак я приняла за пять минут и потом ни разу об этом не пожалела.

Разбудить в себе беларуску

Истфак — это место, где меня научили двум вещам — думать и пить. Пришла я туда скромной «ябатькой», а на момент отчисления, судя по поведению администрации, была настоящей угрозой для беларусской государственности. Возможно, если бы меня не отчислили, то режим бы пал. Но обо всем этом по порядку.

На истфаке я начала вести активную студенческую жизнь. Стала старостой и принялась активно участвовать в тех факультетских мероприятиях, которые не были связаны с пропагандой режима. На первом курсе я познакомилась с огромным количеством людей, которых принято называть «свядомымі». Так в моей «красно-зеленой» картине мира стали появляться «белые» пятна. К концу первого курса я уже понимала, что выборы сфальсифицированы, Лукашенко — это диктатор, а в стране происходит черт-те что. А еще меня очень волновала тема интеграции с Россией.

Важно сказать, что на истфаке я общалась с очень разными людьми. Часто в общежитии шла дискуссия на тему происходящего в стране, и взгляды очень разнились. При этом я наблюдала, что, например, монархист и сталинист не набрасывались друг на друга с кулаками. Меня также удивляло, что кто-то в наше время может придерживаться таких специфических взглядов, но истфак приучает к разнообразию.

Еще до выборов я понимала, что ситуация в стране не является нормальной, но считала, что именно образование и люди с критическим мышлением могут что-то изменить. Планировала после окончания бакалавриата идти в магистратуру и аспирантуру, при этом хотелось попробовать себя в роли школьного учителя — мне казалось, что молодежь в системе образования может дать детям другую позицию.

РУВД, Окрестина, кабинет декана

Эти и другие планы накрылись медным тазом в 2020 году.

Задержание Виктора Бабарико стало для меня отправной точкой. Изначально я не планировала выходить на акцию, которая была в день его ареста, а решила просто прогуляться мимо. Сигналили машины, люди им хлопали.

В какой-то момент я проходила мимо автобусной остановки. Шедший мне навстречу мужчина сказал: «Сейчас будут хватать».

Я прошла вперед 15 метров и оглянулась: остановился милицейский бус, оттуда выбежали силовики и задержали человека. Позже, на углу, когда люди снова начали хлопать в ладоши, я нашла в себе силы к ним присоединиться. В тот момент я почувствовала невероятное воодушевление.

Я записалась наблюдателем на выборы. Разумеется, в официальные наблюдатели меня не пустили, сказали, что я буду «в запасе». Передо мной «в запасе» уже было большое количество людей. В итоге в первый день досрочного голосования я и еще несколько человек стояли под кабинетом и считали явку. На участок пришло 34 человека. В конце вечера в вывешенном протоколе была указана явка в 210 человек. Эта увлекательная математика нас впечатлила, и коллеги дали комментарий в прессу. На следующий день из здания нас «попросил» уйти милиционер.

С 9 по 11 августа я не участвовала в протестах по семейным обстоятельствам. Меня останавливало то, что я не хотела расстраивать маму и бабушку, но не выйти было для меня тогда невозможным. В эти три дня были избиты несколько моих знакомых, одного из них задержали. И я, и окружающие были шокированы жестокостью. На первый воскресный марш 16 августа я вышла с чувством собственной правоты.

В университете тогда были каникулы, поэтому не со всеми ребятами была связь. Было трудно представить общую картину. Кто-то выходил, кто-то был против насилия и фальсификаций, но выйти боялся.

Мое первое задержание произошло спустя несколько месяцев. На не самый многочисленный марш подъехало несколько машин ОМОНа и оттуда выскочили не очень приветливые ребята. Меня задержали «культурно»: спросили, пойду ли сама. На мою попытку сбросить флаг (проскользнула мысль, что с флагом будет больше проблем) омоновец «заботливо» накинул мне его обратно на плечи.

Меня посадили в небольшую машину, другой сотрудник подвел еще одну девочку. Нам приказали садиться. Было свободно только одно место, а нас было двое, сбоку лежала какая-то амуниция, из нее торчал пистолет. Я автоматически села на все это. Реакция сотрудника не заставила себя ждать:

— Ты что, дура? На нее садись.

В итоге я сидела на коленях у незнакомой мне девушки.

— Тебе не тяжело? — обеспокоено поинтересовалась я.

— Да нет, не переживай.

В какой-то момент я случайно посмотрела на лежащее рядом оружие. Честно говоря, я до сих пор не понимаю, как можно так бесхозно оставлять амуницию, когда вы участвуете в задержаниях. Сотрудник взгляд заметил:

— Стрелять будешь?

Я не знала, что ответить, и сказала правду:

— Я не умею.

Потеряв интерес к этому разговору, сотрудник отвернулся. Вскоре в машину сел его коллега. Как я поняла, один из протестующих пытался вырваться и случайно задел его локтем и разбил бровь.

Он был очень злой:

— Лица вниз!

Мы опустили лица. По контексту разговора было понятно, что он снимает маску, а его коллега осматривает ему лицо.

Позже на этой машине нас подвезли к автозаку, который был уже переполнен, в основном молодыми людьми. Один из омоновцев безошибочно угадал во мне интересную собеседницу и начал диалог. Все закончилось тем, что я пошутила и засмеялись все, кроме него.

Он спросил:

— Вам смешно?

Я решила, что мои комедийные способности стоит приберечь до РУВД, поэтому замолчала. Парень, сидящий на полу, попросил ослабить стяжку, которой у него были связаны руки. Просьбу проигнорировали. Одна из девочек словила что-то вроде панической атаки. Мы начали просить, чтобы ей дали воду. Воду протянули, но она от нее отказалась.

Вскоре мы доехали до РУВД. Людей там было много. Некоторые из них были помечены краской. Как выяснилось, это было посланием РУВД от ОМОНа с просьбой уделить этим задержанным «особое» внимание.

Нас несколько часов держали в районном управлении. Один из работников сказал мне, что Нехта пидор, а я выхожу на марши за Нехту. Я, вступив в этот увлекательный диалог, попробовала обозначить, что к ЛГБТК+ я отношусь хорошо, а выхожу протестовать не за Нехту, а за справедливость. Далее у нас была небольшая дискуссия о государственных символах, во время которой я прочитала лекцию о бчб-флаге.

Вот цитата одного из сотрудников, которая характеризует весь этот замечательный разговор:

— Да, он 80 % не набрал. Но 60 % точно набрал!

Один из милиционеров отвел меня в туалет со словами:

— Мог бы тебя шокировать и отвести в плохой туалет, но отведу в нормальный.

Один из начальников разрешил принять передачи от чьих-то близких и раздал нам еду. Позже я узнала, что одного из мальчиков уводили, чтобы побить. Мне дали позвонить матери и сообщить, что я задержана. Мне не было страшно, но я беспокоилась о том, как перенесет это бабушка.

Вечером нас отвезли на Окрестина. Там я быстро подружилась с двумя девочками. В целом в камере мы очень часто говорили на какие-то политические темы и дискутировали. Заключение все переносили по-разному, поэтому иногда возникали ссоры.

Один раз меня отвели на разговор с каким-то силовиком. Сейчас могу сделать вывод, что это был работник ГУБОПиКа. Он интересовался самыми активными ребятами в моем университете. Я отвечала, что в университете со мной никто не общается, поэтому ничего сказать я не могу. Сотрудник ответил, что я так ничего и не поняла.

Иногда меня охватывало дикое волнение за бабушку. Я очень боялась, что она умрет. Девочка, с которой я подружилась, очень меня поддерживала. Мы сблизились со скоростью света — такие условия этому способствуют.

Задержали нас на выходных, поэтому суд был не сразу. Перед судом пришел милиционер, который выступал против нас свидетелем. Мы дали ему номера близких, чтобы он им позвонил. Я очень просила узнать про бабушку. Моим родным он так и не позвонил, но у меня есть смутное воспоминание, что кого-то из родных сокамерниц он все же набрал.

Суд был цирком. На нем зачитывали мои положительные характеристики из университета (надо отдать должное администрации, она их подписала). Мне было очень неловко все это слушать, а еще я беспокоилась, что пропущу обед (еда там жуткая, но это было лучше, чем ничего).

До меня всем присудили по 10 суток, и я не думала, что у меня будет что-то другое. У меня единственной был адвокат (что было совершенно излишне, но семья перепугалась), поэтому заседание затянулось. Суд шел по «Скайпу»: судью я не видела, нормально слышала только адвоката.

В итоге, получив срок в 10 суток, я вернулась в камеру.

Чего мы хотели и почему вышли? Все в камере были студентками. Мы очень активно обсуждали происходящее. Многие вышли именно против насилия. Взгляды людей из оппозиционно настроенных семей были более радикальными. Мы часто спорили на тему проявления насилия по отношению к силовым структурам. Почти все на тот момент были за мирный протест.

Какое-то время мы провели на Окрестина. В тот день, когда нам должны были принести передачи, нас разбудили и сказали, что перевозят.

Сначала мы не знали, куда нас везут, пока один из сотрудников не обронил слово «Барановичи». Мы подумали, что он шутит, но, как выяснилось, нас действительно везли в Барановичи. В «стакане», в котором нас перевозили, мы пели «Грай», пока нам не постучали в дверь.

Какое-то время с нами через скважину разговорился омоновец. Выяснилось, что он земляк одной из девочек и, судя по всему, ее знает, слишком уж удивился, услышав ее фамилию. Свою он ей так и не назвал.

В Барановичах мы провели пять дней и нас отпустили. Меня встречала мама и сказала, что нам нужно ехать обязательно на факультет, потому что меня там ждут. В итоге, расстроившись, что душ мне в ближайшее время не светит, мы с еще одной бывшей арестанткой-студенткой двинулись в сторону Минска.

По дороге мы вдевали шнурки в ботинки.

— Декан очень просил тебя не устраивать никаких акций.

— Мама, какие акции? У меня телефон даже арестован.

— Ну все равно. Они очень просили.

В итоге, перекусив на заправке и покурив, мы поехали сначала за телефонами (нам их не отдали, а сказали приходить позже), а потом на факультет.

Я чувствовала себя очень неловко. За 10 дней я отвыкла от нормального мира, была уставшей и единственное, о чем мечтала, — это комната с выключенным светом, в которой можно поспать. Одногруппники встретили меня очень тепло. Я знала, что обо мне переживают, потому что мне в Барановичи пришла пачка из 15 писем, в том числе и от преподавателей. Потом выяснилось, что письма написал весь мой курс, но часть из них до меня, к сожалению, не дошла.

Ребята встретили меня в коридоре. Мы очень тепло пообщались. Не могу вдаваться в подробности, но многие педагоги проявили потрясающую чуткость. Долго разговаривать мне не удалось, поскольку меня ждала администрация. Я не очень хотела этого разговора, поскольку мечтала выспаться и помыться. Я десять дней не была в нормальном душе. Для того, чтобы мыться, мы использовали бутылку, в которую набирали воду из-под крана, делали это над туалетом.

Вопрос гигиены заинтересовал и заместительницу декана. Она спросила у меня:

— А как там у вас было с гигиеной?

Декан читал долгую и пространную речь о том, что ему очень жаль, что его студентов используют в своих целях. Я была не в самом лучшем состоянии, поэтому ответила согласием на их просьбу написать объяснительную, почему я пропустила занятия. Они пообещали, что отчисления не будет и я отделаюсь замечанием. Отдам должное, в тот период меня действительно не отчислили.

Хочу отметить солидарность среди студентов. Так как часть занятий была онлайн, во время моего ареста однокурсники заходили на учебную платформу с моего аккаунта, чтобы создать вид моего присутствия на занятиях. Кто-то рассказал, что на одну лекцию я зарегистрировалась пять раз.

Спустя какое-то время после того, как я вышла из заключения, к нам в вуз приезжала Качанова. Как я поняла позже, к ней на встречу позвали всех «протестных». Видимо, она считала, что сила ее харизмы сможет переломить тлетворное влияние Запада, под которое мы, несомненно, попали. Но закончилось все достаточно комично. На заявления студентов из разряда «На моем участке были фальсификации» она отвечала: «Ну а на моем не было».

На ее фразу «Лукашенко — великий политик» я решила поинтересоваться, почему при великом политике такие маленькие пенсии. На мой вопрос Кочанова ответила, что ее мать ела лебеду.

Нет протокола — нет задержания

Тем не менее первое время после возвращения в университет мне было сложно. У меня нарушился сон, повысилась тревожность. Два месяца я «отходила» от этого состояния. На протесты выходить я перестала, потому что переживала за семью.

Но потом вступила в независимый студенческий профсоюз, чтобы продолжать отстаивать свои взгляды.

В итоге мы решили организовать конференцию независимых студенческих профсоюзов. 5 марта 2021 года я и еще какое-то количество людей собрались в бизнес-центре «Имагуру». Меня попросили посидеть на регистрации, на что я шутливо ответила: «Так что, омоновцы меня первую вязать будут?» Так оно и случилось. Думаю, шутить мне противопоказано.

Когда я хотела пойти и присоединиться к остальным наверху, к зданию подъехало несколько машин, оттуда вышли мужчины в масках и зашли в помещение.

— Где профсоюзы? — спросили у меня, видимо приняв меня за работницу бизнес-центра. Решив, что это их задержит, я пожала плечами. После чего они обратились к девушке на ресепшене, а я побежала наверх. Однако силовики меня обогнали. В итоге получилось, что я забежала в зал прямо за ними. Было неловко: у меня сложилось ощущение, будто я с ними заодно.

— Работает милиция! Лицом к стене!

В итоге я спокойно обошла силовиков и стала лицом к стене вместе с задержанными. Чуть позже ко мне подошел один из силовиков и спросил:

— Это ты нас «заселяла»?

Очевидно, он имел в виду, я ли «не знала», где профсоюзы. Я не понимала тюремного жаргона, поэтому растерялась. В итоге он записал мою фамилию с беджа.

Позже нас развезли по разным РУВД. Были допросы. Большинство участников отпустили, но несколько человек получили административный арест.

Так как официального протокола задержания на меня не было, юристы посоветовали на факультете ничего не подписывать: нет протокола — нет задержания. Это я и транслировала администрации, когда там попросили меня предоставить объяснительную. Они сказали мне, что документ точно придет, и лучше написать заранее. Я сказала, что, когда придет, тогда и поговорим. Документа я жду до сих пор.

Отчисление

Это стало началом моего конца на факультете. В мае ко мне в общежитие приехала заместительница декана и сказала, что «оттуда» (кивнула она вверх) ей сообщили, что мне лучше отчислиться по собственному желанию.

Я отказалась и решила сдавать сессию. В итоге один из экзаменов у меня принимал заместитель декана. Несмотря на то что училась я хорошо, он отправил меня на пересдачу. При этом экзамен удалось сдать студенту, который не смог нормально назвать даже даты Второй мировой войны.

Далее несколько месяцев была эпопея, состоящая из различных манипуляций, обмана и давления. Администрация прятала свои действия за формулировкой «мы хотим тебе помочь». Честно говоря, до того, как они начали «помогать», в моей жизни все было хорошо. В итоге спустя какое-то время я была отчислена.

Примерно в этот же период шло «дело студентов», по которому была арестована моя подруга. Так как официально на заседание могли попасть только родственники, мы (те, кто хотел присутствовать) пользовались лайфхаком и выдавали себя за братьев и сестер, объясняя разность фамилий тем, что у нас разные отцы.

После моего отчисления стало понятно, что из страны придется уехать. Так и случилось. Спустя несколько месяцев после начала полномасштабного вторжения России в Украину я уехала.

В эмиграции я уже год. Очень хочется домой, но я отдаю себе отчет в том, что на Родину мы в ближайшее время не вернемся. Я по-прежнему активно участвую в беларуских мероприятиях и стараюсь делать все, что в моих силах, для помощи пострадавшим от режима. Чувствую, что этого явно недостаточно, однако я не отчаиваюсь. Знаю, что история полна сюрпризов.

Польша, январь 2024
snova_slovo@proton.me

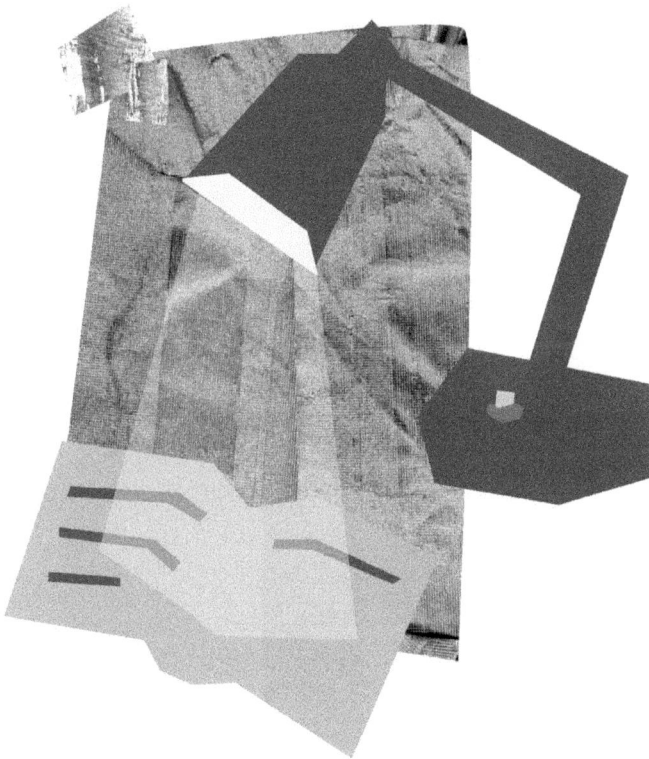

НАБЛЮДЕНИЕ ЗА ВЫБОРАМИ В БЕЛАРУСИ — ОПАСНОЕ ЗАНЯТИЕ

Артемий

Я долго думал, с чего начать. Что рассказать о себе? Наконец, решил, что начну с того, что у меня достаточно необычное для Беларуси имя — Артемий. Родом я из небольшого города Вилейки Минской области. Жил и учился в городе, но все свободное время проводил в деревне. Она находится в 15 минутах езды от города. Несмотря на небольшое расстояние от Вилейки, там совершенно другая атмосфера: чувствуется разница в мировосприятии людей. Я за простоту и искренность, поэтому в деревне мне было здорово проводить время и общаться с жителями. Леса и Вилейское водохранилище — это прекрасное место для отдыха и уединения.

Я учился в гимназии № 1 «Логос». Хотел связать свою жизнь с медициной, поэтому с 8 класса начал больше времени уделять изучению биологии и химии. После экзаменов в 9 классе необходимо было выбрать направление обучения в 10–11 классах. Я выбрал физико-математический профиль. Многих удивил мой выбор, так как до этого все считали, что я хочу идти в медицину. Однако я осознал, что не смогу быть врачом. Начались поиски себя в новом направлении. В 10 классе изучалось черчение, и мне это предмет очень понравился. С начальных классов я ходил на рисование в школу и студию рисунка, поэтому начал рассматривать вариант поступления на архитектурный факультет.

Знакомых, связанных с данной специальностью, у меня и моей семьи не было, поэтому искал информацию об экзаменах и будущей профессии в интернете. Когда узнал, какие вступительные экзамены нужно сдавать в технический университет, понял, что знаний в этой области у меня не хватает. Поэтому с третьей четверти 10 класса начал усиленно готовиться к экзаменам. Три дня в неделю ходил в студию на рисунок. В свободное время занимался черчением и композицией. Передо мной стоял выбор — поступать в Минск или Полоцк. Я больше склонялся к Полоцку, так как не очень верил в свои возможности. В 2016 году, после сдачи экзаменов в 11 классе, решил все же поступать в Минск. Система поступления на архитектурный факультет была следующей: три внутренних вступительных экзамена (каждый максимум по 100 баллов), плюс сумма среднего балла аттестата и результатов централизованного тестирования (ЦТ) по русскому (или беларусскому) языку и математике.

На первом внутреннем экзамене мне нужно было нарисовать гипсовую голову. Я получил 40 баллов из 100. Это был провал. До этого на подготовительных курсах за эту работу мне ставили крепкие 70–80 баллов. Безусловно, я был расстроен и начал искать запасные варианты. Думал, что если не поступлю в БНТУ, то можно пойти в БГПУ. Решил сдавать следующие два экзамена. По черчению и композиции получил по 100 баллов. Хотя конкурс был около 5 человек на одно место, меня зачислили на бюджет. Счастью не было предела. Я раньше даже не мог мечтать о том, что получится поступить в Минск на бюджет. Это казалось чем-то сверхъестественным.

Ближе к августу 2016 года мне позвонили из деканата и сообщили, что меня назначили старостой группы. Я с радостью согласился. У нас была прекрасная группа. Первый семестр я старался учиться очень хорошо. Начал активно участвовать во всех конференциях, различных мероприятиях от БРСМ и профкома БНТУ. Был профоргом первого курса архитектурного факультета (АФ), а в начале второго курса был избран председателем профбюро факультета. Первое время мне очень нравилась общественная работа. Мы организовывали разные мероприятия. Чем больше я углублялся в жизнь университета, тем больше хотелось что-то изменить, сделать более удобные условия для студентов. Позже понял, что системные вещи трудно исправить, так как для этого нужно время, финансы и желание. На четвертом курсе я вышел из профкома студентов БНТУ и решил больше заниматься собой. Было много того, что студентов не устраивало, но изменить ситуацию в лучшую сторону мы кардинально не могли из-за противоречий между ректоратом и студентами. Это стало особенно заметно после выборов 2020 года, когда ректорат вызывал сотрудников милиции на территорию университета и сдавал своих же студентов.

Мой факультет был «обижен» больше всех. У нас не было своего корпуса, так как 15-й корпус был закрыт на ремонт еще за несколько лет до моего поступления. Мы учились в 5-м корпусе «библиотеки». Нам выделили вытянутую прямоугольную комнату, которая была разделена на пять аудиторий (студенты называли их загонами). В корпусе не было даже туалета для студентов. Ходили в главный корпус. Получалось, что один из самых дорогих по стоимости за обучение факультетов БНТУ вынужден был работать в неприспособленных условиях. Нас постоянно кормили «завтраками» о том, что совсем скоро переедем учиться в отремонтированный корпус и все будет хорошо.

Пандемия

2020 год стал годом неожиданностей, начавшись с COVID. Мы, студенты и преподаватели, ждали реакции от университета по поводу нашей безопасности. Не дождались... Именно с этого момента пришло осознание, что студенты должны самостоятельно отстаивать свои права.

Первое заражение COVID в Беларуси было зафиксировано в БНТУ. Началась паника от непонимания, что это такое и как с этим бороться. Помню, как в университете появились средства для дезинфекции. Что-то новенькое! Но постепенно поставка этих средств прекратилась. Через какое-то время стала распространяться заниженная в несколько раз статистика о заражениях. COVID стал обыденностью. Но студенты не хотели мириться со сложившейся ситуацией. Нам было важно наше здоровье. Мы начали ходить в масках и носить с собой средство для дезинфекции, так как в университете уже перестали его предлагать. На тот момент я все еще рассчитывал на то, что университет позаботится о нас. В случае необходимости примет более строгие меры для нашей безопасности. Я думал, что сейчас администрация делает это постепенно во избежание паники. Оказалось, что я ошибался.

Протесты

Перед тем, как рассказать о протестах в Беларуси и университете, я хотел бы признаться, что до 2020 года меня не сильно волновала политика и все то, что с ней связано. Старался искать во всем плюсы. Даже с начала предвыборной кампании еще толком не осознавал, что это и как работает. Сложно было представить, что у нас может быть другая власть. Поэтому я был стандартным «наблюдателем» в политике, который стоял в сторонке и молчал. Но выборы 2020 года — первые президентские выборы, в которых я мог участвовать. Для меня это было что-то новенькое.

Перед выборами ознакомился со списком кандидатов. Одного из них я знал, а всех остальных — нет. Снимая квартиру на проспекте Независимости (в трех минутах от БНТУ), я начал замечать людей, которые стояли в очередях, чтобы поставить подписи за кандидатов в президенты. Потом — плакаты, автозаки и ОМОН. Я начал больше вникать в то, что происходило: почему люди выходят на улицы, почему их задерживает милиция. Читая новости из разных источников, я стал замечать значительные расхождения в предоставляемой информации со стороны действующей власти и оппозиционных СМИ. Когда столкнулся с жесткой пропагандой, понял, что кто-то лжет. Наблюдал со стороны до того момента, пока в августе не начались массовые задержания знакомых и незнакомых мне людей за их мысли, слова и действия. И тогда я осознал, что происходит ужасающая несправедливость. Я не был тогда хорошо подкован в законах и правах человека, но понимал, что это было за гранью. Думал о том, как можно на это повлиять. Единственным здравым на тот момент решением для меня было пойти независимым наблюдателем на выборы. Я считал, что больше ничего не умею, а посмотреть за соблюдением законодательства на выборах был готов. Считал, что это безопасно.

Для того, чтобы пойти в независимые наблюдатели, было достаточно собрать 10 подписей от граждан, которые имели права голоса на участке, на котором я заявляюсь в качестве наблюдателя. Чтобы быть в курсе событий, начал ежедневно читать новости и следить за ситуацией в стране. В свободное от работы время выходил на мирные акции.

Взяв выходные на работе, а также получив удостоверение наблюдателя из Беларусского Хельсинкского комитета, за неделю до выборов я выехал в Вилейку, чтобы зарегистрироваться независимым наблюдателем в районную избирательную комиссию, в которую 9 августа после 21:00 должны были привозить результаты голосования со всего района. Вечером того же дня стал еще и наблюдателем на участке в средней школе в деревне Рабунь. Там не сразу приняли мое заявление и необходимые подписи, так как были немного напуганы. Сначала отказали, аргументировав тем, что у них уже есть наблюдатели. После просьбы дать мне письменный отказ в регистрации и пары звонков с их стороны кому-то выше, я был зарегистрирован наблюдателем. Со вторника по субботу я был на участке во время предварительного голосования и считал явку граждан. На этом участке числилось около 250 избирателей. Каждый день голосовали в среднем около 10 человек. Это были обычные работники колхоза и государственных предприятий, которых заставляли голосовать досрочно. Явка, подсчитанная мной и отмеченная в протоколах, сходилась, поэтому я не предполагал таких серьезных нарушений со стороны комиссии, которые были в больших городах. В один из дней я заметил нарушение со стороны комиссии: бюллетень для голосования был выдан без удостоверения личности. Я сразу же написал жалобу на имя председателя комиссии с указанием всех «независимых» наблюдателей и членов комиссии, которые присутствовали при этом и не обратили на это никакого внимания. Также добавил, что хочу присутствовать на заседании по данному делу. Спойлер: заседание провели в 7 утра без меня, объяснив это тем, что не хотели меня будить.

В день выборов мне запретили находиться непосредственно на избирательном участке. Я сидел в холле школы, считая белые «знаки» (белые браслеты из различных материалов, которые надевали на руку несогласные с политикой авторитарного режима). Примерно через час после открытия участка ко мне подошел милиционер, который дежурил в школе и заявил, что поступила жалоба на то, что я провожу опросы граждан. Это незаконно. Милиционер попросил меня покинуть помещение. В ответ я поинтересовался данными человека, который ему это сказал, и предложил вызвать «другую» милицию, чтобы оформить протокол за клевету в мой адрес. После этих слов милиционер ушел и больше не возвращался. Ему в подкрепление приехал другой милиционер. На участке появилась также депутат Вилейского района и присутствовала как наблюдатель. Все выглядело немного комично. Ближе к полудню ко мне подошли милиционеры и выгнали из школы без объяснения причин. Я решил не спорить и уехал.

Около 15:00 я зарегистрировался независимым наблюдателем в Вилейскую гимназию «Логос». Да, так было можно! Собирал подписи от избирателей в течении получаса прямо перед воротами гимназии. На участке приняли документы без проблем, но сразу после регистрации попросили выйти с участка. А позже и вовсе выгнали за пределы школы и провели несколько неприятных бесед на повышенных тонах с угрозами. Не дожидаясь окончания выборов, я пошел домой, так как вечером нужно было идти в райисполком в качестве районного независимого наблюдателя.

Я еще был координатором наблюдателей Вилейского района. Это вышло достаточно спонтанно. Где-то в июле 2020 г. увидел в интернете информацию о том, что идет набор независимых наблюдателей. Позже связался с организаторами, которые предложили мне стать районным координатором, так как Вилейский район в этом плане был еще не занят. Я согласился. В моем районе было более 30 участков, и менее половины из них имели независимых наблюдателей. Общаясь между собой, мы делились рассказами о сложностях при регистрации, угрозах со стороны избирательных комиссий и т. д. В день выборов многих наблюдателей задержали. Было страшно от понимания того, что в любой момент меня тоже могут забрать. Пару дней после выборов я находился в Вилейке, участвовал в масштабных для нашего города акциях протеста. Видел много знакомых лиц, встречал коллег и друзей. Меня это вдохновляло.

После уехал в Минск. Вначале — штаб Виктора Бабарико, возрождение независимых профсоюзов, позже — стачком БНТУ. Мне хотелось добиваться справедливости и продолжать что-то делать. Сначала не знал, с чего начать, поэтому решил узнать в штабе, какая помощь нужна. Мне через какое-то время предложили заняться возрождением независимых профсоюзов среди студентов и преподавателей. Нужно было начинать с «нуля», так как все, что было до этого, устарело или практически не работало. Это было сложно, но одновременно очень интересно. У меня уже был опыт организационной работы, поэтому все шло достаточно быстро.

Встречи с однокурсниками и друзьями в университете после начала учебного года дали мне понять, что среди моих знакомых очень много людей, которые были недовольны результатами выборов и считали их неправдивыми. Постепенно нарастало негодование среди студентов всего университета. Была создана группа людей, которая занималась координацией проходивших в университете протестных акций. Петиции, акции, встречи — этим начало жить беларуское студенчество в сентябре 2020 года. Мой активизм моментально привлек внимание со стороны руководства университета и правоохранительных органов. В ночь с 27 на 28 сентября я экстренно выехал в Украину. 28 сентября я стал первым отчисленным студентом БНТУ и одновременно в Беларуси.

Планов никаких не было, ехал в никуда, но рассчитывал, что скоро вернусь. После отчисления возник вопрос с моими документами из университета. Их отказались отдавать как моим доверенным лицам, так и адвокату. Говорят, что аттестат, сертификаты ЦТ и справка об успеваемости с оценками за 8 семестров были изъяты правоохранительными органами в связи с уголовным делом. До сих пор мои документы и личные данные находятся неизвестно где. Из-за этого у меня возникли сложности с поступлением в зарубежный университет.

Находясь в Беларуси, я решил идти до конца, пока это возможно и безопасно. Казалось, что все движется к тому, что справедливость возьмет верх и сменится власть. А далее будет так, как хотят жаждущие перемен свободные беларусы. Протесты в Беларуси были прекрасны своими идеями, эстетикой и мыслями. После воскресных маршей я всегда приходил с большим количеством позитивных эмоций и долго не мог уснуть от мыслей. Свои мысли и впечатления хотелось обсуждать с близкими людьми и мечтать. Это был для меня тогда единственный правильный выбор.

Если говорить о том, зачем мне все это было надо, то главный ответ заключается в том, что я понял, что меня обманули: от меня скрывают правду и за ее «вскрытие» меня готовы посадить. Я не говорю о всей Беларуси, а всего лишь о моем небольшом городе, где я со всем этим столкнулся.

Это было безумно несправедливо! А принцип справедливости для меня очень важен. Еще больше я был разочарован тем, что в основании этого обмана стоят мои знакомые и учителя. Те люди, которые доносили нам на уроках мысль о том, что нужно говорить только правду, быть справедливыми и честными. Они исправляли красным стержнем наши ошибки и ставили нам за это плохие оценки, а теперь сами, осознавая все происходящее, шли на преступление. Но ведь самое главное — на предавать себя и своих учеников. Не предавать тех, кто хочет что-то менять в лучшую сторону, так как имеет больше сил и идей. Не укладывалось в голове, как можно на своих учеников вызывать милицию. Не укладывалось в голове и тогда, и теперь. Не знаю, смогу ли я это когда-либо понять... Конечно, можно услышать в ответ сотню отговорок. Но то, что они сделали, — плохо не только для них, но и для всех нас.

Сложно идти против системы одному, но благодаря большому количеству единомышленников было легко делать что-то хорошее. Я впервые увидел такое огромное количество беларусов на улицах — тех, кто хочет что-то изменить, в первую очередь, в своей жизни. Классно было общаться с замечательными учителями, которые учили тебя в школе либо в университете, и откровенно обсуждать темы, которые интересуют обе стороны. Делиться своим мнением и слушать мнения других, расти как личность и узнавать что-то новое. Для меня в тот момент это было очень важно с эмоциональной и моральной точки зрения.

Сейчас у меня впереди окончание технического университета в Польше и поиск работы. Планирую развиваться в сфере архитектуры и ландшафтного дизайна. Хочу и дальше участвовать в интересных социальных проектах и помогать людям. Все это пригодится в Новой Беларуси. Я верю в то, что наша страна сможет в будущем не уступать по своему развитию большинству европейских стран. У нас есть много сфер для динамичного развития. То, что много умных людей вынуждены были уехать из страны, — большая проблема для Беларуси. Но я очень надеюсь и жду того момента, когда в мире будут говорить с восхищением не только о храбрости беларусского народа и выборах 2020 года, но и о его достижениях в науке, медицине, IT-сфере и других областях. Желаю всем нам вернуться к себе домой и наслаждаться жизнью в родной стране.

Варшава, январь 2024
artsemipopasporty@gmail.com

КАК Я СТАЛА КООРДИНОТОРОМ ПРОТЕСТОВ

Юля М.

«Думаешь, у нас есть шанс?»

Девятое августа 2020 г., утро.

— Юля, поехали голосовать за Тихановскую!

— Ты думаешь, у нас есть шанс? Разве может что-то поменяться?

— Мы должны попробовать. А вдруг?

— Хорошо, поехали.

Забавно, но именно так началась моя история. Учась на факультете международных отношений, разве я не интересовалась политикой? Конечно, интересовалась. Когда-то, году в 2019, были даже попытки участвовать в общественной жизни и пробовать что-то менять. Но тогда один близкий человек мне сказал: «Юль, в этой стране ничего не изменится, пока на улицу не выйдут тысячи, сотни тысяч человек. А пока людям есть что выпить и чем закусить, этого не произойдет». Я прислушалась к этим словам. Кто знал, что они будут так опровергнуты.

Честно признаюсь, даже девятого августа с утра я была настроена скептически. Но когда мы приехали на участок, я была безумно удивлена и воодушевлена происходящим. Возле участка выстроилась огромная очередь людей. У 90 процентов людей на руках были белые браслеты. У меня волосы были заплетены хвостиком с белой резинкой. Я, не раздумывая, сняла эту резинку и надела себе на руку.

Мы проголосовали. Перспектива того, что все может измениться, уже не казалась такой призрачной. В сети стали появляться результаты голосования на разных участках. Было много мест, где с большим отрывом побеждала Светлана Тихановская. Однако вечером огласили результаты подсчетов — более 80 % проголосовали за Лукашенко. Все понимали, что это невозможно.

Ночью началось что-то страшное. Мои родители были за городом, мы с сестрой оставались в нашей квартире в Уручье. Перестал работать интернет. За окном всю ночь были слышны крики, взрывы. Периодически мы видели огромное количество пробегающих мимо нашего дома силовиков в экипировке.

Так продолжалось три ночи. Следующей ночью у нас под окнами на парковке силовики выбили окно машины, вытащили оттуда человека и начали его избивать. Мы с сестрой и нашими друзьями смотрели на происходящее с балкона. Балкон у нас застекленный, прозрачный, живем мы на последнем этаже. Более 20 силовиков столпились у нашего дома. Один из них начал нам кричать: «Суки, блядь, окна закрыли и ушли отсюда, или стрелять будем!» Мы немного испугались, выключили свет. Конечно, мы понимали, что светошумовую гранату так высоко они не закинут, поэтому продолжали наблюдать за происходящим. И тут один из них бежит в микроавтобус и возвращается с… гранатометом. Мы все от неожиданности моментально легли на пол. Так мы пролежали чуть больше минуты. Когда силовики разошлись, мы вернулись обратно в комнату.

Ночью 11 августа под нашими окнами избивали мотоциклистов. Мы слышали крики омоновцев, удары дубинок. Видели, что на дороге лежали и не двигались люди, но их все равно продолжали бить. И у нас не было уверенности, что после такого зверства все из них остались живы.

Видео с жестокими избиениями с улиц. Фотографии последствий страшных пыток с Окрестина. Ужасающие истории от пострадавших и волонтеров. Пропавшие без вести друзья и знакомые. Несколько убитых.

Августовские события стали точкой невозврата. После всего того, что я пережила и увидела, находиться в стороне было просто невозможно. Невозможно закрывать глаза на то, что происходит в моей родной стране, невозможно просто продолжать дальше жить так, как я жила раньше, невозможно ходить в университет на пары, делать домашку и писать курсачи.

Студенческие протесты

Наши студенческие протесты начались еще в августе. Я была безумно горда своим факультетом, своими преподавателями и однокурсниками за их неравнодушие. Уже тогда мы чувствовали некую особенную, новую связь, которая сложилась между нами, когда мы сделали свой выбор. Эта связь ощущалась со всеми беларусами, но внутри студенческого сообщества это было необычайно ценно.

На первое сентября были большие надежды. И, стоит отметить, студенты тогда задали высокий уровень. Мы показали всему Минску, как нас много и что мы можем. Прорываться через сцепки ментов посреди проспекта? Без проблем!

А вот возвращение в университет немного разочаровало. Красное лицо, неровное дыхание, бегающий взгляд. С таким видом и захожу на середину пары по немецкому. На меня удивленными глазами смотрит вся группа.

— Юля, почему ты так опоздала на занятие?

— Я от ОМОНа убегала. Вы разве не в курсе, что происходит?

Тут я увидела другую сторону медали. Я совершенно не могла понять, как можно продолжать дальше спокойно ходить на пары, готовиться к контрольным и вообще не интересоваться тем, что происходит. К ощущению единства у меня добавилось ощущение раскола внутри студенческого сообщества и нации в целом. Были ребята, которых, кроме их личных забот, ничего не интересовало. Они игнорировали происходящее вокруг и закрывались внутри своего маленького мира. Но были, к сожалению, и те, кто писал доносы. От таких вещей становилось действительно жутко. Ради местечка в министерстве они были готовы пойти на сделку с совестью и подставить однокурсников. Я искренне надеюсь, что доносчики не предполагали, что их действия против тех, с кем они вместе учились несколько лет, могут закончиться тюремным сроком.

Сейчас я намного мудрее и спокойнее смотрю на такие вещи. Мой опыт последних лет позволил мне лучше узнать людей, научиться понимать их мотивы и принес осознание, что действительно плохих людей значительно меньше, чем нам кажется. Зачастую людьми руководит страх, и у них недостаточно сил для того, чтобы сделать правильный выбор.

Шли учебные дни. Каждая неделя начиналась с ожидания воскресенья. Черная маска, солнцезащитные очки, кепка, перчатки. Белая краска, красная краска. Не забыть поставить на телефон другой «Телеграм». Зубную щетку в рюкзак — на всякий случай. Одеться поудобнее. «Мам, я скоро вернусь. Не переживай, я быстро бегаю. Но если не вернусь, вот памятка, что делать».

Пели песни, кричали кричалки, рисовали на асфальте, убегали от милиции, уворачивались от выстрелов. А завтра снова на учебу. Вот только вернуться удается не всем.

«Говори пароль, или пальцы тебе отрежем»

Очередное воскресенье 2020 г. Сегодня я решила не идти на марш, в отличие от некоторых моих однокурсников. Тогда в городе было необычно много силовиков. Этот марш отличался от предыдущих. Разгоны и задержания начались задолго до того, как людям удалось собраться. В дальнейшем такая тактика стала применяться постоянно, но в тот день это было довольно неожиданно. Количество задержанных достигало 1000 человек. Я очень переживала за ребят. В какой-то момент один из них перестал выходить на связь.

В тот день во мне было много переживаний. Я ощущала острую несправедливость. Чувствовала злость. Мы с однокурсником Владом не были близкими друзьями, но он всегда был для меня своим человеком. В такое тяжелое время нужно особенно быть друг за друга.

Понедельник. Как обычно, в этот день недели мы планировали пойти на акцию возле БГУ, а потом студенческой колонной присоединиться к маршу пенсионеров. Но тот день был не совсем обычным. Ведь вчера задержали нашего однокурсника. У нас не было никакой информации о местонахождении Влада и в принципе никакого понятия, что с ним.

Эмоции меня захватили, и я напрочь забыла об осторожности. Во время марша я дала несколько интервью, близко подходила к сопровождавшим нас бусам и вела себя, скажем так, довольно смело.

Марш прошел спокойно, после чего люди начали расходиться. Мы спустились в пешеходный переход, что можно было считать точкой обнуления, и, совершенно потеряв бдительность, направились перекусить. Вдруг чувствую чью-то руку на своем плече. От неожиданности дергаюсь вперед. Со словами: «Девушка, пройдемте» — меня грубо хватают за шею. Я все еще не вижу, кто находится позади меня, и совсем не понимаю, что происходит. Инстинктивно швыряю телефон на асфальт. Моя подруга тут же пытается его поднять, но ее отталкивают и забирают мой телефон. Я пытаюсь вырваться и уже понимаю, что это ОМОН. Подбегают еще несколько милиционеров, и вот они вшестером несут меня в бус. Мне безумно страшно, я брыкаюсь, кричу, зову на помощь и не понимаю, почему никто вокруг ничего не делает, почему никто не пытается мне помочь.

Меня грубо кидают в машину. Удар по спине. От удара я улетаю в конец микроавтобуса, ко мне подходит омоновец и швыряет меня на сиденье. Потом он берет меня за шею, прижимает мою голову к ногам со словами: «Лицом в пол, сука». Когда отпускает, я сворачиваюсь в клубок, закрывая голову руками и прошу меня не бить.

— Ребята, пожалуйста, только не бейте. Только не бейте, — кричу я, совершенно не осознавая, что происходит и что меня ждет.

— Фамилия, имя, отчество и адрес проживания? — спрашивает человек в балаклаве, сидя напротив меня и направляя камеру мне в лицо.

— Пожалуйста, можно я отдышусь, я совсем не могу говорить, дайте подышать, пожалуйста.

Обстановка слегка успокоилась. Мне дали немного времени прийти в себя. В микроавтобусе было 6 омоновцев, водитель и я. Двое сидели напротив меня, один рядом со мной, другие стояли возле нас полукругом.

Они начали записывать мои показания на видео. ФИО, адрес, место учебы, ничего особенного. Спросили, участвовала ли я в марше. Я сказала, что да, рассказала им, что я не могла сидеть в стороне, потому что моего друга вчера задержали. Они никак это не комментировали, просто слушали информацию. Несколько раз я просила отпустить меня или дать позвонить родным, на что мне отвечали, что родных оповестят.

У меня начали спрашивать пароль от телефона. Разговор перешел в весьма забавное русло. Я начала им рассказывать, что подписана на все оппозиционные ресурсы, если им это интересно. Но их не устраивал этот ответ, они хотели почитать мои переписки и даже обещали не лезть в мои личные фото.

Наш спор длился довольно долго для такого диалога — около пяти минут. До того момента, как один из парней, который за все это время не произнес ни слова, сказал:

— Сука, говори пароль, или пальцы тебе отрежем!

— Зачем вам мои пальцы? У меня Touch ID не работает...

Не знаю, как мой мозг в такой стрессовой ситуации выдал такую божественную шутку, но я считаю, это шедевр. Посмеялся, правда, только один из ребят. Наверное, потому что только он ее и понял.

Но на самом деле мне стало жутко. Я не знаю, куда мы едем и с кем. Сейчас со мной может произойти, что угодно, и потом я никак этого не докажу и вряд ли узнаю, кто это сделал. Я понимала, что отрезать мне пальцы они не будут, но поломать или применить насилие другого характера — вполне в их стиле.

Мне пришлось дать пароль от телефона. Точнее, я ввела его сама, чтобы сам пароль они не увидели. Это мое действие могло привести к весьма плачевным последствиям, но, к удивлению, найдя в одной переписке мою фотографию с марша, они успокоились. Видимо, они просто хотели убедиться, что задержали нужного человека.

Мы подъехали к РУВД и меня передали другим сотрудникам. И мой разблокированный телефон тоже. У тех уже было значительно больше времени, чтобы изучить мобильник, но и тут все обошлось. Сотрудник РУВД, который со мной общался, посмотрел несколько переписок и заблокировал мой телефон. Я вздохнула с облегчением, паника прошла.

Но больше всего я переживала за родных. Связаться с ними мне все еще не давали.

Наша беседа с этим сотрудником РУВД складывалась довольно позитивно. Я объясняла ему, зачем мы ходим на митинги.

— Мы же имеем право иметь другое мнение и быть против действующей власти?

— Да, конечно. Но можно же по-другому воздействовать на ситуацию.

— Как? Разрешения на митинги не выдают, оппозиционных кандидатов не допускают к выборам. Что можно сделать?

— Ну... Поправки в конституцию предлагать, например.

Нашу беседу прервал майор, который привел задержанного парня. Майора очень возмутил тот факт, что я сижу на стуле.

— Что это за поза такая вальяжная? Быстро встала лицом к стене!

Парень, рядом с которым я стала, выглядел испуганным.

— Все хорошо?

— Нет.

Позже, когда нас везли на Окрестина в одной машине, он рассказал, что в микроавтобусе его били электрошокером.

А перед этим в РУВД меня отвели на досмотр. Это был актовый зал, в котором мы с молодой девушкой остались наедине. У нас завязалась беседа, в которой выяснилось, что она тоже учится в БГУ на 3-м курсе, но на юридическом факультете. С сочувствием в голосе она спросила, много ли «наших» сегодня задержали. Думаю, что она не очень хотела быть там. По крайней мере, надеюсь на это. Но ситуация очень забавная. Хорошо отражает то разделение общества, о котором я писала выше.

Дальше были бесконечные пять часов в одиночной камере в РУВД. Там был только бетонный выступ в стене, на котором я предпринимала тщетные попытки улечься. Много мыслей о родных, о том, что сейчас происходит снаружи. Еще я очень боялась, что меня отчислят из универа или что я не успею дописать курсовую, если меня посадят на сутки. Обидно вот так, после четырех лет обучения, на последнем курсе вылететь.

Нас повезли на Окрестина в патрульной машине. Ехала я с тем парнем, которого били электрошокером, одним милиционером и гаишником. Поездка была довольно позитивная, и ребята даже предложили со своих личных телефонов позвонить нашим близким.

— Мам, привет! Все хорошо, я уже почти на Окрестина!
Как же абсурдно звучали эти слова. Меня везли в место, где
пытают людей, а нам от этого было радостно. Ну это была хоть
какая-то определенность. После такого путешествия в микроавтобусе с дяденьками в черном могло быть и хуже.

И никто все еще не знал, где Влад.

Кто людей лечит и на вызовы ездит — это уже никого не волнует

По приезде на Окрестина меня завели в четырехместную камеру, где уже сидели четыре девушки. Все врачи. Обстановка была
очень дружелюбная, я познакомилась с девчонками, мне дали
хлеба и воды. К сожалению, это все, что там было. Чуть позже к
нам привели преподавательницу из БГУ.

На следующий день у нас был суд. Суд проходил в ИВС на
Окрестина — там, где мы и сидели. Нас заводили в маленькие
кабинеты, за нами наблюдал сотрудник, а мы сидели за ноутбуком и общались с судьей по «Скайпу». Восхитительно! Но ковид — он такой.

Происходящее на суде можно было сравнить с плохо от-
репетированным цирковым номером. После соблюдения всех
формальностей судья пригласила свидетеля. По рассказам девочек, свидетели подключались к звонку онлайн, но в моем случае
свидетель уже находился в ИВС на Окрестина. Он зашел в ка-
бинет, приказным тоном сказал мне встать лицом к стене и за-
вести руки за спину и сел на мое место. Любопытные у них там
порядки. Никто даже не обратил внимание на то, что со мной
вел себя так свидетель.

Парень представился сотрудником МВД. На все поставлен-
ные ему судьей вопросы он отвечал размыто, без каких-либо де-
талей. Было очевидно, что раньше он меня никогда не видел, как
и я его. Судья попросила его описать меня и приметы, по которым
меня идентифицировали во время задержания. Вместо того
чтобы посмотреть на меня и сказать, во что я была одета (у меня
ведь другой одежды не было), он начал описывать вещи, которые у
меня якобы были при себе (сумка, кепка, протестная символика).
Я попросила судью заглянуть в протокол описи моего имущества,
в котором отсутствовала какая-либо информация об этих вещах,

но, видимо, ей это было не очень интересно. Но, возможно, именно из-за такого глупенького свидетеля совесть не позволила судье дать мне 15 суток. Зато на 12 суток ее совести хватило.

После суда мне даже дали поговорить с папой. Я была в легком шоке от приговора, потому что, честно говоря, рассчитывала на штраф. А еще попросила папу купить мне курсач.

Спустя несколько часов я окончательно осознала происходящее и смирилась. В целом ситуация не казалась такой уж страшной. Провести 12 суток в компании интересных и умных людей могло стать отличным опытом. Медики и преподаватели читали нам лекции и рассказывали необычные истории, а я все время придумывала разные игры и веселила девчонок. Да и о текущей обстановке можно было разговаривать вечно. Все делились историями своих задержаний, и каждая история была уникальна по-своему. Помню, медики рассказывали, как они стояли во внутреннем дворике РУВД. Всего их было около 60 человек. Сотрудник РУВД спрашивает, есть ли среди задержанных медики, на что от всех присутствующих получает утвердительный ответ в один голос.

— Что, все медики?

— Да.

Надеюсь, мы скоро победим

Чуть позже выяснилось, что в соседней камере с нами сидела бабушка моего близкого друга. А пока она сидела, у нее умер муж. Женщина очень чудесная, профессионал своего дела. Многим за это время помогла. Не уверена, что медики, которые работают в таких местах, как ИВС или СИЗО, хоть что-то знают о медицине и ходят на работу трезвыми.

На следующий день после суда к нам в камеру завели около 10 человек. Девушки выглядели очень истощенными и обессиленными. До ИВС они три дня находились в Жодино. Там первые два дня из еды им давали только хлеб, нормальную еду принесли только к вечеру третьего дня.

Нам повезло застать еще хорошее отношение охранников к задержанным на протестах. Ну или это мы были такие приятные и позитивные, что как-то по-другому сложно было к нам относиться. Тогда еще была возможность получать передачи от

родных, и один из охранников принес мне сумку от родителей.
Пока мы сверяли содержимое передачи по списку, мы разговорились на совершенно разные темы, шутили. Около 15 минут длилась наша беседа.

— Знаешь, я очень надеюсь, что мы скоро победим.
— Юля, я тоже очень на это надеюсь.

Это был ответ сотрудника охраны. Его голос был очень искренним и сочувствующим. Во всей моей истории это был не единственный человек из системы, кто не поддерживал власть, но оставался служить ей. Я не осуждаю их, но и не поддерживаю. Я понимаю, почему они сделали такой выбор, и не хочу их за это ненавидеть. Я искренне надеюсь, что эти люди стараются вредить системе, нести добро и помогать людям, с которыми они вынуждены стоять по разные стороны. И что, когда в день Х им снова придется сделать выбор, они выберут правильный путь.

Все остальное решаемо

Про оставшиеся дни я бы хотела рассказать кратко. На четвертый день, перед переводом в ЦИП, к нам завели новых девчонок, которые рассказали про смерть Романа Бондаренко. Эта новость всех поразила, мы совершенно не могли понять, как такое могло произойти на мирных протестах.

В ЦИПе мы провели всего несколько часов, после чего нас ждала поездка в Барановичи. По дороге туда нам даже удалось еще раз пообщаться с родными.

Встретили нас криками: «Руки за спину! Голову прямо, смотрим вниз, головой не крутим! Бегом! Быстрее, блядь, побежали!» И мы бежим в кроссовках без шнурков, с передачами за спиной, под крики тюремных надзирателей. Тогда показалось, что сидеть тут будет очень страшно. А камеры какие! В Барановичах царила атмосфера подземелья средневекового замка. Политических держали в старом корпусе. Было ощущение, что, кроме окон, в этих камерах ничего не переделывали после 1950-х годов. Шершавый бетонный пол, обваливающаяся штукатурка на стенах, железные кровати. Везде плесень, все грязное, потертое, ржавое. И совершенно нет места. В камере на 8 человек было 4 двухъярусных кровати, стол, лавки, туалет в виде отверстия в полу и умывальник. Площадь камеры составляла не более 20 квадратных метров. Условия просто нечеловеческие.

Но даже там мы умудрялись содержательно проводить время: делились своими историями, придумывали и пели песни, лепили поделки из хлеба, читали книги, разгадывали кроссворды. Нам даже письма приходили. Боже, как приятно получать письма! Это как глоток свежего воздуха, весточка со свободы. Когда ты в тюрьме и не получаешь никакой информации извне, очень быстро появляется ощущение, что жизнь идет где-то там без тебя и все про тебя забыли. Поэтому получать письма безумно важно: это придает силы.

Охранникам не было до нас дела, мы могли спокойно спать днем и заниматься своими делами. Так спокойно и пролетели все восемь дней в Барановичах.

Прошло всего 12 суток, но возвращаться в свободную жизнь было очень странно и непонятно. Меня встретили родные и друзья. По пути домой мы очень много говорили.

В дороге мы созвонились с Владом. Сначала я была обижена на него за то, что он не приехал меня встречать. Но оказалось, Влад пострадал сильнее меня: несколько ранений от резиновых пуль, сотрясение мозга, закрытая черепно-мозговая травма. На сутках он заболел ковидом и сидел с высокой температурой. В один день он чувствовал себя так плохо, что потерял сознание и ударился об стол в камере.

Вот таким он был, мой 4 курс университета. Кстати, ковидом в заключении я тоже заразилась. Возвращаться в учебный процесс по всем этим причинам было очень тяжело. Нужно было время прийти в себя, вернуться к нормальной жизни, избавиться от перманентного страха. Сложно было концентрироваться на учебе, когда все мысли о том, что каждый день люди страдают за решеткой, их близкие за них еще больше переживают и жизнь останавливается.

Доучиться мне удалось, но жизнь после этого поменялась сильно. Когда ты попадаешь туда, относиться к проблемам начинаешь совсем по-другому: я жива и на свободе, мои близкие живы и на свободе, все остальное решаемо. На самом деле моя жизнь стала чуточку счастливее, пока 19 февраля 2022 года ко мне снова не пришли. Но это уже совсем другая история.

Варшава, июль 2023
julija2001.mmm@gmail.com

Я НЕ СЧИТАЮ ЭТО ВРЕМЯ ПОТЕРЯННЫМ

Мария

Я Мария, бывшая студентка Беларусской государственной академии искусств, училась на факультете дизайна и декоративно-прикладного искусства. На кафедре промышленного дизайна я изучала дизайн промышленных и бытовых продуктов. Моим направлением учебы был экспозиционный (выставочный) дизайн. Основная его специфика — проектирование и все ступени разработки, в том числе выбор материалов, конструирование, цветовое и эстетическое решение малых и средних архитектурных форм. Экспозиционный (выставочный) дизайн — это не только про выставки и музеи, это огромное количество ежедневно окружающих нас объектов: автобусные остановки, магазины, витрины, галереи, уличное освещение, детские площадки. Мне очень нравилась учеба, преподаватели и атмосфера, которая витала на факультете. Мы оставались до позднего вечера в аудитории, заказывали еду и готовили наши проекты к просмотрам. Преподаватели относились к этому с пониманием. Учеба была непростой и отнимала много времени, так как большую часть программы занимали предметы, которые включали в себя разработку целого проекта.

Преподаватели старались не ограничивать воображение студентов, что помогало рождению интересных и смелых решений.

Академия в эпоху выборов

В нашей академии училось всего 1400 студентов; для сравнения: в БНТУ — 28 000. Академия была престижным по беларусским меркам учреждением, куда из-за большого конкурса некоторые абитуриенты поступают по несколько раз. Я поступила только со второй попытки. По окончанию учебы я планировала продолжить развиваться в направлении предметного дизайна и хотела найти работу в этой сфере.

В 2020 году я перешла на 4 курс и начала сочетать учебу с активизмом. Я не могу назвать себя человеком, имеющим глубокие знания в области истории нашей Родины. Моя семья никогда не имела привычки прислушиваться к мнению из телевизора и черпать новости только из государственных СМИ, поэтому я тоже предпочитала узнавать информацию из разных источников. Протестное настроение людей начало проявляться в мае 2020 года, когда началась президентская избирательная кампания и появились первые задержания. Вечер 9 августа 2020 г. — яркая отправная точка массовых протестов, ставших ответом граждан на действия силовых структур в отношении людей, которые были не согласны с фальсификациями результатов выборов. Я думаю, многие почувствовали ответственность за будущее страны. Наличие общей цели каждый раз мотивировало людей выходить на протесты.

После массовых систематических задержаний протест стал обретать более гибридный формат. Помимо масштабных воскресных маршей, появились женские марши, марши пенсионеров, цепи солидарности медиков, дворовые акции, акции работников заводов, студенческие протестные инициативы. Не молчали и айтишники.

До 2020 года учеба была достаточно интересной и не имела «политического напряжения», хотя в студенческих работах иногда присутствовал подтекст на тему политики. С началом учебного года и первых акций большинство студентов и преподавателей на фоне всей ситуации сплотились и старались поддерживать друг друга. Но со стороны некоторых сотрудников

академии проявилось враждебное отношение к протестующим. Многие студенты отражали свою рефлексию в картинах
и проектах, на что руководство академии реагировало очень
агрессивно и заставило снять такие работы с летней практики.
Несмотря на недовольство ректората, наши студенты наряду с
представителями других университетов каждый день становились в цепи солидарности, пели песни и достойно парировали
в спорах со сторонниками режима. Ректор и проректор часто
вызывали студентов на профилактические беседы, в их моно-
логах присутствовали угрозы отчисления и призыва в армию.
В сентябре 2020 г. реакция силовых структур на студенческие
марши была особенно жесткой — студенты все чаще появлялись
в списках задержанных.

Студенческий протест становился более организованным.
Через месяц регулярных массовых задержаний мы со студен-
тами-активистами создали университетские чаты и каналы
в «Телеграме», в которых можно было обсуждать ситуацию в
своем вузе и в стране в целом. Это помогло установить посто-
янную коммуникацию. Эта координация работала — задержаний студентов стало меньше. В чатах обсуждались форматы
законных акций, общая обстановка в университете, задержания и отчисления студентов, возможность оказания отчисленным студентам материальной или юридической помощи. Мне
очень нравилась такая активность. Многие предлагали помощь
в расклеивании листовок и наклеек, помогали с составлением
списков репрессированных. Акции проходили и в других университетах Минска и в регионах. Когда начались массовые отчисления, никто не знал, как с этим бороться. Были попытки
оспорить результаты отчисления, но они ни к чему не привели.
В начале учебного года в вузах появилась должность проректо-
ра по безопасности, которую занимали сотрудники КГБ. Одной
из их обязанностей был вызов студентов на беседы. Они могли
после предъявления приказа на отчисление вручить студенту
повестку в армию. В нормативных документах появились новые
пункты и положения о массовых мероприятиях, о запрете на
фото- и видеосъемку, которые нарушали основные права и не
могли иметь законной основы. Так прошли три месяца регулярных студенческих акций, отчислений и угроз.

Арест

Меня задержали 12 ноября 2020 года. Когда я выходила из дома, чтобы поехать на занятия, ко мне сзади подошли несколько мужчин. Один из них предъявил удостоверение сотрудника КГБ и сказал, что я задержана в качестве подозреваемой, поэтому надо вернуться домой, чтобы они произвели обыск. После долгого и тщательного обыска сотрудники объявили, что я арестована. Пока мы ехали, немного поговорили на тему политики. Мне показали Уголовный кодекс, из текста которого я поняла, что меня обвиняют по ст. 342, ч. 1 «Организация групповых действий, грубо нарушающих общественный порядок и сопряженных с явным неповиновением законным требованиям представителей власти или повлекших нарушение работы учреждений». Сотрудник КГБ указал мне пальцем в тексте на положенный по этой статье срок — до 3 лет. У меня спросили номер телефона родителей, чтобы уведомить их, где я нахожусь. Как выяснилось позже, родителям никто не позвонил.

Через несколько дней в СИЗО КГБ я узнала, что в так называемом студенческом деле 12 человек. В моей камере по этому делу находились три студентки. Условия были ужасные: вместе туалета в камере стояло ведро, которое нужно было выносить дважды в день. Каждые пару минут сотрудники СИЗО смотрели в глазок камеры, из-за чего помыться или сходить в туалет было проблематично. Так как родные не знали, где мы находились, первые 5 суток у нас из вещей были только выданные кружка, мыло и половина рулона туалетной бумаги. На наш вопрос «Сколько времени?» сотрудники не отвечали, и мы ориентировались на колокола церкви, которая была рядом. Три раза в день раздавался колокольный звон. Кроме этого звука, ничего не было слышно. Из-за тишины казалось, что нас трое на весь СИЗО. Громко говорить было запрещено, свою фамилию называть нужно было очень тихо. О присутствии других заключенных свидетельствовали лишь мусорные пакеты за каждой дверью камеры. Все время, что мы находились в СИЗО КГБ, мы спали. Просыпались только на завтрак, обед, ужин, прогулку и следственные действия.

Через 8 дней нас перевели в СИЗО-1, где уже было гораздо больше политических заключенных. Начали приходить письма, был телевизор. Стало полегче морально. Обстановка вокруг больше напоминала общежитие — общежитие со строгим режимом. С ребятами, которые проходили по так называемому студенческому делу, мы общались на ознакомлении с материалами уголовного дела. Когда начался суд, мы с утра и до 6-8 часов вечера были на заседаниях. Хотелось пить, и поэтому мы ругались с конвоем: нам запрещали брать с собой воду, говорили, что вода есть в кране в туалете. После 21 заседания суда, который длился 2 месяца, огласили приговор — 2 года 6 месяцев лишения свободы. Перед тем как нас повезли обратно в СИЗО, мы все обнялись и договорились встретиться на свободе. Это был очень трогательный момент... Апелляцию я ждала в СИЗО Гомеля. Приговор оставили без изменений.

Колония

В колонии общаться получалось не со всеми, так как заключенные работали в две смены, и мы почти не пересекались. Сразу по приезде в колонию меня поставили на профилактический учет якобы за «склонность к экстремизму и другой деструктивной деятельности». Поэтому я должна была носить желтую бирку. За весь срок я побыла в шести отрядах. По словам сотрудников колонии, это делалось в целях воспитания. В колонии для «экстремистов» созданы особые условия с дополнительными ограничениями в отличие от заключенных с обычными уголовными статьями. Политзаключенные получают только сутки длительного свидания, тогда как остальные получают двое или трое суток. Часто (при помощи других заключенных) для политзаключенных устраивают провокации, чтобы те получили наказание за нарушение в виде ШИЗО, лишения передач, свиданий. Нарушение можно получить за расстегнутую пуговицу (нарушение формы одежды), за передачу друг другу сигарет, продуктов питания, предметов личной гигиены или какой-либо вещи. В колонии это категорически запрещено, так как считается отчуждением или присвоением. Иногда подкидывали иголки и таблетки, вшивали их в одежду, наливали воду в обувь. Администрация колонии делает все для создания токсичной среды не только для политзаключенных, но и для тех, кто их поддерживает. Охрана любит натравливать осужденных друг на друга, чтобы сделать условия максимально дискомфортными — «зэк должен постоянно страдать».

Многие в колонии не любят «экстремистов». В колонии среди осужденных достаточно много сторонников авторитарного режима, несмотря на то что зачастую сами заключенные являются жертвами судебной системы вне зависимости от совершенного преступления — осуждение часто сопровождалось нарушениями Уголовно-процессуального кодекса. Мне кажется, что судебная система отражает суть действующего в стране режима. После начала войны отношения в колонии сильно обострились, чему способствовал просмотр госТВ. Альтернативных каналов в колонии не показывают. Тему войны политзаключенные обсуждали тихо и между собой. Мы постоянно обсуждали новости, войну, задержания, поэтому даже сотрудники называли нас «кружком по интересам». Политические заключенные всегда держались отдельно от осужденных по обычным уголовным статьям. Регулярное общение с людьми, осужденными за гражданскую позицию, придавало силы. Внутри нашего «желтого кружка» всегда была атмосфера сестринства и взаимоподдержки. Несмотря на то что наши ожидания и надежды не оправдались в полной мере, я придерживаюсь мнения, что нельзя за три года избавиться от системы, которая выстраивалась десятилетиями и имеет чересчур глубокие корни. Репрессивная система выкорчевывала и истребляла любое инакомыслие. Я считаю, что беларусы не должны думать, что все безрезультатно, потому что именно такого настроения добивается нелегитимная власть Беларуси. Я очень хочу верить, что в скором времени я смогу вернуться в Беларусь, не боясь за свою безопасность, и смогу быть уверенной, что не встречусь с дискриминацией из-за судимости. На данный момент в Беларуси почти две тысячи признанных политзаключенными, которые каждый день теряют драгоценное время, которое могли бы провести со своими родными и близкими. Сейчас они живут только верой и надеждой, что скоро все закончится и они выйдут на волю. Мне было очень тяжело прощаться с подругой, которая была со мной весь мой путь. Она мать двоих детей, отец которых тоже сидит. Моя подруга всегда поддерживала и защищала меня. Большая разница в возрасте никак не мешала нашей дружбе. Репрессии в отношении политзаключенных усиливаются, их хотят лишить связи с внешним миром. Сейчас я получила от подруги только открытку на день рождения. А ее дети могут общаться с мамой только 10 минут в месяц по видеосвязи… Мысль о моих подругах, находящихся в колонии, придает мне силы сейчас, не дает забывать о том, сколько замечательных людей совершенно необоснованно лишены свободы, и напоминает, ради чего нужно продолжать бороться.

Мне кажется, что основной причиной нашего задержания было подавление студенческого протеста. У меня есть ощущение, что теперь массовый студенческий активизм в Беларуси невозможен. Репрессии в отношении студентов имеют многие негативные последствия. Одно из них заключается в том, что количество абитуриентов после 2020 года значительно снизилось, что говорит о нежелании студентов получать образование в Беларуси. В предъявленном нам обвинении было сказано, что студенческие протесты стали причиной снижения имиджа ряда беларусских университетов. Однако реальность показывает, что репутация университета снижается из-за нежелания сотрудников образовательных учреждений обращать внимание не только на проблемы студенчества, но и на общественно-политические.

Беларусы не сдаются

За время, которое я находилась в СИЗО и в колонии, я обрела очень близких друзей, с которыми мы вместе пережили многие беды. Верю, что именно в трудные времена может родиться действительно крепкая дружба. Поэтому и по ряду других причин я не считаю это время потерянным. Сейчас у меня есть твердое желание участвовать в жизни Беларуси, сохранять коммуникацию с беларусами внутри страны и за ее пределами. Для этого нужно содействовать тому, чтобы Беларусь не уходила с повестки. Важно продолжать популяризировать культуру и язык. Необходимо напоминать людям в эмиграции, по какой причине они уехали, и не давать демократическим силам Беларуси забыть то, за что они боролись.

Я освободилась из мест лишения свободы 30 ноября 2022 г., полностью отбыв срок наказания. Через 20 дней я уехала из Беларуси в Литву, где живу уже 6 месяцев. Сейчас я готовлюсь к учебе в Вильнюсской академии искусств, так как хочу получить образование, которое не успела завершить в Беларуси, потому что была отчислена в день задержания. Для меня студенчество — это важная ступень, которая может помочь определить вектор будущей жизни.

В Литве я успела познакомиться со многими беларусами. Несмотря на то что я часто слышу про усталость по причине безрезультатности борьбы, люди продолжают предпринимать усилия в противостоянии режиму. Большинство из них работает в беларусских СМИ, НГО или участвуют в волонтерстве. Они говорят, что эта деятельность помогает не забывать о Беларуси. Мне нравится, что, несмотря на массовую усталость и выгорание, люди продолжают бороться. Я бы очень хотела продолжить активистскую деятельность, чтобы помогать беларусам, которые являются жертвами режима из-за своих взглядов. Мечтаю, чтобы наши друзья, чьи-то родители, дети, братья и сестры оказались дома, чтобы у всех вынужденных уехать беларусов была возможность вернуться домой без страха быть задержанными, возможность почувствовать свободу.

Вильнюс, январь 2024
mashara259@gmail.com

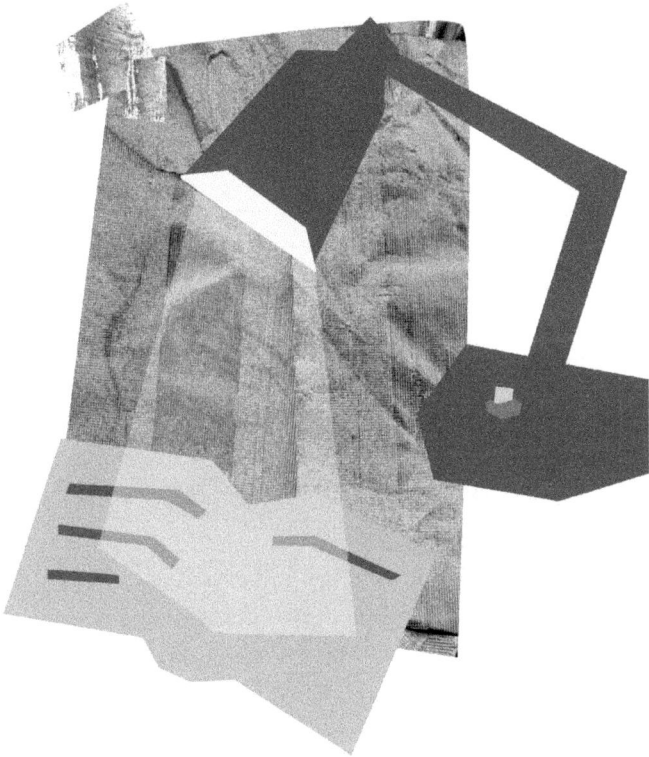

ШЛЯХ

Владимир Д.

Протесты, прокатившиеся по Беларуси после августовских событий 2020 года, связанных с президентскими выборами, стали одним из определяющих этапов в истории страны. Как человек, который пережил эти протесты воочию, я могу уверенно сказать, что они оказали глубокое влияние на мою жизнь. В этом эссе я хотел бы поделиться своим личным рассказом о том, как эти события оказали на меня сильное воздействие.

Начало истории

Очень важно понять, на что люди надеялись, когда 9 августа 2020 года шли на избирательные участки голосовать. Всем было давно известно, что в Беларуси честных выборов нет, что президента простым голосованием не поменять. Все предыдущие выборы заканчивались одинаково. Думали ли беларусы, что режим сменится в результате выборов? Никто не готовил людей к протестам и сопротивлению с силовыми структурами, но вот с «продажей» идеи о том, что все быстро изменится, справлялся каждый из кандидатов в президенты. И некоторые избиратели реально поверили, что они могут влиять на результаты выборов. Помню своего однокурсника, который пытался агитировать нашу группу принять участие в сборе подписей за кандидатов. Я считал, что это очень наивно, поэтому выступил с критикой.

Какой толк? Почему вообще мы обсуждаем выборы? Мой ответ будет прозаичен: выборы стали стимулом для режима показать зубы. У режима всегда отсутствовал страх наказания за свои преступления. Это можно объяснить сильной уверенностью в своей силе. И выборы 2020 года стали поводом для режима в очередной раз продемонстрировать цинизм и жестокость.

Вечер в день выборов стал самым страшным для граждан, им предстояло увидеть настоящее лицо циничной власти, которая никого не будет щадить. Главный закон вождя любой стаи гласит, что нельзя показывать слабость, иначе найдется более сильный вожак. 9 августа по всей Беларуси началась охота за людьми. Именно охота за людьми! Нет наших или чужих. Есть только я и ты, только моя сила и твоя слабость.

Избиения? Хорошо!

Реанимация? Еще лучше!

Убийство? Не вопрос!

Дети, женщины, старики? Какая разница?

Что я мог чувствовать, наблюдая все это? Я смотрел и плакал, просто плакал... Не было никаких других эмоций — злости, ярости. Были только слезы. Это же люди! Я понял, что все беларусы в тюрьме, а разница только в режиме.

Путь мой не стелется солнцем и цветами

Август. Каждый день — протесты. А дома — мама, которая волнуется и просит нас сидеть дома. Должен ли я что-то предпринять? Если должен, то что? Где искать на это ответ? У меня в голове было огромное множество вопросов, пока я не остановился на одном: как я буду смотреть в глаза своим детям? В этот момент мои сомнения закончились. Я оделся и пошел на митинг в центре города. Обратной дороги не было. Если я вступаю на нее, то уже не смогу вернуться. Я осознал, что со мной и с моей семьей может произойти все. Страх везде и всюду. Хорошо, что я стал опасаться самого страха. Это понимание — единственное, что реально помогало мне. Нужно заранее быть готовым к любым последствиям — арестам, допросам, смерти... Тогда ты можешь быть уверен, что именно ты контролируешь ситуацию, а не ситуация тебя. Записки для близких и коллег на различные случаи, инструкции, чтобы они смогли быстро сориентироваться и не сделать много ошибок. Надо всегда помнить о девушке:

нельзя ее подставлять. Нужно сохранять надежду, что любовь выдержит эти времена...

Еще в августе 2020 г. стало понятно, что университеты могут стать полем будущих сражений. Очевидно, что без потерь не получится. Важно не струсить, важно сохранить лицо, важно защитить людей. Были планы стать ученым, но теперь придется отложить эти планы, такова цена борьбы. Вот тебе путь из ученых в гражданские активисты.

Записываем обращение с призывом остановить насилие в стране. Теперь мы у администрации на ладони — и студенты, и преподаватели. 26 октября 2020 г. Светлана Тихановская объявляет национальную забастовку. Будет ли смысл? Идти или нет? Сомнения кружат голову. Остается только поддержать, ибо это — красная линия. Если ничего не получится, то протест закончится.

Последствия

Каждый поступок имеет свои последствия. Есть время разбрасывать камни и время собирать камни. Красная линия пройдена. Удивительно, но администрация готова пойти на переговоры, однако доверять словам нельзя. Ко мне подошел декан. Понимаю, что крест на моей мечте стать беларусским ученым поставлен. Всего-то отчисление? И все? Повестка в военкомат? Продлевают призыв в армию ради нас? Уезжать или остаться? Все уезжают? Мне нужно тоже уезжать? Есть ли в этом смысл? Что я смогу там делать? Буду ли я адекватно оценивать ситуацию в стране, когда буду в Польше? Значит ли это, что я сдался?

Появилась информация о черных списках, и власть не скрывает этого. Теперь любой человек из этого списка не может спокойно жить в Беларуси. Нужно забыть про учебу, работу, остается только ждать ареста. Сомнения и снова сомнения... Учебу нужно продолжать, но я не могу перестать бороться. Нужно оставаться, я боец и уже вступил на эту дорогу. Вокруг начинаются аресты...

Наступает 12 ноября 2020 года — «черный четверг», когда арестовывают активных студентов. Меня не арестовали. Думаю, что тут помогла моя осторожность. Аресты продолжаются, выезд то открывают, то закрывают. Думаю, что хотят запугать. На меня давят, чтобы уехал, но внезапно ставят запрет на выезд из страны. Призыв в армию снова продлевают. В армию забирают всех без разбора, даже не смотрят на болезни и противопоказания. Нужно цепляться за любую возможность. Если попаду в армию, то неизвестно, что там со мной будет. Вдруг отправят в Печи, где рекорды по суицидам среди военнослужащих. Бывает же такое, что твои болезни тебе помогают в жизни, жаль только, что комиссариату все равно. Прохожу медицинскую комиссию дважды с участием сотрудников Комитета государственной безопасности. От армии меня спасает генетическая особенность. Полгода воевать с военкоматом — это стопроцентный подвиг. Чудо ли?

Разгром протеста вырисовывается все четче и четче. А после разгрома всегда следует погоня. Нужно пережить этот момент. Может, съездить на время куда-нибудь? Зовут на учебу в Германию на один год — это подходит для меня идеально. Смогу ли я выехать? Не схватят ли меня на границе? Нужно тщательно все спланировать. Выезжаю ночью на автобусе в Украину. Если меня арестуют на границе, то об этом станет известно другим людям. В тот же день из Борисполя вылетаю во Франкфурт. Сам организовал себе побег. Но сбежал ли я?

Я верю в сказку, в счастье, в чудо!

Когда ты находишься в безопасности, то появляется время на рефлексию. Начинаешь думать о всех событиях, о друзьях, о поступках людей. С одной стороны, есть картинка, где сотни тысяч беларусов выходят вместе против диктатуры и насилия, но, с другой стороны, ты понимаешь, что этого мало. 500 тысяч из 9 миллионов? Конечно, для нынешнего времени это большие цифры. Но что дальше? Советское прошлое сильно отражается на людях, именно вот это безразличие. Равнодушные люди нам не враги, ибо они не будут защищать власть, но они нам и не друзья, ибо они нам не помогут. Мог ли протест закончиться успешно с 500 тысячами протестующих? На этот вопрос невозможно ответить наверняка, гадание является неблагодарным занятием. Однако есть ряд объективных причин, которые указывают, что хорошего конца не могло было быть в принципе.

Где были наши политические лидеры? Бабарико арестован; Цепкало уехал из страны задолго до выборов; Светлану Тихановскую после выборов заставили покинуть Беларусь под давлением.

С кем договариваться, за кем идти?

Как координируется протест? Протест хаотичен, координации протеста нет. Постепенно информационное пространство захватает телеграм-канал «Нехта», который не представляет из себя ни экспертное, ни политическое, ни реально массовое сообщество. Весь первый месяц протестов, когда режим слабее всего, отсутствуют явные политические лидеры, а на их место приходит телеграм-канал из Польши. Можно ли в такой ситуации ждать успех?

Появляется Координационный совет, который должен стать диалоговой площадкой. Но это происходит только через месяц после протестов, когда режим уже начал процесс репрессий в обществе и в своих структурах.

Что не так с силовым сценарием?

Кто будет организовывать силовой сценарий и как противостоять вооруженной армии?

Не секрет, что российские войска стояли в Смоленске. Хотим повторить сценарий 2014 года в восточной части Украины?

В итоге получается, что протест 2020 года с огромной вероятностью был обречен. Можно смело утверждать, что вероятность падения режима в 2020 году была невысокой. Однако нужно выжимать максимум из любой возможности, что беларусы и сделали. Беларусизация после 2020 года просто поразительна: люди интересуются богатым наследием Беларуси — историей, культурой, языком. Это огромное достижение, так как беларусский язык находится в списке языков, которым угрожает опасность. Если у беларусов не будет языковой идентичности, то зачем тогда Беларусь? И что получается? От провала к успеху? Высокий спрос на беларусские школы и кружки за пределами Беларуси свидетельствует об успехе беларусизации. Родители хотят растить своих детей в беларусской атмосфере. Даже политические акторы в изгнании начинают переходить на беларусский язык, что подсвечивает их аудиторию.

От провала к успеху?..

«Наша память идет по лесной партизанской тропе, не смогли зарасти эти тропы в народной судьбе» (слова из песни ансамбля «Песняры»).

Які лёс нас чакае? Што будзе з Беларуссю? Ці будзе яна незалежнай? Як ні сумна гэта прызнаваць, але апошняе стагоддзе нам паказала, што Беларусь спрабавала, але не змагла стаць незалежнай і нейтральнай краінай. На Захадзе адсутнічае разуменне каштоўнасці Беларусі. Беларусь пакінулі на з'ядзенне Расіі яшчэ даўным-даўно.

Як бы шмат ні казалі палітыкі аб падтрымцы краін Захаду, але менавіта яны і прадавалі Украіну Расіі, калі заяўлялі, што не будуць блакіраваць «Паўночны паток» і што не будуць блакіраваць сістэму SWIFT у Расіі. Гэта быў сігнал Пуціну, што ён можа рабіць, што яму ўздумаецца. Калі пачалася вайна ва Украіне, усе паслы збеглі і прапаноўвалі збегчы Уладзіміру Зяленскаму. У першыя дні не было ніякай рэакцыі ад міжнароднай супольнасці. Толькі калі людзі выйшлі на пратэсты па ўсёй Еўропе, палітыка была зменена.

Еўрапейцам не асабліва хочацца шукаць адрозненні паміж беларусамі і расіянамі. Разлічваць нам можна толькі на сябе, бо нават украінцы ставяцца да беларусаў вельмі негатыўна, усё праз тое, што расійскае ўварванне ажыццяўлялася ў тым ліку і з тэрыторыі Беларусі. Акрамя гэтага, з тэрыторыі Беларусі адбываліся абстрэлы ўкраінскай тэрыторыі. Ці можна зразумець нашых паўднёвых суседзяў? Гэта складанае пытанне. З аднаго боку, якія могуць быць размовы, калі ляцяць бомбы? Але ёсць іншая пазіцыя, і выражаецца яна адным пытаннем: «Што вы зрабілі, каб гэтага не адбылося?»

Хто быў галоўным інвестарам пасля Расіі ў 2021 годзе ў беларускую эканоміку?

— Украіна!

Хто, акрамя Расіі, купляў аўтобусы МАЗ?

— Украіна!

Хто гуляў у покер з Лукашэнкам?

— Украіна!

Чаму рэйтынг падтрымкі Лукашэнкі да вайны ва Украіне быў такі высокі? Чаму ўкраінцы называлі Лукашэнку бацькам?

Шукаць вінаватых заўсёды лягчэй. Навошта прызнаваць памылкі? І гэта ўсё на фоне таго, што вялікая колькасць беларусаў ваюе на баку Украіны і многія беларускія арганізацыі аказваюць дапамогу ўкраінскім уцекачам. На беларусаў замежжа ўжо пачынаюць глядзець як на саўдзельнікаў агрэсараў, нягледзячы на тое што яны былі выгнаны са сваёй краіны. Цяпер жа іх не хочуць бачыць тыя самыя краіны, якія так шмат кажуць пра свабоду, роўнасць, недыскрымінацыю.

Беларускі народ вытрымаў усе выпрабаванні мінулых стагоддзяў, таму і зараз выстаіць. Трэба перастаць спадзявацца на моцных суседзяў, трэба самім станавіцца мацнейшымі і браць свой лёс у свае рукі. Мы народ, які заўсёды выжываў. Але гэта адбывалася толькі таму, што мы змагаліся. Калі барацьба спыніцца, то і Беларусі больш не будзе.

Я

Ці змяніўся мой погляд на жыццё пасля пратэстаў? Ці моцна паўплывалі гэтыя падзеі на маё жыццё? На жаль, падзеі паўплывалі на мае погляды такім чынам, што мая вера ў людзей памяншаецца з кожным днём. Можна спісаць гэта на завышаныя чаканні, але ў мяне былі не вельмі высокія патрабаванні. Што тычыцца ўплыву на маё жыццё, то гэта толькі крупінка ў параўнанні з тым, як 2020 год паўплываў на Беларусь. Я не магу вярнуцца дадому. У Германіі далёка не ўсе мне радыя. Я тут адзін — без сям'і, без блізкіх... У мяне няма пэўнага юрыдычнага статусу, не скончыў універсітэт (адсутнічае завершаная вышэйшая адукацыя). Кар'ера навукоўца засталася недзе ў мінулым. Усё гэта — кардынальныя змены ў жыцці. Але, прабачце, хто казаў, што будзе лёгка? Гэта быў мой выбар, і толькі я нясу за яго адказнасць.

Вывод

2020 год стал поворотным в истории Беларуси и в моей жизни. Во многом результат был понятен уже в первый месяц протестов. Однако неожиданная культурная революция показала желание беларусов изменить свою жизнь. Существуя в условиях жесткой диктатуры, ты никогда не свободен, ибо в реальности это тюрьма. Ты можешь или бороться за свой дом, или искать новый дом. Таков путь к снятию оков, в которых нас держат веками. Мы можем рассчитывать только на свои силы, если хотим добыть свободу себе и своим детям. Нужно объективно смотреть на вещи и не строить невозможных планов. Все в этом мире имеет свою цену, поэтому придется делать выбор и чем-то жертвовать. Борьба ничего не стоит, если она не несет в себе никаких ценностей.

Германія, чэрвень 2023
clever-20@mail.ru

ПАСЛЯСЛОЎЕ

За моладдзю будучыня ў незалежнай, дэмакратычнай і еўрапейскай Беларусі

Павел Латушка

Намеснік кіраўніцы Аб'яднанага Пераходнага Кабінета Беларусі, кіраўнік Народнага антыкрызіснага ўпраўлення, экс-міністр культуры, пасол

Памятаю адзін сюжэт з пратэстаў 2020 года. Каля аднаго з карпусоў Беларускага дзяржаўнага ўніверсітэта ў Мінску студэнты выйшлі на вуліцу з бел-чырвона-белымі сцягамі. Неўзабаве на студэнтаў накінуліся сілавікі. Спрабуючы ўратавацца ад затрыманняў, моладзь разбеглася, аднак сілавікі паспелі схапіць некалькі чалавек. Калі гэта пабачыў выкладчык, які быў побач, ён абараніў студэнтаў: стаў паміж сілавікамі і студэнтамі, перашкаджаючы затрыманню. Студэнты змаглі сысці, а замест студэнтаў быў затрыманы… выкладчык. З горда паднятай галавой, у касцюме, няскораны. Выкладчык, які адстаяў сваіх студэнтаў і іх права на выказванне меркавання.

Гэты сюжэт яскрава ілюструе падзеі 2020 года. Падзеі, якія былі ўнікальнымі не толькі для нашай краіны, але і для ўсёй Еўропы. Усе пласты беларускага грамадства, прадстаўнікі розных прафесій і сацыяльных груп аб'ядналіся. З агульным пачуццём салідарнасці на маршы выходзілі і пенсіянеры, і рабочыя, і акцёры, і медыкі... Аб'ядналіся дзеля таго, каб выказаць нязгоду з гвалтам, з рэпрэсіямі, з беззаконнем — з тым, што супярэчыць цывілізаванаму грамадству. Людзі выйшлі супраць хлусні, бесчалавечнасці і злачынстваў.

Беларускія студэнты былі ў авангардзе гэтых падзей. Памятаю, як тады праяўлялася крэатыўнасць праз плакаты на маршах студэнтаў: „омон.и.мы — антонимы". Падчас тых лёсавызначальных падзей беларусы надзвычай ганарыліся менавіта беларускай студэнцкай супольнасцю. Мы пабачылі амбітных людзей, якія хваляваліся за будучыню краіны, за будучыню Беларусі.

З іншага боку мы пабачылі і зверствы, якія ўчыняліся рэжымам у дачыненні да беларусаў. Машына рэпрэсій, якую раскруціў рэжым дзеля захавання ўласнай улады, закранула і студэнтаў. У беларускіх турмах працягвае заставацца моладзь — нашыя маладыя палітзняволеныя, якія патрапілі ў няволю за прагу да лепшай будучыні. Сёння самым маладым палітвязням па 18 гадоў... І ім надзвычай патрабуецца падтрымка — пра іх варта памятаць.

Пазбаўляць волі студэнцкую супольнасць — значыць пазбаўляць краіну будучыні. Рэпрэсаваць студэнтаў — гэта значыць учыняць рэпрэсіі ў дачыненні да тых, хто будзе адказны за заўтрашні дзень нашай краіны. Выкрэсліванне моладзі з грамадска-палітычнага жыцця заўтра можа прывесці да сур'ёзных сацыяльных наступстваў. Дыктатарскія рэжымы не разумеюць гэтага, таму што ў першую чаргу накіраваныя на захаванне ўласнай улады — тут і зараз. І яны не разумеюць, да якіх наступстваў сённяшнія дзеянні могуць прывесці ў будучым.

Калі ўлада робіць замах на свабоду меркаванняў студэнтаў — яна робіць злачынства супраць усяго грамадства. Гэта злачынства супраць маладосці, супраць будучыні, супраць самой ідэі адукацыі. Адукацыя — гэта не проста набор ведаў, гэта ключ да самарэалізацыі, да пабудовы будучага жыцця. Студэнцкая супольнасць мае фундаментальнае акадэмічнае права на праяўленне ўласных поглядаў, уключаючы і палітычныя. Абмежаванне гэтага права ператварае ўніверсітэты не ў вольныя пляцоўкі для развіцця навукі, адукацыі, даследаванняў, а ў месцы ідэалагічнага кантролю. Пляцоўкі, дзе няма месца вольнаму абмену ідэямі. Бо менавіта свабода — гэта каталізатар развіцця.

Палітзняволеныя студэнты — гэта зняволеная будучыня, таму што калі ўлада затрымлівае студэнтаў, яна пазбаўляе новых ідэй, новых талентаў, новых лідараў. Таму што студэнты — гэта будучыя навукоўцы, інжынеры, вынаходнікі. Іх пераслед — гэта пазбаўленне краіны рэсурсаў для інавацыйнага развіцця.

Грамадска-палітычныя падзеі, пачатак якіх выпаў на 2020 год, дагэтуль не скончаныя. Пасля зверстваў улады мы перайшлі кропку незвароту. І тысячы палітзняволеных, „студэнцкія справы“, зламаныя лёсы і жыцці — гэта тое, што не будзе пакінута без наступстваў. Гэтым справам з часам будзе дадзена адпаведная прававая ацэнка. Мы працягваем барацьбу. Мы працягваем працу па дакументаванні злачынстваў рэжыму. І адказнасць — непазбежная.

І мы памятаем і ведаем: за беларускай моладдзю будучыня. Будучыня, якая наступіць у незалежнай, дэмакратычнай і еўрапейскай Беларусі.

30 жніўня 2024

www.ingramcontent.com/pod-product-compliance
Ingram Content Group UK Ltd.
Pitfield, Milton Keynes, MK11 3LW, UK
UKHW030102220225
455402UK00010B/574